키워드로 읽는 오늘의 세상

2009
트렌드
키워드

키워드로 읽는 오늘의 세상

2009 트렌드 키워드

• 김민주(리드앤리더 대표) 지음 •

세상을 보는 다양한 프레임

우리가 사는 세상은 참으로 복잡하다. 이 복잡한 세상을 분석하는 프레임(frame)도 사람에 따라 매우 다양하다. 자연과학자가 보는 세상, 사회과학자가 보는 세상, 인문학자가 보는 세상, 기업가가 보는 세상, 감옥에 갇혀 있는 죄수가 보는 세상, 치열한 전투를 치르고 있는 군인이 보는 세상, 추위에 떨고 있는 거지가 보는 세상, 결혼식을 막 마친 신부가 보는 세상 등 정말 다양한 세상이 존재한다.

이러한 프레임은 사람에 따라 다르고 같은 사람이라 하더라도 시간이 흐르면서 달라진다. 하지만 이러한 복잡하게 움직이는 세상의 트렌드를 어떠한 프레임으로 보지 않으면 더 복잡하게 보이게 된다. 자기 나름대로의 프레임을 가져야 하는 이유이다. 그래서 이 책에서는 세상을 5가지의 프레임으로 보고자 한다. 경제, 사회, 문화, 과학, 사람이라는 5가지 프레임이다.

트렌드는 밀물, 썰물, 쓰나미다

이 책에서는 우리가 사는 세상을 경제, 사회, 문화, 과학, 사람이라는 5가지 프레임으로 나누어 240여 개의 키워드를 소개했다. 1년 전에 나왔던 『2008 트렌드 키워드』에서 소개했던 키워드 80여 개는 약간 업데이트를 했고, 160여 개는 새롭게 소개했다. 이렇게 많이 개편한 것은 새로운 키워드를 되도록 많이 독자 여러분에게 알려주기 위함이다.

하지만 트렌드 키워드들을 선정하면서 놀라웠던 사실은 세상이 정말 빨리 변한다는 것이다. 새로운 신조어도 많이 생기고 새로운 현상도 많이 발생했다. 또 한때 대단했던 현상이 어느새 썰물처럼 사라지는 것도 목격했다. 해변가에 가보면 밀물과 썰물이 드나들지만 때로는 쓰나미 같은 재앙이 해변에 있는 사람들을 덮쳐 실종자가 생기기도 한다. 트렌드는 바로 그런 밀물, 썰물, 쓰나미다. 트렌드를 예측하고 소개하는 것은 독자 여러분이 다가오는 트렌드에 속수무책 당하기보다는 트렌드를 적극적으로 활용하고 또 사려깊게 대비하라는 메시지를 주기 위함이다. 독자 여러분은 이 책을 통해 많은 시사점을 얻고 잘 활용하기를 바란다.

2009년은 21세기 들어 첫 10년의 마지막 해이다. 멋진 장밋빛으로 2009년을 보내면 좋겠지만 2009년의 전망은 그리 밝지 않다. 특히 세계경제 전망이 어둡고 우리나라 경제도 이러한 비관적 전망에서 자유롭지 못하다. 앞으로 1년 후의 경제, 5년 후의 경제, 10년 후의 경제는 어떤 모습을 보이게 될까. 빅3법칙과 LUV 이론 관점에서 한번 보자.

경제학계의 세 거장

'빅3(big3) 법칙' 이라는 것이 있다. 어떤 시장에서든지 시장을 지배하는 주역은 3개이고 나머지는 모두 조역이라는 논리다. 그러면 경제학계 시장에서는 어떤 사람들이 빅3일까. 우선 자본주의 체계를 정립한 '근대 경제학의 태두' 애덤 스미스가 있고, 자본주의를 부정한 '공산주의의 태두' 인 카를 마르크스가 있고, 자유시장 자본주의를 교정한 수정자본주의 이론을 전개한 존 메이너드 케인스가 있다.

이 세 사람 간에는 어떤 근본적인 차이점이 있을까. 여러 관점에서 비교가 가능하다. 헤겔의 정반합 논리를 생각해보자. 애덤 스미스가 자본주의를 긍정하는 '정' 이라면, 마르크스는 이를 부정하는 '반' 이고, 존 메이너드 케인스는 두 사람의 의견을 종합한 '합' 으로 볼 수 있다. 또 애덤 스미스를 우파라고 하면 마르크스는 좌파이고, 케인스는 중도파이다. 경기순환상으로 보면 애덤 스미스는 성장 시기에 적합한 경제이론이고, 마르크스는 극심하게 불평등한 소득분배 시기에 적합하고 케인스는 심각한 불경기 시기에 적합하다. 시대적으로 보면 애덤 스미스는 18세기, 마르크스는 19세기, 존 메이너드 케인스는 20세기 사람이다. 이 세 거장을 현재 21세기 경제 위기에 접목하여 생각해보면 어떤 의미로 다가올까.

경제사이클 LUV 이론

최근 미국의 부동산 위기를 시발점으로 하여 세계적인 금융 위기가 몰아 닥쳤고, 연이어 실물경제에도 위기가 엄습하고 있다. 그래서 많은 사람이 현재 상황을 1929년의 주식 폭락 이후 1930년대의 긴 불황과 비교하기에 바쁘다. 현재 상황이 정말 1930년대 같은 세계적인 대불황기로 진입하고 있는가에 대한 불안감 때문이다. 몇 개월 전만 하더라도 1~2년의 짧은 불경기를 예측하던 경제전문가들이 시간이 지날수록 3~4년의 기나긴 불경기가 올 것이라는 비관적인 견해로 말을 바꾸고 있다.

어떤 이유로 인해 주가지수, 국내총생산(GDP), 환율 같은 경제변수가 폭락했을 때 이를 회복하는 데에는 세 가지 패턴이 있다. 이를 LUV 패턴이라고 한다. L패턴은 폭락 후 회복을 못 하는 경우이고, U패턴은 한참 동안의 침체 후 오랜 기간에 걸쳐 천천히 회복하는 경우다. 마지막으로 V패턴은 폭락 직후 급반등하는 경우를 가리킨다.

당초 전문가들은 세계 경제상황을 놓고 V패턴의 회복을 전망했으나 최근 전망을 바꿔 V패턴의 회복은 이미 놓친 상황이며 앞으로의 세계경제는 U패턴으로 회복될 것이라고 예상하고 있다. 한편 매우 비관적인 사람들은 현재 세계경제는 단순한 경기침체기가 아니라 자본주의의 최고봉이자 마지막 단계인 금융자본주의가 몰락하고 있으며, 적어도 미국의 패권이 사라지고 있다는 것은 확실하다고 주장하고 있다. 이른바 L패턴이다.

앞으로 세계경제는 L, U, V패턴 중에 어떤 패턴을 따를까. V패턴이 온다면 애덤 스미스가 곧바로 각광을 받을 것이고, U패턴이라면 케인스가 스포트라이트를 받을 것이다. 또 L패턴이라면 마르크스가 각광을 받을 것이다. 만약 여러분이 현 경제 위기에 대한 절묘한 해법을 찾는다면 애덤 스미스, 마르크스, 케인스를 이을 21세기의 슈퍼경제학자가 되지 않을까.

환경론자들의 히틀러 대망론?

그런데 사실 전 지구적으로 심각한 문제는 경제 불황이 아니라 지구온난화로 대표되는 기후변화가 더 심각하다. 몇 개월 전 기후변화센터 회의에 참석했는데 참가자 중에 한 분이 이렇게 말하는 것이었다. 십만년 전 경에 호모 사피엔스가 이 지구상에 나타난 이후 현재까지 모두 합쳐 170억 명의 호모 사피엔스가 있었다고 한다. 그런데 2008년 현재 지구의 인구는 67억 명이다. 누적 인구의 무려 40퍼센트에 달하는 인간들이 현재 이 좁은 지구에 살고 있으니 지구온난화 현상이 생기는 것은 어찌 보면 당연하다. 그런데 그 분의 주장에 의하면 지구가 수용가능한 인구의 수는 약 40억 명 정도라고 한다. 그렇다면 그 한계를 초과한 27억 명은 어떻게 한단 말인가. 놀랍게도 히틀러 같은 사람이 필요하다는 기가 막힌 발상까지 나오는 형국이다. 왜 그럴까. 일인당 이산화탄소 배출량이 적은 후진국 사람들이 아무리 많이 사라져도 지구온난화 현상이 별로 개선되지 않기 때문에 선진국 인구가 대폭 줄어들 수밖에 없다는 것이다. 알다시피 히틀러는 제2차 세계대전을 통해 수많은 인명을 앗아갔다. 이른바 지구 환경을 위한 히틀러 대망론이다. 물론 그러한 일이 다시 일어나는 비극은 막아야 하는 것이 당연한 일이고 시간이 지나면 자연이 이 문제를 해결해줄 것이다.

이러한 발언을 한 분의 이야기를 듣고 모두들 웃으면서도 내심 불안해했다. 나 자신도 마찬가지다. 끔찍한 이야기이지만 그 정도로 환경이 심각하다는 생각에 걱정이 되었다. 2008년에는 지구 전체 온실가스의 40퍼센트를 배출하는 미국의 지도자가 바뀌었다. 지난 8년 재임 기간 동안 지구온난화 이슈를 별 것 아닌 것으로 치부했던 조지 W. 부시 대통령이 퇴임하고 지구온난화 이슈에 적극적으로 대응하자는 민주당의 버락 오바마가 2009년에 취임한다. 지구온난화 이슈를 보다 근본적으로 해결하는 방향으로 세계가 움직일 것 같아 매우 다행이다.

2008년에 발생한 전세계 금융 위기는 2009년 들어 실물 위기로 확산될 것이 분명하다. 그리고 이미 인간들이 배출한 온실가스로 인한 지구온난화 현상은 앞으로 처절한 노력이 없는 한 계속 진행될 것이다. 어떤 사람들은 전 세계적인 불황은 지구환경 문제에 도움이 된다고 주장한다. 생산이 줄고 소비가 줄어드니 온실가스 배출도 그만큼 줄어들기 때문이다. 앞으로 20~30년 후면 미국의 패권이 중국으로 넘어갈 것이라는 전망도 많다. 하지만 그 전에 환경 문제로 인해 지구상에 큰 문제가 생길 가능성이 높으며 그러면 어느 나라가 세계의 패권을 가질 것인가에 신경쓸 겨를이 없을지도 모른다.

너무 길게 볼 필요도 없이 2008년부터 2010년까지의 3년은 훗날 세계경제사에서 상당히 주목 받는 기간으로 기록될 것이다. 최근 상황을 1929년 주식대폭락 이후 1930년대의 기나긴 불경기와 비교하는 사람들이 있기 때문에 더욱 그렇다. 1930년대에 경험한 그 길고 길었던 어두운 터널이 이번에는 많이 단축되기를 바랄 뿐이다.

감사의 말씀

2008년 여름, 미래의창 출판사의 김성옥 실장이 트렌드 키워드 책을 써보면 어떻겠냐고 나에게 제안하여 이 책이 탄생했다. 2008년 1월 『2008 트렌드 키워드』가 나왔고 이제 2008년 12월 『2009 트렌드 키워드』가 나왔다. 그동안 미래의창 출판사측과 수차례 미팅을 했는데 자주 만나 의견을 교환했던 김승규님께 감사드린다. 또 어떤 트렌드가 뜰 것 같은지, 그리고 현재 진행되고 있는 트렌드 중에 어떤 트렌드가 오래 지속될 것인가에 대해 많은 토론을 하고 자료 조사를 했던 리드앤리더의 김선중, 권지혜, 송주영, 전희정, 황치영님에게 감사드린다. 그리고 지난 1년간 내가 만나 의견을 교환했던 많은 분들에게 감사드린다. 평소에 많은 이야기를 나누면서 나에게 좋은 아이디어, 키워드를 던져주었던 나의 가족, 박문행과 김시원과 함께 애정과 고마움을 나누고 싶다.

세상의 모든 트렌드에 항상 촉각을 세워 모니터하고 이를 글로 뚝딱뚝딱 만들어내는 데 능숙한 200여 명의 이마스(emars.co.kr) 사례분석가분들에게 이 책을 바친다.

2009년을 바로 눈앞에 두고,
김민주

CONTENTS

CONTENTS

공정무역 국제재무보고기준
노유사업 뉴로마케팅 사회적 기업
수면경제 아트마케팅 에코노믹스
컬처노믹스 프리코노믹스
플래그십 스토어
고객가치 도시광자업 마케테이머트
무역구제 미네르바 미디어랩
블랙컨슈머 사모펀드 사이드카
서브프라임모기지 슈퍼클래스 알박기
어닝쇼크 에코매지네이션
오피넷 지주적 성장 트윈슈머 티커머스
편집매장 플랫폼 컴퍼니 핸드백 효과
CFP FX마진거래 IB LUV

Economy

공정무역 Fair Trade *

경제발전 수준이 낮고 생활수준이 빈곤한 제3세계에서 생산된 농산물이나 원재료를
수입할 때 돈을 더 주더라도 제값을 지불하고 구입하자는 것

전 세계 10억 명의 농민들이 매일 1달러 이하의 생활비로 살아가고 있
다. 이들은 막강한 구매력을 앞세운 선진국들의 압력 때문에 생계를
잇기조차 어려운 헐값에 땀 흘려 생산한 원료와 상품을 넘기는 경우
가 많다. 선진국이 생산물 대부분을 구매하기 때문에 낮은 가격을 요
구해도 후진국 농민들은 들어줄 수밖에 없다. 그래서 열심히 생산해
도 손해 보는 장사를 하게 되고, 살아가기 위해서 어쩔 수 없이 착취
수준의 노동을 감내해야 한다. 이렇게 억울한 피해를 당하고 있는 제3
세계 생산자들을 보호하기 위해서 생겨난 것이 바로 공정무역이다.

공정무역은 '생산자가 생산원가와 생계비를 보장받을 수 있도록
공정한 가격을 지불하자' 라는 취지에서 등장했다. 좀 더 쉽게 말하자
면 경제발전 수준이 낮고 생활수준이 빈곤한 제3세계에서 생산된 농
산물이나 원재료를 수입할 때 돈을 더 주더라도 제값을 지불하고 구
입하자는 것이다. 따라서 시장의 수요공급 법칙에 따라 거래를 하는
자유무역, 즉 프리 트레이드(Free trade)와는 다르다.

일반적으로 공정무역이라고 하면 교역 상대국 간에 관세나 정부

보조금과 같은 특혜나 장애물 없이 공정하게 교역하는 것으로만 알고 있다. 하지만 여기서 말하는 공정무역이란 사회학적인 면에서 접근한 사회적 운동의 하나이다. 제3세계로부터 수입하는 생산물을 대상으로 그동안 무모하게 큰 이윤을 획득했던 중간상을 배제하고 생산자와 제조 및 유통업체가 직접거래를 하는 방식의 무역이다. 공정무역에 참여하는 기업이나 국제기구들은 생산자들이 생계를 유지할 수 있는 수준의 가격을 보장하며 그동안 불공정하게 획득했던 이윤을 그들에게 남김없이 되돌려주기 위해 자신들의 수익 일부분을 생산지의 구호활동이나 환경보호를 위한 사업에 기부한다.

영국의 국제구호기구인 옥스팜(Oxfam)은 1960년대 초부터 제3세계 생산자들의 공예품을 수입하면서 본격적으로 공정무역을 시작했다. 옥스팜에 이어 다른 유럽 국가에서도 하나둘씩 소규모로 공정무역을 실시하였고, 1988년 네덜란드의 막스 하벨라르(Max Havelaar) 재단이 공정무역 제품에 인증라벨을 부착하기 시작하면서 공정무역 운동이 체계화되었다.

1980년대 초반 네덜란드의 프란스 판 데어 호프(Frans van der Hoff) 신부는 빈곤한 멕시코 농가를 돕는 운동을 펼치던 중 "우리는 거지가 아니다. 우리에게 필요한 것은 원조가 아니다. 소비자들이 우리 커피에 정당한 대가를 지불한다면 우리의 삶은 나아질 것이다"라는 멕시코 농민의 말에 공감하면서 멕시코 농가들과 손을 잡고 UCIRI라는 커피

Economy

협동조합을 설립하였다. 그리고 1988년 출범한 막스 하벨라르 상표로
유럽시장에 커피를 팔기 시작했고 이에 대한 호응이 좋아 바나나, 꽃
등 다른 농산물에도 막스 하벨라르 상표를 붙여서 판매했다. 소비자
들의 호응에 힘입어 막스 하벨라르는 공정무역을 전문적으로 지원하
는 조직으로 발전하였고, 제조업체와 유통업체들과 연계하여 대규모
의 공정무역 운동을 펼치면서 사회적으로 확산되었다.

유럽 선진국을 중심으로 전개되었던 공정무역을 세계적인 사회운
동으로 발전시키기 위해 1997년 FLO 인터내셔널(Fairtrade Labelling
Organizations International; 국제공정무역상표기구)이라는 세계적인 공정무역
인증 기구가 설립되었다. FLO 인터내셔널은 자신들이 제정한 공정무
역 규정을 준수한 제품에 대해서 공정무역 인증라벨을 부착했다. 이
를 통해 소비자들이 한눈에 공정무역 제품임을 알아볼 수 있도록 하
고 직접 공정무역의 과정에 참여하여 제3세계의 사람들을 지원하고
있다. 이를 계기로 그동안 공정무역을 실시했으나 기구마다 달랐던
공정무역 라벨이 FLO 인터내셔널 하나로 통일되었다. 이 기구에는
호주, 미국, 영국, 캐나다, 벨기에, 일본 등 20여 개의 국가가 참여하고
있다. 영국의 막스앤스펜서 유통매장에 가면 공정무역 라벨이 붙여
진 상품들을 많이 발견할 수 있다. 스타벅스 매장의 일부 원두커피에
도 공정무역 라벨이 붙여져 있다.

우리가 만 원짜리 원두커피 한 봉지를 산다면 커피를 재배하는 농

부에게는 이 금액 중에서 얼마가 돌아갈까. 보통 커피라면 겨우 50원 정도가 농부의 몫이다. 하지만 공정무역 커피를 산다면 600원이 농부의 몫이 된다. 소비자 입장에서는 가격에 부담에 큰 차이가 없지만 농부 입장에서는 수입이 무려 12배나 늘어난다. 사회적 의식이 있는 윤리적 소비자라면 공정무역 커피를 사지 않을 수 없을 것이다.

• 관련 키워드: 막스 하벨라르, 옥스팜, 커피, 막스앤스펜서, 프리 트레이드
• 관련 도서: 『공정무역』(마일즈 리트비노프 · 존 메딜레이, 모티브북, 2007)
　　　　　　　『공정한 무역, 가능한 일인가』(데이비드 랜섬, 이후, 2007)

국제재무보고기준 IFRS

International Financial Reporting Standards

국가별로 상이한 회계기준을 표준화하여 기업에 대한 정확한 평가를 실시하고 투자자들에게 투자정보를 제공하기 위한 국제회계기준

IFRS는 국제회계기준위원회(IASC: International Accounting Standards Committee)에서 제정한 회계기준이다. 국제회계기준의 표준화, 국가별 회계시스템의 신뢰도 향상 및 제반 비용 절감, 국가별 기업의 회계정보 신뢰도 강화를 목적으로 하고 있다. IFRS가 제시하는 표준으로는 재무제표의 작성 절차, 공시 시스템, 재무 정보 시스템, 경영성과 지표, 경영 의사결정 등 기업의 전반적인 재무 보고 시스템과 회계 및 자본 시장의 감독 법규, 실무가 있다. 지난 2000년 국제증권감독위원회(IOSCO)가 국제회계기준위원회에서 규정한 회계기준을 전 세계적인 단일 기준으로 채택할 것을 만장일치로 의결한 뒤, 이 기준을 도입하는 것이 세계적인 추세가 되었다. 현재 유럽연합(EU)과 호주를 비롯한 100여 개 국가에서 적용하여 이행하고 있으며 우리나라를 비롯하여 일본, 인도 등의 아시아 국가들도 조만간 도입할 예정이다.

그런데 왜 세계 여러 나라들이 IFRS에 이렇게 주목하는 것일까? 그 이유는 바로 투자자에 있다. 지금 이 순간에도 세계의 많은 투자자들은 새로운 투자처를 찾기 위해 뛰고 있다. 건전한 재무구조에 뛰어난

기술을 보유하고 있는 기업들을 발굴해 투자하고, 투자수익을 획득하기 위해 세계의 기업들을 대상으로 끊임없는 분석과 평가가 이루어지고 있다. 그런데, 이러한 투자자들의 판단을 흐리고 있는 것이 바로 회계기준이다. 국가별로 상이한 회계기준으로 인해 기업에 대한 정확한 평가가 되지 않아, 투자자들이 혼란을 겪는 것이다. 이러한 문제를 해결하고 투자자들에게 보다 정확한 투자정보를 제공하기 위해 마련된 것이 바로 IFRS이다.

우리나라에서는 금융감독원의 주도하에 단계별 로드맵을 수립하고, 2009년 1단계 선택적용 실시 후 2011년부터 모든 상장기업을 대상으로 의무적용할 예정이다. 이에 따라 기업들은 IFRS 시스템 설계(회계이론) 및 구축(프로그램) 관련 교육에 대한 계획을 수립해야 하는 상황에 처해 있다. 선택적용이 실시되는 2009년부터 상장기업 의무적용이 실시되는 2013년까지, 5년간에 걸쳐 IFRS 시스템 설계 · 구축과 관련하여 약 5,000억 원의 시장규모를 형성하고 있다. 특히, 대부분의 기업들이 IFRS 도입을 계획하고 있는 2009년부터 2010년까지 2년간 급격한 수요가 발생할 것으로 예상된다.

기업이 IFRS를 도입하기 위해서는 전문회계법인을 통한 지배사와 종속사 간의 회계시스템 통일 및 IFRS 회계시스템 설계가 선행된 후 IT 개발 전문인력을 활용하여 IFRS 시스템 및 IFRS 연결시스템을 구축하는 프로세스로 진행된다. 현재는 대규모의 자산을 보유하고 있는 금융기업들이 주축이 되어 IFRS를 도입하고 있는데, 회계법인과 IT 개발사, IFRS 연결 솔루션 기업이 컨소시엄을 형성하여 함께 수주에 참여하고 있다. 또한 향후 자산규모 2조 원 미만의 중견그룹 및 기업 등 1,600여 기업들도 IFRS를 도입할 예정이므로 많은 IT기업들이 치열한 경쟁을 벌이고 있다. 대표적인 예로 ERP솔루션과 회계솔루션을 통합한 토탈솔루션으로 시장을 공략하려는 오라클(Oracle)과 샙(SAP), IT 개발 전문인력을 보유하고 있는 LG CNS와 삼성SDS, 한국IBM, 그리고 IFRS 연결재무제표 솔루션으로 틈새시장을 공략하려는 코오롱베니트, 엑스너 등이 있다. 향후 IFRS 관련 시장에서 어떤 기업이 가장 크게 웃을지 귀추가 주목된다.

• 관련 키워드: 국제회계기준위원회, 표준화, ERP, IASC, 회계시스템
• 관련 도서: 『IFRS 회계국경이 사라진다』(이장규 · 박승덕 · 신현상 · 안만호 · 이세경 · 안상미,
  교보문고, 2008)

노융산업 勞融産業

노동 공급자와 노동 수요자를 연결시켜주는 중간매체의 역할을 하는 산업

금융산업은 은행, 증권사, 보험사, 리스사 같은 금융기업들이 자금의 공급자와 자본의 수요자 중간에 위치하여 자금을 서로 연결시켜주는 역할을 담당한다. 하지만 돈, 주식, 채권 같은 금융자본 못지않게 중요한 것이 노동, 즉 인적자본이다. 노동의 경우 노동 공급자와 노동 수요자 간에 정보 비대칭이 많아서 서로 제대로 연결되기가 힘들다. 하지만 중간매체 역할을 하는 조직이 제대로 갖춰져 있다면 개인, 기업은 물론 국가적으로 노동유연성을 높여 실업도 줄이고 노동생산성이 크게 늘어나게 될 것이다.

노동자원을 필요로 하는 조직과 노동을 제공하는 사람들 중간에 위치하여 인적 자본을 서로 연결해주는 기능을 표현하는 말로 '노융'이 있다. 노융산업이라는 용어는 한국노동연구원의 박기성 원장이 사용하기 시작했다. 이미 우리 주위에는 취업알선, 헤드헌팅, 인재파견, 용역, 전직지원(outplacement), 취업정보제공, 취업상담, 외국인력중개, 취업준비, 기업의 인사관리대행(교육, 훈련, 고충처리) 등 다양한 기능을 제공해주는 노융업체들이 있다. 이처럼 노융산업은 인적자본산

업, 노동매개기관산업의 다른 이름으로, 물적자본을 매개로 한 '금융산업'과 대비되는 신조어라고 볼 수 있다. 노융산업이 주목을 받는 것은 그 자체가 고용창출의 기능을 갖고 있기 때문이다.

한국노동연구원의 조사에 따르면 한국 금융산업의 규모는 미국 경제 전체의 7퍼센트 규모인데 반해, 한국 노융산업의 규모는 미국의 1.6퍼센트에 불과하다고 한다. 미국 내에는 임금지급, 산재보험처리, 인사관리, 고용혜택 관리를 대행하는 PEO(Professional Employer Organization)가 700여 개가 있고, 이 분야에 종사하는 사람이 420만 명이나 된다. 우리나라에서는 고용서비스업에 종사하고 있는 사람이 겨우 10만 명 정도이다. PEO는 독일, 스웨덴, 영국 같은 유럽 국가에서도 활성화되어 있다. 이런 지표를 보면 우리나라 노융산업이 얼마나 낙후되었는지를 잘 알 수 있다.

이와 같은 노융산업이 발전하려면 관련 법과 규제를 풀어야 한다. 현재 고용서비스의 종류에 따라 일반적 규제와 감독을 규정하고 있는 직업안정법, 파견근로자보호 등에 관한 법률뿐 아니라 분야별로 간접고용을 규제하고 있는 공중위생관리법, 경비업법, 엔지니어링기술진흥법 등이 개정되어야 한다. 또 불공정 노동계약, 사회보험 가입 누락 등의 문제는 강력한 사후감독을 통해 규제하고 알선요금 규제나 파견규제 등도 조정되어야 한다. 그리고 공공고용서비스 기능에 민간이 참여토록 하여 경쟁구도를 강화시켜야 한다.

우리나라 노동시장의 가장 심각한 문제는 시장의 경직성이다. 노융산업이 발전하면 노융산업 자체에서도 고용이 늘어나는 한편, 노동시장에 유연성을 주어 여러 노동시장에 적절한 사람들이 공급되어 실업률이 낮아지고 산업 전체적으로도 효율성이 올라가 노동생산성이 커질 수 있는 등 이점이 매우 많다.

• 관련 키워드: 전직지원, 취업알선, 헤드헌팅, 인적자본, 인사관리대행, 노동매개기관산업
• 관련 도서: 노동리뷰 통권 제46호(한국노동연구원, 2008)

뉴로 마케팅 Neuro Marketing *

뇌 촬영기술을 통해 제품에 대한 소비자의 감성 변화와 반응을 포착하여 마케팅에 활용하는 기법

마케터들은 소비자의 마음을 읽느라 분주하다. 소비자의 마음을 읽으려면 소비자 신체 중에서 어떤 부분에 대해 많이 알아야 할까. 마음의 대명사인 심장에 정통해야 하지 않을까. 그렇지 않다. 바로 소비자의 뇌에 정통해야 한다.

사랑이라는 단어의 상징적인 표시는 하트(Heart)이다. 사실 사랑하는 감정이 생기는 곳은 알고 보면 하트, 즉 심장이 아니다. 사랑하는 감정을 느끼면 심장이 뛰기 때문에 그렇게 느낄 뿐이다. 사랑하는 감정을 느끼도록 지령하는 것은 바로 뇌다.

인간의 뇌는 크게 파충류처럼 생존과 본능을 관장하는 뇌간, 감정을 통제하는 변연계 그리고 이성을 통제하는 대뇌피질로 나눌 수 있다. 무엇을 보고 들을 때 어떤 것이 좋은지 판단하는 부위는 뇌의 제일 바깥쪽에 위치한 대뇌피질이지만, 최종 결정을 내리는 부위는 가장 안쪽에 위치한 뇌간으로 알려져 있다. 파충류에게는 대뇌피질과 변연계 없이 뇌간만 있어 뇌간을 파충류 뇌라고도 부른다. 그래서 마케팅을 잘 하려면 소비자의 뇌간을 공략하라는 말이 있을 정도이다.

그동안 뇌는 인간의 신체기관 중에서 가장 비밀에 싸여 있었다. 그러나 1920년대에 한스 베르거가 발견한 뇌파(Electroencephalogram) 기술을 출발점으로 하여 1970년대에 CT(Computed Tomography; 컴퓨터 단층촬영), 1980년대에 MRI(Magnetic Resonance Imaging; 자기공명 촬영), 1990년대에 PET(Position Emission Tomography; 양전자방출 단층촬영) 기술이 개발되는 등 뇌과학이 크게 발전하였다. 이런 의공학 기술 덕분에 뇌의 활동 모습을 훨씬 많이 관찰할 수 있게 되었다.

대뇌에서 혈액의 흐름을 추적하는 검사인 기능적 MRI를 예로 들어보자. 외부에서 사람에게 어떤 자극을 주면 뇌의 특정 부분에서 활동이 많아진다. 활동을 많이 하려면 피가 해당 부위로 많이 몰리게 된다. 이때 기능적 MRI 촬영을 하면 피 안에 있는 헤모글로빈의 철분 때문에 해당 부위가 활성화되는 것을 포착할 수 있다. 즉, 외부 자극으로 뇌의 어떤 부분이 반응을 보이는지 선명하게 파악할 수 있다. 이처럼 뇌 촬영 기술을 통해 제품에 대한 소비자의 순간적인 감성 변화와 반응을 포착하여 마케팅에 활용하는 기법을 뉴로 마케팅이라 한다.

마케팅에는 블라인드 테스트(Blind Test)라는 유명한 테스트가 있다. 실험 대상자인 소비자의 눈을 가리고 코카콜라와 펩시콜라를 마셔본 뒤 맛있는 콜라를 고르라고 하면 펩시콜라를 고른다. 하지만 눈을 뜨게 하고 콜라를 마셔본 후 고르라고 하면 코카콜라를 고른다. 맛만 보고 펩시콜라를 고른 경우와 브랜드를 보고 코카콜라를 고른 경우 활성화되는 뇌의 부위가 다르다. 펩시콜라처럼 맛이 좋으면 미각을 관장하는 뇌 부위가 활성화되는 반면, 코카콜라처럼 브랜드 파워가 강력한 광고를 보면 기억을 관장하는 뇌 부위가 활성화된다.

돈을 주고 물건을 사라고 한 경우에 소비를 즐기는 지름신과 소비를 싫어하는 구두쇠의 뇌를 기능적 MRI로 찍으면 활성화된 뇌의 부위가 다르게 나타난다. 일반적으로 사람들은 본능적으로 물건을 구입할 때 기쁨을 느끼는 한편, 돈이 나가는 것에 대해서는 고통을 느낀다. 측위 신경핵은 도파민 수용기(Dopamine Receptors)가 있는 두뇌 영역으로, 이 부위는 기쁜 경험이나 기대감이 생길 때 활성화된다. 반대로 뇌섬엽 부위는 혐오감을 일으키는 물건을 보거나 냄새를 맡을 때, 즉 고통스러울 때 활성화된다. 지름신의 경우에는 당연히 측위 신경핵 활동이 뇌섬엽 활동보다 컸고, 반대로 구두쇠의 경우에는 뇌섬엽 활동이 측위 신경핵 활동보다 컸다.

최근 들어서는 PET나 기능적 MRI보다 더욱 미세한 뇌의 신호를 잡아낼 수 있는 MEG(Magnetoencephalography) 장비도 개발되었다. 그리고 PET로 얻는 영상을 MRI에 접착시켜 대사 활동이 일어나는 부위를 더욱 정밀하게 파악하는 기술이 개발되었다. 이런 기술들을 통틀어 분자영상학(Molecular Imaging)이라 한다. 이처럼 뇌 기술은 끊임없이 발전하고 있다.

뇌 속을 들여다 볼 수 있는 기술은 있지만 막상 소비자의 뇌 변화를 들여다보려면 촬영기기 앞에 실험대상자를 서 있게 해야 하는 과제가 따른다. 소비자의 진화속도는 마케터보다 더 빠르다. 자신의 머릿속을 들여다보려는 마케터의 시도를 소비자가 또 어떤 트릭을 써서 막아내려 할지를 알아내는 기술은 아직 없지 않은가.

- 관련 키워드: CT, MRI, PET, 기능적 MRI, MEG, 분자영상학, 블라인드 테스트, 뇌파, 뇌촬영
- 관련 도서: 『뉴로 마케팅』(패트릭 랑보아제 외, 미래의창, 2007)
  『뇌, 욕망의 비밀을 풀다』(한스-게오르크 호이젤, 흐름출판, 2008)

사회적 기업Social Enterprise

사회적으로 취약한 사람들을 돕는 것을 목적으로 재화 및 서비스의 생산, 판매 등 영업활동을 수행하는 기업

저소득자에게 소액대출을 해주는 은행으로 유명한 그라민 은행 총재인 무하마드 유누스의 표현에 의하면, 사회적 기업이란 좋은 일을 하면서 수익도 내는 멋진 기업이다. 다시 말해 사회적 목적을 추구하고, 이를 위해 수익창출 같은 영업활동을 수행하는 조직을 말한다.

좁은 의미의 사회적 기업은 '취약계층에게 사회서비스나 일자리를 제공하여 지역주민의 삶의 질을 높이는 등 사회적 목적을 추구하면서 재화 및 서비스의 생산, 판매 등 영업활동을 수행하는 기업'을 말한다. 그리고 넓은 의미의 사회적 기업은 '주주나 소유자를 위한 이윤극대화를 추구하기보다는 우선적으로 사회적 목적을 추구하면서 이를 위해 이윤을 사업 또는 지역공동체에 재투자하는 기업'을 말한다. 우리나라에서는 사회적 기업을 좁은 의미로 받아들이고 있고 유럽, 미국에서는 넓은 의미로 받아들이고 있다.

전통적 비영리기관과 전통적 기업을 좌측과 우측의 끝에 둔다면 사회적 기업은 전통적 비영리기관의 우측에 위치하고 있으며, 사회책임경영을 중시하는 기업은 이윤을 중시하는 전통적 기업의 좌측에

위치하고 있다. 즉, 좌측에서 우측으로 간다면 전통적 비영리기관, 사회적 기업, 사회적 책임 기업, 전통적 기업의 순서가 될 것이다.

1970년 이후 유럽의 NGO들은 국가와 기업이 제공하지 못한 사회 서비스를 지역주민에게 제공하기 시작했는데 이것이 사회적 기업의 시초였다. 영국에서는 협동조합의 형태를 띠는 경우가 많아 이윤의 제한적 배분을 인정하고 있다. 반면에 미국의 사회적 기업은 시장지향적인 기업 형태를 띠고 있으며 일반 기업이 지분에 참여하기도 하며 일반 기업들과 경쟁도 불사한다. 영국에서는 사회적 기업이 5만5천 개나 되어 전체 고용 시장에서 차지하는 비중이 5퍼센트나 된다. 우리나라에서는 2007년 노동부가 사회적기업법과 시행법을 공포하여 자체 평가 기준에 의해 NGO 중에서 사회적 기업을 선정하고 선정된 기업에는 근로자 인건비와 사업주 부담 사회보험료를 지원해주고 있다.

영국에서 시작한 사회적 기업, 빅 이슈(The Big Isssue)는 노숙자의 재활과 자립을 위해 〈빅 이슈〉라는 잡지를 판매할 수 있는 권한을 노숙자에게만 제공하고 있다. 빅 이슈의 일본 지사를 보면 2000년에 설립되어 등록판매원은 650명, 현재 판매원은 120명으로 200엔 가격의 〈빅 이슈〉 잡지를 205만 부나 판매하고 있다. 노숙자에게 좋은 수입원이 될 뿐 아니라 무력한 노숙자 생활에 활력소가 되고 있다.

미국의 사회적 기업인 아메리칸 리딩 컴퍼니(American Reading

Company)는 28년 교직 경험이 있는 제인 힐레만(Jane Hileman)이 설립하여 '책 100권 읽기운동(100 Book Challenge)'이라는 독서프로그램을 운영했다. 제인 힐레만은 부자 학생과 가난한 학생의 엄청난 학업성취도 차이는 어렸을 때 독서습관 형성 여부에 의해 결정된다는 사실에 주목했다. 그래서 학생이 책을 선정하게 한 다음, 책을 잘 읽고 있는지 회사 직원이 감독하도록 하여, 우수 학생에 대해서는 상과 메달도 수여하고, 학교교사에게 교육을 시키기도 한다. 이 회사에 근무하는 직원들은 도시빈민가의 교사 경험자, 사장의 가족과 친구들까지 매우 다양하다. 미국 26개 주 650개 학교가 이 회사 독서프로그램을 채택하고 있을 정도로 큰 성공을 거두고 있다.

과거 우리나라 NGO는 가두시위를 주도하는 등 투쟁 성향이 강해 최근 들어와 점차 입지를 잃어가고 있지만 이런 상황에서 사회적 기업은 NGO가 변신을 하는 데 좋은 기회가 될 수 있다. 사회적 기업이 점차 넓은 의미로 확장된다면 실업 대란에 빠진 우리나라에서 취업 기회를 제공하는 좋은 출구가 될 수 있을 것이다.

• 관련 키워드: 빅 이슈, American Reading Company, 사회책임경영, NGO
• 관련 도서: 『사회적 기업』(정선희, 다우, 2004)
　　　　　　『가난 없는 세상을 위하여 : 사회적 기업과 자본주의의 미래』(무하마드 유누스, 물푸레, 2008)

수면경제 Sleeponomics

수면으로 인한 경제적 손익을 분석하는 경제학

인간은 하루 중 몇 시간을 잘까? 7시간, 8시간, 9시간? 미국 노동부 산하에 있는 노동통계청은 2005년 만 15세 이상의 남녀 2만1천 명을 대상으로 미국인의 시간 사용 조사(ATUS)를 실시했다. 조사 대상자에게 당일 오전 4시부터 익일 오전 4시까지 한 일을 자세히 기록하여 보고하게 한 결과 수면이 8.6시간, 여가가 5.1시간, 일이 3.7시간, 집안일이 1.8시간, 그리고 식사, 학교활동, 쇼핑 등 기타 활동이 4.8시간이었다. 수면의 비중이 가장 컸고, 일이 3위로 생각보다 적었다. 직장인만(조사대상 중 44퍼센트)을 살펴보면 일이 7.6시간이지만 정년퇴직자, 실업자, 학생도 포함되어 있기 때문이다. 2위를 차지한 여가 중 TV시청은 2.5시간으로 거의 반에 육박했다. 그리고 친목 활동 시간이 45분을 차지했다.

　그러면 우리나라 사람들의 수면 시간은 어떠할까. 통계청에서 20세 성인을 대상으로 5년마다 실시하는 2004년 생활시간 조사 결과를 보면 수면 시간이 7시간 46분, 여가 시간이 5시간 22분, 근무 시간이 4시간 2분이었다. 미국에 비해 수면 시간은 짧고, 근무 시간은 길지만 순서는 동일하다. 여가 시간 중에 TV와 인터넷 등 미디어에 할애하는 시간은 2시간 26분이었다. 가사노동 시간이 2시간 10분, 그리고 출퇴근 시간이 상당히 길어 1시간 42분이었다.

이런 조사들을 통해 나타난 문제는 수면 시간이 점차 줄어들고 있다는 것이다. 하루 중 수면 시간이 여섯 시간보다 적은 성인의 비중이 1998년에는 12퍼센트였는데 2005년에는 16퍼센트로 늘었다. 사람들의 수면시간이 줄어든 이유는 카페인과 에너지 음료를 더 많이 섭취하기 때문이다. 수면이 줄어들면 사람들은 그만큼 활동을 하게 되고 음식을 먹어야 하므로 소비가 늘어나게 된다. 수면 시간이 줄어들면 비만이 될 가능성도 23퍼센트나 늘어난다. 또 졸음운전을 하거나 기계를 다룰 때 실수를 하게 될 가능성이 커진다. 전반적으로 수면 시간이 줄어들게 되면 지출이 늘어나는 것이다.

요즘 수면과 관련된 경제학으로 수면경제라는 말이 나왔다. 미국에는 미국수면연구재단(National Sleep Foundation)이 있고, 국립보건원 산하에는 국민수면질환연구센터(National Center On Sleep Disorders Research)도 있다. 인간의 삶에서 수면의 중요성을 감안할 때, 수면과 경제가 만나는 부분에 대한 정밀 연구가 필요하다고 판단된다.

• 관련 키워드: 미국수면연구재단, 국민수면질환연구센터, 수면시간, 국민소득
• 관련 도서: 「수면의 경제학, 슬리포노믹스의 모든 것」(홍미란, 이마스, 2008)

아트 마케팅 Art Maketing *

기업이 기업이나 제품의 이미지를 높이기 위해 미술 작품을 활용하는 것

요즘 문화예술에 대한 기업들의 관심이 부쩍 늘고 있다. 품격 높은 기업 이미지를 강조하는 데 미술품이 적격이라는 인식이 늘고 있기 때문이다. 그래서 일부 기업들이 이미지 제고와 마케팅 목적으로 작품을 다양하게 활용하고 있다.

기업이 기업이나 제품의 이미지를 높이기 위해 미술 작품을 활용하는 것을 '아트 마케팅'이라고 한다. 여기에서 예술 작품에는 공연 작품도 포함될 수 있지만 좁은 의미로 미술 작품에 국한하기로 한다.

아트 마케팅에는 여러 유형이 있다. 기업 광고에 명화를 그대로 보여주거나 비슷한 상황을 연출하여 패러디 형태로 광고를 만드는 방식이 그 중 하나다. 명화에 제품을 올려놓은 PPL 형태로 광고를 만들기도 한다. 또 상품 레이블에 화가의 그림 작품을 그대로 혹은 특별 제작하여 올리는 방식도 있다. 그리고 기업 건물 공사를 할 때 외벽에 명화를 활용한 예도 있다.

첫째, 기업의 광고에 명화가 그대로 등장하는 경우를 보자. 김희선이 모델로 등장하는 이안 아파트 광고에는 고흐의 〈별이 빛나는 밤〉,

르누아르의 〈책 읽는 소녀〉가 등장한다. 물론 이 기업 광고에서는 명화보다 아파트에서 보는 전망이 더 좋다는 것을 강조하고 있지만, 명화가 이 기업의 아파트 품격을 올려주는 것만은 분명하다.

둘째, 명화를 패러디한 경우가 있다. 명화를 광고에 그대로 드러내는 방식이 아니라 명화와 비슷한 장소에서 실제 배우들이 연출하는 방식이다. 김혜수가 나오는 신도 브래뉴 아파트 광고를 보면 쇠라의 〈그랑자르 섬의 일요일 오후〉가 나온다. 호숫가에 배우들이 양산을 쓰고 잔디에 앉아 있고, 김혜수는 그런 유럽 분위기의 섬에서 조깅을 한다. 이 광고는 신도 브래뉴 아파트의 유럽풍 이미지를 강조하기 위해서 아파트 자체는 노출시키지 않고 그림의 분위기를 차용했다.

셋째, 명화에 기업 제품이 간접광고(PPL) 형태로 들어가기도 한다. 기존의 예술 작품에 자사 제품이 몰래 노출되는 것이다. 최근 들어 LG는 미켈란젤로, 마네, 드가, 고갱, 고흐 등 많은 화가들의 명화 속에 LG제품과 광고판을 등장시켰다. 예를 들면, 고흐의 〈밤의 카페테라스〉 속에 LG 옥외전광판을 집어넣었고, 미켈란젤로의 〈아담의 창조〉 프레스코 벽화 속에는 하느님과 아담의 손 사이에 LG전자 휴대폰이 등장했다. 그리고 고갱의 〈타히티의 연인들〉 속에는 LG생활건강의 엘라스틴 샴푸가 놓여 있다.

넷째, 상품 레이블(Label)에 명화를 올리는 경우도 있다. 1350년 설립된 샤또 무똥 로쉴드는 보르도 메독 지역의 특급 와인으로 나다니엘

로스차일드에게 1853년 매입되었다. 현재는 5대 샤또 중의 하나이다. 샤또 무똥 로쉴드는 그동안 2등급이었다가 1973년 특등급으로 승격되었다. 그런데 1973년은 샤또 무똥 로쉴드의 와인병에 피카소의 그림이 들어갔던 바로 그 해였다. 1924년 화가 장 카를뤼(Jean Carlu)의 그림이 레이블에 최초로 들어간 이후 피카소, 달리, 샤갈, 세잔, 베이컨, 델보, 발투스, 칸딘스키, 앤디 워홀 등 거장들이 와인 레이블에 잇달아 참여했다. 전통주 제조로 유명한 우리나라 배상면 주가의 술병 라벨에도 에로티시즘으로 유명한 이왈종 화백의 그림이 들어가 있다.

다섯째, 건물 외벽에 예술작품을 전시하는 파사드(façade)가 있다. 최근 들어 건물 리모델링이 많아지면서 건설 기간 중 공사장 주변이 더러워지는 것을 방지하기 위해 공사장 외벽을 예술작품으로 치장하는 경우가 늘고 있다. 이런 형태의 파사드는 지저분한 거리를 아름답게 꾸미는 효과가 있어, 문화 기업 이미지를 사람들에게 각인시키는 데 좋은 도구가 된다. 2006년까지 공사 중이던 신세계백화점 본점은 건물 외벽에 초현실주의 화가 르네 마그리트의 작품 〈겨울비〉를 설치하여 호평을 받았다. 공사장 건물 외벽이 공공미술의 도구가 될 수 있다는 이 신선한 발상은 매우 좋은 선례가 되었다. 이후에 추진된 금호아시아나그룹 신사옥 공사장 외벽에는 국내 추상화가 4명의 작품이 전시되어 있다.

문화예술의 큰 부문으로 전시와 공연이 있다. 그런데 전시와 공연을 레스토랑에 비유한다면 어떻게 될까. 전시는 부페 레스토랑과 비슷하고, 공연은 풀서비스 레스토랑과 비슷하다. 전시장에서 미술품을 보려면 관람객은 직접 걸어다니면서 쉽게 이해되지 않는 그림을 보고 상상력을 동원하여 여러 갈래로 생각해야 한다. 반면 뮤지컬이나 오페라 공연장에서는 관람객이 2시간 정도 좌석에 가만히 앉아 있으면 모든 공연을 편안하고 즐겁게 보고 들을 수 있다. 따라서 가만히 앉아서 편안하게 문화예술을 즐기고자 하는 사람들은 공연을 더 좋아한다. 그래서 기업들은 고객에게 선물을 할 때 전시 티켓보다 공연 티켓을 선호하는 편이다. 하지만 요즘처럼 상상력과 창의력을 요구하는 시대에는 공연 관람보다는 전시 관람이 더욱 효과적이다. 다양한 그림을 보면서 이러저리 생각해 볼 기회를 가질 수 있기 때문이다. 미술에 대한 기업들의 관심이 더욱 요구되는 대목이다.

• 관련 키워드: 패러디, 간접광고, 파사드, 레이블, 기업 이미지
• 관련 도서: 「전시예술 측면에서 본 기업의 아트마케팅」(김민주 · 김정훈 , 이마스, 2007)

자신의 요구를 기업에 당당히 주장하며 소비를 통해 자신을 드러내려는 소비주의

요즘 에고노믹스라는 말이 자주 거론되고 있다. 익숙한 듯하면서도 어딘지 모르게 생소한 단어다. 에고노믹스란 한마디로 말해 '개인주의 경제'를 말한다. 예전만 하더라도 소비자들은 기업의 파워에 눌려 수동적, 수용자적 역할만 할 뿐이었다. 하지만 이제 소비자들은 자신의 요구를 당당히 주장하며 기업이 자신에게 맞춰줄 것을 요구하는 자기 본위적 소비자, 즉 에고이스트(Egoist)가 되었다.

그렇다면 왜 에고노믹스가 갑자기 부상하게 되었을까? 우선 환경 면을 살펴보자. 정보화 사회로 진입함에 따라 소비자가 자신의 에고이스트적인 속성을 드러낼 수 있는 좋은 '환경'이 조성되었다. 케이블TV, 위성TV 등 채널 선택권이 늘어난 것은 물론, 인터넷의 발달로 개인미디어라 할 수 있는 블로그, 미니홈피, 메신저, 카페 같은 새로운 미디어가 크게 늘어났다. 예전에는 미디어가 제한되어 있어 자신의 의견 개진이 힘들었지만 이제는 마음대로 할 수 있는 IT 환경이 만들어진 것이다. 둘째로 소비자 자신의 개성이 크게 강화되었다. 이제 소비자들은 예전보다 강한 자기 정체성을 가지고 자신이 남과 다르

다는 사실을 드러내고 싶어 한다. 서로 비슷하게 보이는 것을 싫어하는 것이다. 자신만의 취향이나 개성을 드러내는 것에 익숙하고 또 당당하기까지 하다. 셋째로 나라의 경제 규모가 증대됨에 따라 개인의 경제력도 증대되어 기업이 한 명의 소비자에게 기대할 수 있는 고객 가치 또한 증가했다. 소량맞춤시대가 도래함에 따라 기업이 비교적 소수인 소비자에게 인정받아도 경제성을 확보할 수 있게 된 것도 에고노믹스의 급부상에 크게 기여했다.

에고노믹스는 기존 산업사회와 어떤 차이점을 보일까? 에고노믹스에는 제품의 사유화, 소비의 자기표현, 개방형 개인주의, 생산형 소비 등의 네 가지 특성이 있다.

첫째는 제품의 사유화이다. 개인주의적 소비자의 모습은 제품 구입에서부터 나타난다. 요즘 인기 있는 전자제품을 보면 최근 추세를 한눈에 알아볼 수 있다. 최근 개발되어 인기를 끈 제품들인 DMB폰, PMP, 디지털 카메라, 노트북 등은 이전에 비해 개인화 추세가 뚜렷하다. 불과 5년 전만 하더라도 최고 인기 게임기는 거실에서 TV와 연결해 형제, 친구들과 즐기는 플레이스테이션(Playstation)이었다. 하지만 현재 국내에서 가장 인기 있는 게임기는 이동중에도 혼자서 게임을 즐길 수 있는 휴대용 게임기 'NDSL(닌텐도DS Lite)'이다. 그래서 가전(家電)은 이제 고정형 개전(個電)에서 모바일 개전으로 분화 발전했다.

둘째는 소비의 자기표현이다. 이전의 소비가 기능과 서비스를 구매하는 데 머물렀다면 이제는 소비를 통해 자신의 개성을 표현한다. 앞서 말했던 제품의 사유화로 자신이 사용하는 물건을 선택해야 하는 경우가 늘어났고 이런 선택에 있어 가장 우선시되는 것이 자신의 개성과 취향이다. 이제 어떤 상품을 가지고 있다는 것은 그 상품의 속성과 그것을 소유하는 개인의 속성 간에 깊은 상관성이 있음을 말한다. 이런 경향은 제품의 판매 방식과 새로운 시장의 형성으로 이어진다. 개인의 취향을 만족시키기 위해 동일 제품이라도 이전에 비해 훨씬 세분화된 모델로 출시되고 심지어 개인별 맞춤 판매도 이루어지고 있다. 또한 자기표현의 욕구를 실현하고자 자동차, 휴대폰, 오토바이, 신발 등에 튜닝(Tuning)시장이 활성화되고, 개성 있는 인터넷 동호회와 전문 잡지도 늘어나고 있는 추세이다. 컨버스(Converse)의 경우 하얀 신발을 캔버스 삼아 직접 마음대로 그림을 그릴 수 있도록 물감과 붓을 패키지로 만들어 신발과 함께 판매하고 있다.

셋째는 개방형 개인주의다. 소비의 개인화와 자기표현의 경향이 확산되는 것과 동시에 개인 간의 교류도 더욱 활발해지고 있다. 이런 교류는 자기 주변사람들에 한정되지 않고 불특정 다수와 개인 간의 교류로 넓어지고 있다. 이런 '개방형 개인주의'는 인터넷을 기반으로 다양한 분야로 확대되고 있다. 누군가 하나의 동영상을 올리면 그것에 대해 의견을 나누고 어떤 이들은 그것에 특수효과나 음악을 입혀 또 다른 동영상을 올리는 유튜브(Youtube) 방식이 큰 반향을 불러일으

컸다. 이외에도 각종 정치적 풍자나 영화, 게임 등의 패러디 영상이 올라오고 서로 이것을 공유하며 환호한다.

넷째는 생산형 소비다. 개인화된 소비는 소비의 자기표현으로 이루어지고 자신과 비슷한 취향을 가진 사람들과 함께 그 취향을 즐긴다. 여기서 소비자는 한발 더 나아가 자신이 소비할 상품의 제조에도 참여하여 생산 영역으로 진출한다. 미래학자인 앨빈 토플러는 『제3의 물결』에서 생산하는 소비자 '프로슈머(Prosumer)'의 등장을 예견했고 이제 현실화되었다. 이 프로슈머들은 자신의 불만과 요구사항의 개진에 그치던 기존 소비자 참여에서 한발 더 나아가 자신의 능력과 아이디어로 제품 개선과 신제품 개발에 참여하고 있다. 프로슈머 활동을 적절히 활용함으로써 기업들은 신제품에 대한 소비자의 반응을 미리 살펴보아 시장에서 성공 확률을 높일 수 있다. 이런 이유로 기업들은 프로슈머의 활동을 적극 지원하고 있다.

에고노믹스는 향후 어떻게 변모해갈까. 소비자의 진화 과정에서 살펴보자. 이제 소비자들은 예전의 수동적인 소비자들처럼 판매대의 물건을 무턱대고 사지 않는다. 이들은 상품이나 서비스에 대해 불만이 생기면 입소문, 카페, 블로그, 메신저 등 여러 채널을 가동하여 자신의 의견을 즉각적으로 개진한다. 회사에 신상품 아이디어를 전달하기도 하고, 자신의 아이디어를 활용해 신상품을 만들기도 한다. 아예 벤처 기업을 뚝딱 만들기도 한다. 소비자는 기업에 대해 얼마든지

도전자, 경쟁자가 될 수 있다.

영화 〈글래디에이터〉의 주인공이 노예 신분에서 검투사로 성공하여 로마에 입성하자 모든 사람들의 스타가 된 것처럼 소비자는 막강한 검투사가 되고 있다. 따라서 기업은 자기중심적 소비자와의 커뮤니케이션을 강화하고 그들의 의견을 적극적으로 받아들임으로써 에고노믹스 시대에서 소비자와 함께 영웅이 되도록 노력해야 할 것이다. 이제 기업에게 소비자는 고객이 아니라 파트너로 진화 발전하고 있다.

- 관련 키워드: 프로슈머, 튜닝, 개방형 개인주의, 에고이스트
- 관련 도서: 『세상을 소비하는 인간, 호모 콘수무스』(김민주, 교보문고, 2007)

컬처노믹스 Culturenomics

문화를 바탕으로 문화의 산업화, 문화의 상품화 등을 통해 고부가가치를 창출하는 활동

서울 시내를 거닐다보면 문화 관련 행사들이 부쩍 늘어난 것을 발견할 수 있다. 이는 오세훈 서울시장이 비전으로 추구하고 있는 '창의 문화도시 서울'의 일환으로 펼쳐지고 있는 행사들이다. 서울을 문화도시화하여 도시경쟁력을 높이고 관광산업 중심지로 만들겠다는 의지이기도 하다. 이처럼 최근 들어 문화와 경제의 합성 현상이 두드러지고 있어 두 단어의 합성어인 컬처노믹스라는 말이 유행하고 있다. 컬처노믹스는 덴마크 코펜하겐 대학의 페테르 두엘른(Peter Duelund) 교수가 만든 말로, 문화를 원천으로 고부가가치를 창출하고 도시 경쟁력을 높이는 것을 말한다. 경제발전만으로는 도시의 지속성장이 불가능하다. 문화 자체가 산업이 되어야 하고 문화가 잘 발달되어야 능력 있는 인재들이 모여들고 이들의 상상력과 창의력이 더욱 개발된다. 생물학적 다양성이 건강한 생태계를 만들듯이 문화적 다양성이 도시 생태계를 활기차고 성장하게 만든다. 곧, 문화경제가 창조경제의 핵심인 것이다.

도시 발전에서 창조성을 지닌 계층의 중요성을 역설한 리처드 플로

45

리다(Richard Florida)는 도시의 경제 발전을 위해서는 세 가지가 필요하다고 했다. 즉, 기술(Technology), 인재(Talent), 관용(Tolerance)이 서로 조화를 이루어 모든 사람들의 창조적 잠재력을 충분히 활용해야 한다는 것이다. 어떤 지역이 연구단지라고 하더라도 다양한 계층의 사람들을 만나 흥겹게 놀고 자극을 받을 수 있는 시설, 커뮤니티가 중요하다는 것이다. 그래야 창조적 인재들이 몰려든다. 비슷한 논리를 적용한다면 단순한 행정도시, 베드타운 도시는 생명력을 계속 유지하기가 힘들다.

기존 도시라고 하더라도 뉴욕 맨해튼 남서쪽에 위치한 첼시(Chelsea) 지역, 미트패킹 지역, 하이라인의 재개발 작업에서 알 수 있듯이 도시를 얼마든지 활성화할 수 있다. 뉴욕에는 'PPS(Project for Public Space)'라는 공공디자인 민간단체가 있는데 이 단체는 뉴욕시 지역 개조는 물론, 전 세계 26개국의 2,500개의 공공디자인 프로젝트에 참여하고 있다. 요즘 도시 디자인의 키워드는 '재생'이다. 있는 것을 부수고 완전히 새로 짓는 것이 아니라 기존 것을 최대한 유지하면서 새로운 모습으로 변모시키는 것이다.

• 관련 키워드: 생물학적 다양성, 생태계, 문화산업, 상상력, 창의력, 도시 디자인, 재생, 레노베이션
• 관련 도서: 『도시와 창조계급: 창조 경제 시대의 도시 발전 전략』(리처드 플로리다, 푸른길, 2008)

프리코노믹스 Freeconomics

가격파괴, 공짜, 경품과 같은 마케팅 수단을 통해 수익을 창출하는 비즈니스 모델

1976년 노벨 경제학상을 수상했고, 2006년에 타계한 저명한 경제학자, 밀튼 프리드먼(Milton Friedman)이 매우 즐겨 사용한 말이 있다. "세상에 공짜 점심은 없다(There ain't no such thing as a free lunch.)". 얼핏 보기에는 공짜인 것 같지만 사실 알고 보면 공짜가 아니라는 말이다. 공짜 뒤에는 몰래 숨어 있는 미끼가 있다는 말로도 해석될 수도 있고, 어떤 대가 없이는 공짜로 무엇을 기대해서는 안 된다는 경고로도 볼 수 있다. '공짜 치즈는 쥐덫에만 놓여 있다'는 러시아 속담이 있듯이, 공짜를 조심해야 한다는 것은 만고불변의 진리이다. 그런데 최근 들어와 악화가 양화를 구축하듯, 무료가 유료를 구축하는 추세가 강화되고 있다. 영국의 격주간지 〈이코노미스트〉는 2008년을 전망하면서 이러한 추세를 프리코노믹스라고 명명했다. 공짜(Free)와 경제학(Economics)을 합성한 말이다.

2007년에 음반업계에서 한 차례 소동이 벌어졌다. 인기 가수 프린스가 영국 〈데일리메일〉 구독자에게 새 앨범 '플래닛 어스(Planet Earth)' 증정판 CD를 무려 300만 장이나 무료로 제공했기 때문이다.

음반회사는 사람들이 음반을 불법 복제하여 유포할 것을 미리 알고 있기 때문에 음악을 들은 사람들이 프린스의 공연에 올 것을 기대하고 무료로 배포한 것이다. 놀라운 결정이 아닐 수 없다. 우리나라에도 비슷한 경우가 있었다. 2007년 LG전자에서 MP3기능이 강화된 사이언 '랩소디 인 뮤직 폰'을 출시했다. 세계적인 음질 전문가인 마크 레빈슨은 이퀄라이저 보정, 손가락으로 마음대로 돌릴 수 있는 전면의 터치 휠 키(Wheel Key), 전용 이어폰 등으로 무장하여 생생한 음악이 나오도록 MP3 플레이 기능을 강화했다. 이 휴대폰에는 가수 성시경, 손호영 등 정상급 가수 7명의 음반과 '랩소디, 더 소울 오브 사운드'가 기본으로 탑재되어 있었다. 다른 예로 술집에서는 서비스 차원에서 안주를 공짜로 주는 경우가 많다. 왜 그런 전략이 주효할까. 손님이 땅콩 같은 견과류를 안주 삼아 먹으면 그렇지 않은 경우에 비해 술을 더 마실 가능성이 커지기 때문이다.

사실 우리 주위를 보면 공짜 마케팅은 쉽게 찾아볼 수 있다. 전철역 앞에서 나눠주는 무료신문이 바로 그런 경우다. 무료신문이 처음 등장했을 때에는 많은 사람들이 집어가기 때문에 광고주들이 관심을 보이며 일간신문과 스포츠신문을 크게 위협했었다. 또 상대적으로 인기가 없는 무료신문들은 광고를 따내지 못해 경쟁에서 탈락하고 말았다. 결국 자본금이 많은 기업들이 이런 무료 경쟁에서 살아남게 된다. 하지만 비싸진 광고비나 독과점의 폐해가 소비자에 피해를 줄

수도 있다. 또 다른 문제는 자원의 낭비다. 무료신문은 사람들에게 공짜로 나눠주기 때문에 그만큼 신문용지가 낭비될 수밖에 없다. 대량생산, 대량 소비 체제는 화석연료의 과잉 사용으로 이어져 지구온난화를 가속화시키게 된다.

우리나라 공무원과 기업인들의 비리는 단골 기삿거리이다. 예전에는 업체로부터 향응이나 식사대접 받는 것을 당연하게 생각했지만 이제는 그것을 금지하는 분위기가 자리를 잡아가고 있다. 사실 이러한 대접은 대가를 바라는 경우가 많기 때문이다. 포스트잇과 스카치테이프로 유명한 3M은 철저한 윤리경영으로 유명하다. 이 회사의 기업윤리 규정집을 보면 선물 증여 항목에 이러한 글이 있다. "사업과 관련해 상대방에게 연간 50달러 이상의 금품이나 향응은 제공할 수 없다. 여기에 커피와 도넛은 제외된다." 상대방으로부터 커피와 도넛 정도를 무료로 얻어먹는 것까지 죄책감에 시달릴 필요는 없을 것 같다. 우리는 이렇게 결론을 내리자. "공짜 점심은 없어도 공짜 커피는 있다."

• 관련 키워드: 공짜경제, 경제학, 무료신문, 불황마케팅, 공짜마케팅

어떤 기업이 시장에서 성공을 거둔 특정 브랜드를 내세워 자사의 브랜드 아이덴티티를 최대한 보여주는 매장

플래그십이라 하면 해군의 선단에서 깃발을 꽂아놓은 가장 중요한 배를 말한다. 여기에서 생겨난 플래그십 스토어는 어떤 기업이 시장에서 성공을 거둔 특정 브랜드를 내세워 자사의 브랜드 아이덴티티를 최대한 보여주고자 하는 매장을 말한다. 물론 기업의 다른 상품 이미지를 올리기 위해 후광 효과를 노리기도 한다.

소비자의 취향과 반응을 조사하기 위한 안테나숍과는 달리 플래그십 스토어는 매장이 크고 화려한 경우가 많다. 서울 청담동에 있는 외국 명품 브랜드의 매장이 플래그십 스토어에 해당된다. 에르메스는 도산공원 바로 옆에 '메종 에르메스 도산 파크'라는 플래그십 스토어를 오픈했다. 멋진 외관을 가진 이 건물에는 매장은 물론 갤러리, 박물관, 카페도 있다.

프라다는 자신들의 플래그십 스토어를 에피센터(Epicenter)라고 부른다. 지하에서 발생하는 지진의 발생지를 진원이라고 하고 진원의 지표 부분을 진앙이라고 한다. 진앙이 바로 에피센터이다. 유행의 발상지라는 자부심 어린 표현이다. 컨템퍼러리 럭셔리를 추구하는 프

라다는 뉴욕과 도쿄에 이 에피센터를 가지고 있다. 자신의 최고·최신 패션 콜렉션은 물론이고 매장 인테리어에 IT적인 요소를 최대한 접목하여 첨단 매장의 컨셉을 선보인다. 물론 에피센터 건물은 램 쿨하스, 에르조그, 드 뫼롱 같은 유명한 설계자의 작품이다.

그렇다면 이렇게 확산되는 플래그십 스토어는 기업과 고객 입장에서 어떤 기대효과가 있을까? 우선 기업 입장에서 플래그십 스토어는 브랜드 이미지를 차별화할 수 있는 최고의 커뮤니케이션 도구이다. 특히, 유명한 건축가들이 설계한 플래그십 스토어가 관광 명소가 되면서 소비자들에게 그 기업만의 브랜드 이미지를 전달할 수 있다. 뉴욕을 방문한 외국 관광객들에게 이미 관광명소가 된 프라다와 나이키의 플래그십 스토어가 그 대표적인 예이다. 또 시각적 즐거움뿐만 아니라 스토어 내에서 다양한 부가 서비스를 제공하여 소비자의 로열티를 높일 수도 있다.

또한 여러 하위 브랜드들을 한 매장에 전시하고 있기 때문에 여러 제품간 매출 시너지 효과를 볼 수 있다. 개인 고객보다 가족 고객을 타깃으로 할 수 있으며, 한 장소에서 다양한 브랜드를 구매할 수 있다는 편리함으로 매출 증가에도 기여한다.

그러나 플래그십 스토어가 좋은 면만 있는 것은 아니다. 가장 큰 고민거리는 막대한 초기 투자 비용이다. 아직 국내에서는 기존 건물의 리모델링 수준으로 이루어지지만 프라다, 에르메스 같은 명품 기업

51

들의 플래그십 스토어는 유명한 건축가들이 디자인하기 때문에 비용이 어마어마하다. 그래서 아직까지 대부분의 스토어가 적자 상태이며, 기업 입장에서도 매출 위주보다는 브랜드 인지도 향상 등의 목적이 더 크다.

고객 입장에서는 한 매장에서 원스톱으로 쇼핑할 수 있다는 장점이 있다. 과거에는 백화점에서 여기저기 매장마다 돌아다녀야 하는 불편함이 있었지만, 플래그십 스토어에서는 쾌적하고 넓은 매장에서 편리하게 쇼핑할 수 있다. 또 하나의 장점은 독특한 경험을 할 수 있다는 점이다. 제품을 굳이 구매하지 않아도 다양한 서비스를 무료로 이용할 수 있다. 예를 들어 애플 컴퓨터의 플래그십 스토어에서는 직접 DVD, 디지털 카메라 등을 사용해 볼 수 있으며, 크레욜(Crayol) 매장에서는 크레용을 가지고 직접 그림도 그리고 물건도 만들 수 있다.

기업들은 자사 상품의 이미지를 극대화하기 위해 더욱 많이 플래그십 스토어를 오픈할 것이라고 예측된다.

• 관련 키워드: 브랜드 이미지, 안테나숍, 에피센터, 메종 에르메스
• 관련 도서: 「플래그십 스토어가 밀려온다」(이은엽, 이마스, 2004)

고객가치
Value for Customers

생존부등식이라는 것이 있다. 사람이 살고 죽는 것을 논하는 섬뜩한 공식이 아니라 상품을 사고파는 데 있어 '가치〉가격〉비용' 으로 성립되는 부등식을 말한다. 생산자 입장에서는 상품을 만드는 데 드는 비용보다 상품을 팔아서 벌어들이는 가격이 더 높아야 이윤이 생긴다. 또 소비자 입장에서는 자신이 상품을 구입하는 데 드는 가격보다 상품을 통해 얻는 가치가 더 높아야 상품을 구매한다. 즉 생산자의 부등식인 '가격〉비용' 과 소비자의 부등식인 '가치〉가격'이 동시에 성립되어야 생산자도 웃고 소비자도 웃는 것이다. 생산자가 무조건 비용을 낮추어 상품을 판매해도 고객이 싸구려라고 인식하여 상품에 가치를 부여하지 못하면 그 상품은 팔리지 못한다. 따라서 무조건 비용을 낮추려고 하기보다는 상품에 특별한 기능이나 디자인을 부여하여 고객이 느끼는 고객가치를 높이는 것이 현명한 마케팅이다.

그런데 소비자가 느끼는 고객가치 외에 기업이 평가하는 고객가치도 있다. 고객들이 평생을 살면서 자사 상품을 구매하는 금액, 즉 모든 고객의 생애가치(Lifetime value)의 합을 말한다. 고객이 느끼는 고객가치가 'value for customers' 라면, 기업이 평가하는 고객가치는 'value of customers', 즉 고객자산(customer equity)이다.

도시광산업
Urban Mining

도시 한복판에서 광맥을 발견했다면 믿겠는가. 더구나 땅을 파지도 않고 광물들을 거두어들일 수 있다면? 흥미롭게도 이런 일들이 실제로 벌어지고 있다. 전 세계적으로 국제 원자재 가격이 급등하면서 도시 쓰레기를 자원으로 재활용하는 바람이 불고 있는 것이다. 도시광산업이란 전자제품이나 각종 폐기물에서 비싼 값의 금속 자원을 다시 회수해 내는 신종 산업을 말한다. 전자제품 쓰레기는 일반 광석에 비해 금속함유량이 많아 경제적이므로 자원으로 각광을 받게 된 것이다. 일본물질연구소가 일본 도시광산업의 규모를 추정한 결과, 회수가능한 금이 6,800톤, 은이 6만 톤, 액정화면 제조에 사용되는 인듐이 1,700톤이나 되었다. 우리나라도 공짜폰의 열풍으로 휴대폰을 교체하는 시기가 지나치게 빨라지고 있어 얼마 전부터 휴대폰 수거를 위한 대대적인 홍보를 하기도 했다. 지금 내 책상에도 쓰지 않아 모셔둔 휴대폰이 있는지 찾아보자.

마켓테인먼트*
Marketainment

주5일제가 정착됨에 따라 여가, 오락 시간이 늘어나면서 무엇을 하든지 엔터테인먼트 요소를 가미한 것이 인기를 얻고 있다. 스포츠에도 스포테인먼트, 다큐멘터리에도 다큐테인먼트 같은 합성어가 생기더니 이제 마켓테인먼트(Marketainment)라

는 용어도 생겼다. 이는 마켓에 엔터테인먼트를 합성하여 생긴 말로 오락하듯이 물건을 사는 것을 말한다. 오늘날의 소비자들은 쇼핑을 하면서 물건을 사는 것만 아니라 각종 이벤트나 문화시설 등을 즐기고자 하는 욕구를 표출하고 있다. 코엑스 몰, 아이파크 몰 같은 몰(Mall)에서 쇼핑과 더불어 놀이, 문화, 공연, 교육도 한 번에 해결하려는 몰링과 같은 트렌드도 마켓테인먼트와 그 궤를 같이 한다.

마클럽 부인

각국의 중앙은행들은 달러나 유로, 엔 등 기축통화를 중심으로 외환을 많이 보유하고 있다. 외환보유고가 낮으면 환투기세력의 공격으로 외환위기에 처할 수 있기 때문이다. 반대로 외환을 현금으로 보유하면 이자 수익을 포기해야 하고 달러 같은 기축통화의 가치가 떨어지면 환차손을 입어야 하는 단점도 있다. 1997년 우리나라의 외환위기는 외환보유고가 충분치 않았기 때문에 발생했고, 치욕적인 IMF의 관리를 받았던 것이다. 오스트리아 출신의 미국 경제학자인 프리츠 마클럽(Fritz Machlup, 1902~1983)은 중앙은행의 외환보유 성향을 '마클럽 부인의 옷장 이론' 으로 설명한 바 있다. 부인들은 옷장 가득 옷이 차 있어도 새 옷만 보면 또 구입하고자 하는 경향이 있다는 것이다. 새 옷에 대한 부인들의 무한한 욕구와 같은 맥락으로 아시아 중앙은행들은 거액의 외환보유고를 가지고 있으면서도 또다시 외환보유고를 늘리려는 경향이 있다. 현재 중국과 일본, 인도, 브라질이 바로 그렇다. 마클럽 부인과는 반대되는 행태를 보이는 경우는 와타나베 부인이다. 일본에서 가장 흔한 성인 와타나베에 비유하여 외환소액투자자를 의미하는 와타나베 부인은 외환을 그냥 보유하지 않고 국가 간 금리차를 이용하여 엔 캐리 트레이드 등을 통해 높은 수익을 추구한다. 마클럽 부인과 와타나베 부인의 극단적인 행태는 바람직하지 않고, 경제상황에 맞게 적절한 균형을 이루는 것이 매우 중요하다.

매스티지[*]
Masstige

대중(Mass)과 프레스티지 상품(Prestige Product)의 합성어인 매스티지는 대중을 위한 명품, 즉 대중명품을 말한다. 명품이 고가이면서 상부 계층을 위한 상품이라고 한다면 매스티지는 일반 대중들이 그리 부담을 가지지 않을 정도의 가격대로 판매하는 고급 상품이다. 명품의 대중화 버전인 것이다. 매스티지의 부상은 트레이딩업(Trading-Up) 현상, 즉 상향구매 현상과 함께 생각해 볼 필요가 있다. 소비자들의 소득 수준이 점차 오르면서 명품을 사지는 못하지만 명품 회사가 출시하는 상대적으로 저가인 서브 브랜드는 구입할 수 있는 층이 점차 늘어나고 있기 때문이다. 명품 기업은 매스티지 제품을 출시하면 매출이 크게 늘어난다는 이점이 있긴 하지만 명품 이미지를 훼손하게 되므로 장기적으로 과연 바람직한지 고민을 해야 한다. 대표적인 매스티지 브랜드로는 미국의 패션 브랜드인 '코치', 영국의 '바디샵' 등을 들 수 있다.

메나 MENA

MENA는 'Middle East North Africa'의 약자이다. 즉, 중동과 북아프리카 지역을 말한다. 세계은행(IBRD)의 정의에 따르면, MENA지역은 19개 국가로 이루어져 있다. 중동 지역에는 이란, 이라크, 사우디아라비아, 쿠웨이트, 바레인, 카타르, 아랍에미레이트, 오만, 예멘, 요르단, 시리아, 레바논, 요르단 강 서안 및 가자지구 등 13개국이 있고, 사하라 사막 북쪽에 위치한 북아프리카 지역에는 이집트, 리비아, 튀니지, 알제리, 모로코, 지부티공화국(이디오피아 인근에 위치한 소국) 등 6개국이 있다. MENA의 전체 인구는 3억 5,500만 명에 달하며, 구매력지수로 평가한 국내총생산(GDP)은 2조 4,000억 달러이다. 2004년부터 2007년까지 연평균 성장률은 세계평균보다 높은 6퍼센트를 보이고 있다. 이 지역의 공통점은 모두 아랍계이며 석유를 비롯한 천연자원이 풍부한 국가들이라는 것이다. 이들 나라는 커진 경제력 규모에 걸맞게 사회인프라에 대한 투자를 늘리고 있으며 구매력도 증가하여 우리나라 입장에서 좋은 사업기회를 제공하고 있다. MENA에는 터키와 이스라엘이 빠져 있다는 점에 주목하기 바란다.

▌무역구제

무역구제란 외국 물품을 수입한 후 국내 산업이 피해를 입었을 때 해당 물품에 대해 관세조치 등을 취함으로써 국내 산업을 보호하는 제도를 말한다. 그동안 우리나라에서는 FTA, 미국산 쇠고기 수입 같은 통상협상에 대한 관심은 많았으나 무역구제에 대한 관심은 상대적으로 부족했다. 통상협상이 무역규범을 정하는 것이라면 무역구제는 실행 차원의 일이다. 앞으로 법률과 통상 분야에서 무역구제의 중요성이 크게 부각될 전망이어서 2008년 한국무역구제포럼이 국내에 설립되었다.

▌미네르바
Minerva

'미네르바의 부엉이는 황혼 무렵에야 날개를 펴기 시작한다.' 이는 독일의 철학자 헤겔이 자신의 저서 『법철학』의 서문에서 한 말이다. 미네르바는 그리스 지혜의 여신 아테나를 말하는데, 그녀는 부엉이를 좋아해 항상 데리고 다녔다고 한다. 미네르바가 화제의 단어가 된 것은 동명의 닉네임을 사용하는 한 논객이 '얼굴 없는 경제 대통령'이라 불리며 미네르바 신드롬을 일으켰기 때문이다. 다음의 아고라에서 활동하는 미네르바는 미국발 금융위기가 본격화되기 전인 2008년 8월, 산업은행이 인수를 추진하던 리먼브라더스의 부실화를 날카롭게 예견하여 아고라의 최고 인기 논객으로 자리잡았다.

미네르바의 인기는 단지 그의 예측이 정확했기 때문만은 아니다.

그는 일반인이 쉽게 접할 수 없는 다양한 지표와 수치를 이용하여 경기를 진단하면서도, 누구라도 이해할 수 있도록 쉽게 설명하여 경제상황을 진단했다. 미네르바의 글은 평균조회수 약 5만 회, 평균댓글 약 1,000개를 기록하고 있다. 그가 어떤 책을 추천하면 그 책의 판매가 즉각적으로 늘어난다. 많은 사람들이 그의 정체를 궁금하게 생각하지만 정작 미네르바 자신은 고구마 파는 노인이라며 정체를 숨기고 있다. 한편 정부는 미네르바의 글이 허위사실 유포라며 처벌을 검토하고 있다고 밝혔으며, 발표와 동시에 수많은 네티즌들의 반발에 부딪히고 있다.

미디어렙
Media Representative

미디어렙이란 방송사의 위탁을 받아 광고주에게 광고 지면이나 광고 시간을 판매하여 판매대행 수수료를 받는 광고대행사를 말한다. 이런 대행체제는 방송사가 광고를 얻기 위해 광고주한테 압력을 가하거나 자본가인 광고주가 광고를 빌미로 방송사한테 영향을 끼치는 것을 일부 막아주는 장점이 있다. 우리나라에서는 1980년부터 한국방송공사(KOBACO)가 미디어렙 역할을 독점적으로 해왔다. 하지만 이로 인해 시장 자율성이 저해되어 지상파방송의 광고산업 경쟁력을 떨어뜨린다는 이유로 2009년에는 민영 미디어렙 설립이 이루어질 전망이다. 그렇게 되면 방송사들이 각각 광고를 따로 수주해야 하고 방송광고비가 늘어나게 될 전망이다. 또 방송사와 광고주가 직접 거래하기 때문에 프로그램의 공공성이 저해되어 오락성과 선정성이 짙은 프로그램이 많아질 우려가 있다.

블랙 컨슈머
Black Consumer

기업들이 두려움에 떨고 있다. 두려움의 대상은 경쟁기업의 획기적인 제품이 아니라 바로 자신들의 제품과 서비스를 구입한 소비자들이다. 예전의 소비자는 제품이나 서비스를 판매하는 기업보다 기술, 정보, 자금 등에서 열세의 위치에 있었으나 갈수록 소비자의 파워가 강해지고 있다. 불량제품을 고발하는 것은 물론, 기업의 불투명성, 비윤리성을 입소문이나 자신의 블로그, 카페 등을 통해 얼마든지 공개할 수 있기 때문이다. 이런 기업의 약점을 이용하여 공개하지 않는 조건으로 보상을 요구하는 소비자도 생겼고, 미디어를 통해 자신을 알리는 기회로 삼는 소비자도 생겼다. 어떤 소비자들은 구입한 케이크에 일부러 머리카락을 넣은 후, 기업을 상대로 보상해 주지 않으면 인터넷에 글을 올리고 소비자단체에 고발하겠다며 협박하기도 한다. 이런 소비자가 바로 흑심을 품고 있는 블랙 컨슈머이다. 소비자의 주권이 강화되는 것도 좋지만 이렇게 악용하는 소비자의 출현은 바람직하지 않다.

사모펀드*
Private Equity Fund

사모펀드는 소수 기업 및 개인 투자자로부터 비공개로 자금을 유치하고 저평가된 기업에 자본참여를 하여 기업 가치를 높인 다음, 기업주식을 되파는 전략을 취한다. 2006년에는 전 세계적으로 사모펀드가 주도한 M&A 규모가 7천억 달러로 사상 최대를 기록하기도 했다. 공모펀드는 한 주식에 펀드 규모의 10퍼센트 이상을 투자할 수 없고, 주식 외 채권 등 유가증권에도 한 종목에 10퍼센트 이상 투자할 수 없는 등 제한이 있다. 그러나 사모펀드는 이러한 제한이 없어 이익이 발생할 만한 어떠한 투자대상에도 투자할 수 있다. 한국에서는 M&A(기업의 인수·합병)를 활성화하기 위한 수단으로 사모펀드를 도입하였지만, 외국에서는 사모펀드를 M&A 수단이 아니라 다양한 투자자의 요구를 충족시키기 위한 맞춤 펀드로 활용하고 있다. 최근에는 이전과는 달리 사모펀드들이 기업공개를 통해 자금을 공모하기도 하고 단순히 기업 인수 차익만을 노리던 것에서 벗어나 기업 영업이익 극대화를 통해 기업 가치를 높이는 데 주력하고 있다.

사이드카
Sidecar

"올 들어 9번째 사이드카 발동"

사이드카? 오토바이 옆에 달린 사이드카를 말하는 것일까? 증권과 관련된 뉴스를 보면 심심치 않게 사이드카라는 말을 듣게 된다. 사이드카는 금융시장에서 폭락이나 폭등이 거듭될 때 금융당국에서 금융시장 안정을 위해 취하는 규제조치 중 하나를 이르는 말이다. 주식시장에서 주가의 등락폭이 갑자기 커질 경우 시장에 미치는 영향을 완화하기 위해 주식매매를 일시 정지시키는 제도는 서킷브레이커(Circuit Breaker)라 부른다. 반면 선물시장에서 선물가격이 폭락이나 폭등을 거듭하면 현물시장에 대한 영향을 최소화하기 위해 도입한 프로그램 매매호가 관리제도를 사이드카(Sidecar)라고 한다.

예를 들어 선물이 전날보다 급하게 오르면 현물시장에 프로그램 매수 물량이 쏟아지게 된다. 반대로 선물이 심하게 떨어질 경우 현물시장에 프로그램 매도 물량이 쏟아진다. 프로그램 매매는 컴퓨터에 일정한 조건에서 매도나 매입을 판단하도록 만들어진 프로그램을 입력해 주식을 일정 가격대 안에서 거래하는 것이기 때문에, 조건만 맞으면 하루에도 몇 번이고 대량의 매매주문을 현물시장에 내놓는다. 이런 프로그램 매매 때문에 현물시장의 가격변동이 심화될 수 있으므로 현물시장에 들어오는 프로그램 매매 주문의 처리를 5분 동안 보류시키는 것이 바로 사이드카이다.

한국에서는 주가지수 선물시장을 개설하면서 사이드카 제도를 도입하였는데, 선물가격이 전일종가 대비 5퍼센트 이상 상승 또는 하락해 1분간 지속될 때 발동한다. 일단 발동되면 발동 시부터 주식시장 프로그램 매매호가의 효력이 5분간 정지된다. 그러나 5분이 지나면

자동적으로 해제되어 주문 순서에 따라 다시 프로그램 매매 체결이
재개된다. 주식시장 후장 매매 종료 40분 전(14시 20분) 이후에는 발동
할 수 없으며, 1일 1회에 한해서만 발동할 수 있다.

서브프라임 모기지[*]
Subprime Mortgage

서브프라임 모기지는 신용도가 일정 기준에 미치지 못하는 개인들을 대상으로 한 부동산 대출을 말하는데 일반 모기지(주택담보대출)보다 높은 이자율이 적용되는 특징이 있다. 리스크가 높은 거래이긴 하나, 부동산 시장이 호황일 때는 다소 높은 이자율로 돈을 빌려도 대출을 받아 집을 사면 집값이 올라 대출금을 상환하고 이익을 남길 수 있다. 하지만 미국의 주택경기가 크게 악화됨에 따라 주택담보대출을 받은 사람들이 은행에 이자 지급을 할 수 없어 모기지 연체율이 급등하고 있다. 그 결과 미국의 2위 서브프라임 모기지 업체인 뉴 센추리 파이낸셜의 주식이 뉴욕증권거래소에서 거래가 중단되었으며 미국 최대 은행인 시티은행도 유동성이 크게 악화되어 전 세계적으로 그 파장이 커지고 있다.

슈퍼클래스
Superclass

전 세계 인구는 68억 명에 이른다. 이 중 0.00001퍼센트에 해당되는 6,000명이 이 세상을 주물럭거리고 있다면 믿겠는가. 사실

이 그렇다. 지구상에 존재하는 이런 최상위계급을 슈퍼클래스라고 부른다. 이들은 한 나라의 파워엘리트에 그치지 않고 국내의 권력과 대중적 영향력을 기반으로 국경과 국적을 넘나들며 같은 부류의 사람들끼리 네트워크를 형성하고 세계적 규모로 자신들의 권력과 이익을 확대해 나간다. 분야도 금융기관, 대기업, 미디어, 종교, 연예, 작가, 과학자, 암흑가 등 다양하다. 매년 1월 스위스 다보스 포럼에 참석하는 사람들도 대부분 슈퍼클래스이다. 다보스에 모이는 슈퍼클래스를 분석해보면, 평균 나이는 58세, 미국과 유럽의 갑부들이 61퍼센트, 남자가 94퍼센트이다. 그리고 기업체와 금융회사를 소유한 기업가들이 많다.

▌알박기

알박기란 개발 예정지의 중요한 땅 일부를 미리 사놓고 개발업자에게 고가로 되파는 부동산 투기 수법을 말한다. 용지의 소유권을 100퍼센트 확보하지 않으면 개발사업을 할 수 없는 점을 악용한 것이다. 이같은 폐해를 막기 위해 2007년 '알박기 금지 법안'이 통과되었다. 이 법안의 골자는 사업부지의 50퍼센트 이상을 확보한 민간 주택건설업체가 알박기나 땅주인의 매도 거부로 어려움을 겪을 경우 주택공사 등 공공기관이 잔여 부지를 수용해 택지개발지구로 지정할 수 있게 한다는 내용이다. 알박기에는 국제적인 것도 있다. 일본은 도쿄 남서쪽으로 1,700킬로미터 떨어진 해상에 '오키노도리시마'라는 인공섬을 만들고 배타적경제수역(EEZ)을 확장하여 알박기를 이용한 영유권 확보를 시도하고 있는 것으로 알려졌다.

어닝 쇼크
Earning Shock

상장기업들은 매 분기마다 지난 분기의 영업 실적을 공개적으로 발표한다. 또 기업이 공식적으로 발표하기 전에 증권회사의 애널리스트들이 해당 기업의 실적을 미리 예측하기 마련이다. 이때 발표 실적이 예상 실적보다 나빠 주가가 떨어지는 것을 어닝 쇼크라고 부른다. 반대로 발표 실적이 예상 실적보다 좋아 주가가 올라가는 것은 어닝 서프라이즈(earning surprise)라고 한다. 여기서 어닝(earning)이란 기업의 실적을 뜻하는 것으로 구체적으로 말하면 영업이익, 순이익이다. 또 기업의 주가는 기업의 내재가치 즉, 펀더멘탈(fundamental)에 의해 좌우되는데 어닝이 바로 펀더멘탈의 중요한 부분이다. 급작스럽게 경기가 하강하면 어닝 쇼크가 발생하여 주식시장이 크게 요동을 치는 경우가 많다.

에코매지네이션*
Ecomagination

제너럴 일렉트릭(GE)이 드디어 환경사업을 본격적으로 시작했다. 환경경영은 그동안 기업 입장에서 볼 때 비용을 늘리는 요인이었다. 하지만 이제는 환경이 수익을 창출하는 본격적인 성장엔진으로 바뀐 것이다. GE는 다양한 환경사업을 전개하기 위해 에코매지네이션 전략을 구사하고 있다. 에코매지네이션은 생태를 의미하는 에콜로지(Ecology)와 상상력(Imagination)의 합성어이다. 즉, 생태 문제를 해결하기 위해 상상력을 동원하자는 것이다. 2001년 9.11 테러 발생 직전에 취임한 제프 이멜트(Jeff Immelt) GE 회장은 취임 초기부터 '상상력을 현실로(Imagination at Work)'라는 슬로건을 내걸고 탁월한 기업성과를 내었는데 2005년부터 상상력이 새로운 성장 엔진인 환경사업에 접목된 것이다. 현재 많은 기업들이 환경사업을 성장사업으로 보고 있다.

오피넷
Opinet

오피넷(www.opinet.co.kr)은 한국석유공사가 2008년 4월부터 운영하기 시작한 주유소종합정보시스템 사이트이다. 온라인 쇼핑몰들의 가격 비교 사이트인 다나와(www.danawa.co.kr)처럼 전국 주유소의 가격을 비교하여 최고가부터 최저가까지의 주유소를 찾아 주고 그 위치도 제공한다. 원하는 지역을 선택하면 해당 지역 주유소의 판매가를 모두 보여준다. 주유소 이름으로도 검색할 수 있고, 검색 지역의 평균 가격정보도 보여줘 소비자가 가고자 하는 주유소나 단골 주유소의 기름값 수준도 가늠해 볼 수 있다. 이 사이트가 처음 개통되었을 때 마침 사상 초유의 고유가로 몸살을 앓던 소비자들의 폭발적인 관심이 일었으나 그 후 주유소 정보의 부족 및 부정확성에 대해 논란이 일고 있어 앞으로 체계적인 보완이 필요하다.

지수적 성장
Exponential Growth

수학에 나오는 함수 중에 지수함수라는 것이 있다. $y=\exp(x)$가 바로 지수함수이다. $x=0$일 때에는 $y=1$이고, $x=1$일 때에는 $y=2.718282$, $x=2$일 때에는 $y=7.389056$, $x=3$일 때에는 $y=20.085537$이 된다. 즉, x가 산술급수적으로 증가할 때 y는 기하급수적으로 증가한다. 그래서 지수적 성장은 인구 증가나 미생물 증가에서 보듯 아주 급격한 증가를 의미한다. 일찍이 1798년 영국의 경제학자 토머스 맬서스가 발표한 『인구론』에서 식량은 산술급수적으로 증가할 때 인구는 기하급수적으로 증가하므로 식량이 뒷받침되지 않는 인구의 지속적 성장은 어렵다고 설파한 적이 있다. 2008년 현재 세계 인구는 67억 명에 이르고 있는데 이제는 식량 공급 문제보다는 인간이 배출하는 온실가스로 인해 생기는 기후변화 문제 때문에 인구 팽창에는 한계가 있을 수밖에 없다는 경고가 잇따르고 있다. 지수적 성장은 인구 문제 외에도 박테리아와 조류독감의 급격한 확산, 컴퓨터 바이러스의 확산, 입소문의 확산 등 많은 현상에서 목격된다. 기술 발전과 글로벌화의 진전으로 지수적 성장은 주위에서 쉽게 일어날 수 있다. 인간의 사소한 실수가 치명적인 결과를 유발할 수 있기 때문에 항상 주의해야 한다.

투자은행
IB

통상적으로 은행은 상업은행(CB, Commercial Bank)과 투자은행(IB, Investment Bank)으로 나

눌 수 있다. IB는 예금을 받아서 기업과 개인에게 대출해주는 순수 예금/대출 업무는 수행하지 않으며, 직접투자 등의 투자은행 업무를 수행해 수익을 얻는다. 주요 업무로는 발행시장 업무(Primary Market), 유가증권 거래, 프로젝트 파이낸스(PF), 인수/합병 업무(M&A), 자기자본투자(PI : Principal Investment) 등이 있다. 미국에서 글래스-스티걸법이 CB와 IB의 겸업을 금지한 이래 일반적인 예금/대출 업무는 미국뿐만 아니라 한국을 비롯한 전 세계에서 CB만이 다루고 있다. 하지만 최근 한국 정부는 CB와 IB 업무의 겸업을 금지한 금산분리법을 완화할 방침을 내비쳐 논란을 불러 일으켰다. 자본의 대형화로 이익이 되는 점은 분명하지만 세계적인 IB들의 무분별한 투자가 현재 세계를 공황으로 몰아가고 있는 경제 위기의 단초를 제공했기 때문이다. 황금알을 낳는 거위로 인식됐던 IB의 미래가 어떻게 될지 귀추가 주목된다.

트윈슈머
Twinsumer

매일매일 다양한 상품이 출시되는 세상에서 소비자들은 어떤 제품이 좋은지 판별하기가 힘들다. 특히 다른 유통채널과는 달리 인터넷 쇼핑몰에서는 소비자가 실제 상품을 직접 보고 손으로 만질 수가 없으므로 평가하기가 더욱 힘들다. 이럴 때에는 인터넷 쇼핑몰에서 상품을 구입한 다른 사람들이 써놓은 사용후기를 본 다음 상품 구입을 결정하면 훨씬 마음이 놓인다. 이렇게 다른 사람의 사용후기를 참조하여 상품을 구입하는 소비자를 트윈슈머라고 부른다. 상품을 구입하려는 소비자가 사용후기를 쓴 사람과 동일한 기호와 성향을 보이기 때문에 쌍둥이(Twin)이라는 표현을 쓴다. 이처럼 인터넷에서 입소문의 중요성이 커짐에 따라 리뷰 사이트가 큰 인기를 끌고 있다. 디지털카메라 경우에는 디시인사이드, 휴대폰은 세티즌, 노트북은 앤비인사이드, MP3는 엠피나비가 유명한 리뷰사이트인데, 사용후기는 물론 사용자 질의응답, 업계 소식도 제공하고 있다.

티커머스*
T-Commerce

인터넷 전자상거래를 뜻하는 E-커머스(Electronic Commerce), 휴대전화를 이용한 전자상거래를 뜻하는 M-커머스(Mobile Commerce)에 이어 T-커머스가 등장했다. 티커머스는 Television Commerce로 인터넷TV를 이용한 전자상거래를 뜻한다. 인터넷TV란 전자상거래나 인터넷검색이 가능한 장치를 TV에 결합한 제품이다. 티커머스를 이용하면 전화를 걸지 않고, TV 화면을 보며 리모콘 조작만으로 바로 상품 주문이 가능해진다. 드라마 속에 나오는 연기자들의 옷이나 소품에 대한 정보 검색은 물론 구입도 가능하며, 인터넷 뱅킹과 각종 뉴스와 교통정보 등도 실시간으로 확인할 수 있다. 더욱 완벽한 기술이 뒷받침될 경우 티커머스 시장을 공략하려는 기업들의 움직임이 매우 활발해질 것이다.

편집매장
Multi Shop

멀티샵(multi shop)이라고도 불리는 편집매장은 하나의 공간에 2개 이상의 브랜드를 모아 판매하는 형태의 매장을 말한다. 주로 국내에 아직 소개되지 않은 해외 명품 브랜드나 유명 디자이너 제품을 소량으로 직수입해 판매하는 경우가 많다. 보통 고급 시계, 고급 신발을 테마로 한 편집매장들이 눈에 띄는데 편집매장 성공의 관건은 새로운 콘셉트에 있다. 홍대 앞의 어떤 편집매장에서는 오토바이 이용자들이 사용하는 의류와 액세서리만을 모아 큰 인기를 끌고 있다. 소비자의 선호도와 라이프스타일은 매우 빨리 변하기 때문에 소비자의 니즈를 정확히 파악하여 그에 맞는 브랜드와 아이템을 골라 신속하게 편집매장을 여는 것이 중요하다. 소비자 입장에서는 편집매장에서 자신이 정말 원하는 상품들을 비교하여 구매할 수 있기 때문에 매우 편리하다. 강남의 압구정, 청담동에 주로 모여 있으며 이태원에도 뜨고 있다. 백화점들도 발빠르게 편집매장을 늘리고 있는 추세이다.

플랫폼 컴퍼니*
Platform Company

제조업 중심으로 플랫폼 컴퍼니가 중요시되고 있다. 우리말의 '기반 기업'에 해당하는 플랫폼 컴퍼니란 생산을 직접 담당하지 않더라도 그 외에 디자인, 품질관리, 마케팅 등에 집중해서 큰 성과를 내는 기업들을 뜻한다. 즉, 자신의 생산설비를 지니고 있지 않더라도 글로벌 아웃소싱을 통해서 경쟁력을 키워 가고 있다. 글로벌 아웃소싱으로 생산원가를 낮추며 대규모 아웃소 싱을 통한 규모의 경제도 실현하고 있다. 플랫폼 컴퍼니는 '소유' 보 다는 '경영' 에 초점을 맞춰 성공하는 기업으로 세계 시장에서 새로운 조류로 인식되고 있다. 대표적인 기업으로는 나이키, 델 등을 들 수 있다.

핸드백 효과
Handbag Effect

핸드백은 사람, 특히 여성들에게는 소지 품을 넣어 들고 다니는 실용품이자 액세 서리로서 중요한 기능을 한다. 처음에는 자신에게 필요한 물건들을 넣어 다니는 휴대용 실용품으로 사용되었 다. 하지만 시간이 지나면서 자신의 지위(Status)를 보여주는 액세서리 의 기능을 하고 있다. 영국 〈파이낸셜타임스〉의 컬럼니스트인 바네 사 프리드먼은 '실용적인 아이템이라도 디자인을 불어넣고, 그 디자 인을 정기적으로 바꾸면 생필품에서 욕망의 대상으로 바뀐다' 고 말 하면서 핸드백 효과를 정의했다. 샤넬의 2.55백, 에르메스의 켈리 백, 펜디의 바게트 백, 디올의 새들 백, 프라다의 나일론 백, 루이비통 백 같은 것들이 대표적인 경우다. 누구나 갖고 싶은 최고의 백이라는 의 미의 '잇 백(It Bag)' 이라는 단어도 있다.

CFP*
Certified Financial Planner

CFP(국제재무설계사)란 미국의 CFP Board가 국제적 기준에 따라 윤리, 교육, 경험, 자격시험의 네 가지 기본적인 자격인증요건을 충족하는 전문가를 선발하여 고객에게 종합 금융서비스를 제공할 수 있는 자격을 인증한 종합 개인재무설계사를 뜻한다. 국내에도 재무설계에 대한 관심이 증가하고 시중 은행들이 종합 서비스를 중시하면서 수요가 증가하고 있는 추세이다. 우리나라에는 2000년 한국 FP협회가 설립되면서 이 제도가 도입되어 1,500여 명의 합격자를 배출하고 있다. 매년 5월, 11월 두 번의 시험이 있고 은행, 보험, 증권 등 금융권 종사자들이 주로 응시하고 있지만 최근 들어 관련 업계 취업을 노리는 대학생들의 관심도 높아지고 있다.

FX 마진거래

FX 마진거래는 선물거래와 비슷하게 거래증거금을 선물회사에 예치하고 실시간으로 전 세계 주요 통화를 매매하여 환차익은 물론 이자율 차익까지 얻는 차익거래를 말한다. FX는 'Foreign Exchange'의 약자이며, FX 마진거래는 이종통화 현물환 거래를 말한다. 보통 FX 마진거래는 개인이 많이 하는데 홈트레이딩 시스템(HTS)을 이용하여 24시간 거래를 할 수 있고, 계약금액의 50분의 1에 해당되는 금액만 예치하면 거래할 수 있어 레버리지(Leverage) 효과가 크다. 환율이 오를 때나 내릴 때나 상관없이 수익을 올릴 수 있다. 물론 투자자가 예측한 바와 다른 방향으로 환율이 움직이면 손해를 감수해야 한다. 일본에서는 주로 온라인으로 FX 마진거래를 하는 사람을 와타나베 부인이라고 부른다. 우리나라도 최근 환율 변동이 심해짐에 따라 한국판 와타나베 부인, 즉 김 달러 부인이 크게 늘어나고 있다. 예전의 복부인이 글로벌리제이션(세계화) 시대에 맞춰서 변한 새로운 형태라 할 수 있다.

LUV

러브(Love)의 발음을 철자로 그대로 적으면 LUV가 된다. 그런데, LUV는 한 기업의 주가가 어떤 이유에 의해 급락했을 때 이 이후에 어떤 모습을 보이며 회복하는가를 보여준다. L은 급락 이후 도대체 회복을 하지 못하는 행태다. U는 급락하고 나서 횡보를 하다가 시간이 한참 지난 후 다시 회복하는 행태다. V는 급락 후 곧장 반등하는 행태다. 한 번 추락하고 잠시 소강상태를 유지하다가 다시 추락하는 경우는 N형태이다. V형태가 연이어 두 번 나타나면 W형태가 된다. 이러한 유형은 기업 주가뿐 아니라 기업 매출에도 해당되며 국가의 GDP(국내총생산) 성장률에도 적용할 수 있다. 2008년에 들이닥친 세계 불경기가 L, U, V 중에서 어떤 모습을 보이며 회복할지 관심이 가지 않을 수 없다.

Society

긍정심리학 Positive Psychology ★

인간의 부정적인 면을 강조한 심리학을 반성하고 행복 추구 방법을 제시하는 심리학

긍정심리학이란 30년 동안 우울증을 비롯해 다양한 분야를 연구해 왔던 유태인 심리학자 마틴 셀리그만(Martin Seligman)이 1998년부터 사용하기 시작한 말이다. 그동안의 심리학이 인간에 대한 원죄론을 바탕으로 인간의 부정적인 면을 지나치게 강조했던 점을 반성하면서 긍정심리학이 태동했다.

프로이드의 심리학은 인간의 정체성을 파악하기 위해 인간의 과거와 부정적인 면을 지나치게 강조했다. 빌 게이츠가 놀라운 업적을 이룬 이유가 자신의 아버지를 능가하려는 욕망에서 비롯되었다든지, 혹은 고(故) 다이애나 영국 황태자비가 대인지뢰 반대운동을 한 것은 찰스 황태자를 비롯한 왕족에 대한 증오심을 승화시키려 했다는 해석 등이 바로 그런 것이다. 왜 인간의 행동을 굳이 부정적인 면에서만 찾으려고 하는 것일까. 이것이 과거 심리학 연구에 대한 반성이자 긍정심리학의 출발이다.

행복한 삶을 꿈꾸는 사람은 많지만 누구나 행복한 삶을 살 수 있는 것은 아니다. 현실에서 행복한 삶을 산다는 것은 상당히 어려운 일이

라고 생각하며 꿈이라 단정 짓는 이유도 행복이 쉽게 잡을 수 있는 것이 아니라는 생각 때문이다. 마틴 셀리그먼은 행복해지려면 지금까지 가지고 있던 행복에 대한 생각의 변화가 필요하다고 역설한다.

마틴 셀리그만의 연구결과에 따르면 활기 넘치는 수도원에서 생활한 수녀들은 90퍼센트가 85세까지 장수한 반면 무미건조한 수녀원에서 지낸 수녀들 중 85세까지 산 사람은 34퍼센트에 불과했다. 또 가장 활기 넘치는 수도원에서 지낸 수녀들은 54퍼센트가 94세까지 살았지만, 가장 무미건조한 곳에서 지낸 수녀들 중 94세까지 산 사람은 11퍼센트에 불과했다고 한다. 일상적인 삶을 사는 사람들에 비해서 수녀들은 속세와 격리된 채 규칙적인 생활을 하고 자극이 약한 음식을 먹고, 사회 경제적인 지위도 같다. 따라서 판단을 하기에 어려운 요소들이 최소화되었기 때문에 긍정적인 감정을 가진 행복한 수녀가 장수했다는 결과가 나온다.

낙관적인 사람은 자신이 처한 상황이 어려울지라도 일시적인 것이므로 극복할 수 있다고 판단한다. 하지만 비관적인 사람은 어려움에 처했을 때 스스로 그 문제를 해결하거나 극복할 수 없다고 생각하는 차이를 보인다. 스스로 강점과 미덕을 계발하여 보다 행복한 생각으로 긍정적인 삶을 영위해 낼 수 있게 하고, 스스로 긍정적으로 생각하도록 학습하여 장점을 극대화시킴으로써 행복을 얻으려 해야 한다.

몰입(Flow)해야 행복해진다고 주장하는 미하이 칙센트미하이(Mihaly

Csikszentmihalyi)나 도널드 클리프턴(Donald Clifton)도 긍정심리학을 주장하고 있다. 최근 하버드대학에서 탈 벤-샤하르(Tal Ben-Shahar)가 강의하는 긍정심리학 강의가 학생들에게서 큰 인기를 끌고 있다. 요즈음 『유혹의 기술』, 『아부의 기술』, 『공부의 기술』, 『생각 정리의 기술』, 『전쟁의 기술』 등의 책이 인기를 끌고 있듯이 행복해지는 방법을 배우는 행복의 기술이 필요한 시대이다.

• 관련 키워드: 행복경제학, 몰입, 마틴 셀리그만
• 관련 도서: 『긍정심리학』(마틴 셀리그만, 물푸레, 2006)
　　　　　　『몰입의 즐거움』(미하이 칙센트미하이, 해냄, 2007)
　　　　　　『해피어』(탈 벤 샤하르, 위즈덤하우스, 2007)

데카르트 마케팅 Techart Marketing

제품의 디자인이나 서비스 등에 예술적 요소를 가미하여 소비자를 감동시키는 마케팅 방법

데카르트 마케팅! 데카르트(Rene Descartes)는 17세기 초반 프랑스의 탁월한 철학자이자 수학자의 이름이다. 그런 데카르트를 마케팅에 활용한다? 인간의 이성을 역설한 데카르트는 "나는 생각한다. 고로 존재한다"라는 유명한 말을 했으니 그 이름을 딴 마케팅이라면 이성적이고 사변적인 것이 아닐까 하는 생각이 들지도 모르겠다.

하지만 우리가 말하려고 하는 데카르트는 엄격히 말해 테카르트 (Techart)이다. 기술(Tech)과 예술(Art)을 합친 신조어이다. 원래는 IT제품이나 첨단 가전제품의 디자인에 감성적인 예술을 접목하여 제품의 품격을 높여 소비자의 감성에 호소하고 더 나아가 감동까지 자아내도록 하는 마케팅이다. 최근 들어와서는 화장품, 생활용품, 도자기, 카드, 호텔, 자동차 등 전 방위로 데카르트 마케팅이 확대되고 있다. 데카르트 마케팅의 놀라운 파워가 입증되었기 때문이다.

데카르트 마케팅은 가전에서 가장 먼저 시작되었다. 데카르트 마케팅의 대표주자인 LG전자의 경우를 보자. LG전자는 주방을 음식 만드는 공간에서 벗어나 생활 속의 문화공간으로 변모시키기 위해 '갤

러리 키친' 개념을 도입하기로 하고 아트디오스(Art Dios) 냉장고를 출시했다. 1990년대부터 꽃을 모티브로 작품 활동을 해온 하상림 화가의 작품을 냉장고 디자인에 활용하고 에어컨 휘센에 스와로브스키 크리스털로 꽃문양을 수놓은 '아트 크리스털'을 도입했다. 게다가 홈시어터의 이름은 '샴페인'이다. 스피커가 길쭉해서 날렵한 샴페인 잔을 연상케 하기 때문이다.

기업의 광고 속에 명화가 등장하기도 한다. 파나소닉의 디지털카메라 브랜드인 루믹스(Lumix)의 TV광고에는 뭉크의 〈절규〉가 등장한다. 이 광고에서는 루믹스 카메라의 28mm 광각 기능으로 가까운 거리에서도 폭넓은 화면을 담을 수 있다는 내용을 코믹하게 보여주고 있다. 김희선이 나오는 이안 아파트 광고에는 고흐의 〈별이 빛나는 밤〉, 르노아르의 〈책 읽는 소녀〉 그림이 등장한다. 물론 이 기업 광고에서는 명화보다 아파트에서 보는 전망이 더 좋다는 것을 강조하고 있지만, 명화가 이 기업의 아파트 품격을 올려주는 역할을 한다.

명화뿐만 아니라 서커스도 활용하고 있다. 대표적인 예로 LG전자의 PDP TV 브랜드인 '쿼담(Quidam)'은 아트 서커스(Art Circus)의 대명사인 태양의 서커스(Cirque du Soleil)의 히트 공연작품 이름을 브랜드화한 사례로, 공연 흥행과 함께 TV 판매에서도 큰 성공을 거두었다.

치과 인테리어에도 데카르트 마케팅을 도입하고 있다. 환자가 차례를 기다리는 대기실을 갤러리처럼 꾸미고 예진실과 진료실에는 화가 이름을 붙였다. 경기도 안산의 어느 치과병원의 예진실은 '반 고흐 방'이라 이름을 지었고, 고흐 그림도 걸어두었다. 병원의 진료기술도 중요하지만 병원의 이러한 독특한 분위기는 고객의 발걸음을 붙잡게 마련이다.

자본주의는 갈수록 진화 발전하고 소비자들의 관심은 양에서 질로, 또 질에서 격으로 격상하고 있다. 상품과 브랜드에 격을 높이는 데에는 아트가 제격이다. 또 디지털이라는 대세 속에서 차별화를 꾀하는 방법 중 하나로 복고풍의 아날로그가 다시 힘을 얻고 있다. 사람들은 항상 새로운 것을 찾기도 하지만 오래도록 변하지 않고 쉽게 싫증내지 않는 디자인을 원한다. 좌뇌가 지배하는 과학기술이 아무리 발전해도 우뇌가 지배하는 아트는 여전히 우리 인간에게 필요하다. 데카르트 마케팅이 필요한 이유가 바로 여기에 있다.

• 관련 키워드: 아트 마케팅, 태양의 서커스, 퀴담, 문화 마케팅, LG전자, 아티젠
• 관련 도서: 「전시예술 측면에서 본 기업의 아트 마케팅」(김민주·김정훈, 이마스, 2007)

라이프스타일 드럭 Lifestyle Drug [*]

개인의 신체나 정신 상태를 개선하는 데 도움이 되는 의약품

제약분야에서 라이프스타일 드럭이라는 용어가 뜨고 있다. 개인의 신체나 정신 상태를 개선하는 데 도움이 되는 의약품을 말한다. 요즘 사람들은 자신의 생명을 위협하는 정도는 아닐지라도 자신을 귀찮게 하는 만성 증상들에 시달리며 산다. 지나친 경쟁으로 스트레스가 많이 쌓여 우울증처럼 몸에 이상이 생기거나 운동량 부족으로 골다공증이 나이에 비해 빨리 나타나는 경향이 있다. 또 서구식 음식을 많이 섭취해서 비만이 되기도 하고 이로 인해 다른 합병증이 유발되기도 한다. 그래서 우울증, 관절염, 성기능약화, 골다공증, 비만, 탈모를 치유하는 의약품이 많이 나오고 있으며 이런 약이 바로 라이프스타일 드럭이다. 라이프스타일 드럭을 더 광범위하게 보면 당뇨병 치료제, 수면제, 피임약, 피부노화방지제, 금연제도 포함한다.

라이프스타일 드럭은 세 가지 유형으로 구분된다. 첫째는 육체적 외모에 대한 것으로 치과치료, 여드름, 노화, 탈모, 체중조절에 쓰인다. 둘째는 몸의 기능 개선을 위한 것으로 성기능이나 스트레스 해소, 정신집중에 쓰인다. 셋째는 웰빙을 위한 것으로 고통 경감이나 기분

관리, 요실금에 쓰인다.

비만치료제를 예로 들어 보자. 비만 자체는 질병이 아니지만 비만이 지속되면 각종 성인병, 심장병은 물론 당뇨병도 유발된다. 선진국에서는 의료비의 5~10퍼센트가 비만 치료에 사용되고 있을 정도로 비만은 의료에서 중요하다. 더구나 몸짱 열풍 때문에 일어난 다이어트 붐은 비만치료제에 대한 수요를 더욱 늘리고 있다.

에이즈나 암, 고혈압, 심장병처럼 생명을 직접적으로 위협하는 질병도 있지만 요즘은 생명에는 직접적으로 영향을 주지 않는 질병이 자꾸 늘고 있다. 이런 질병들은 치유하기만 하면 삶이 훨씬 편해진다. 자동차 엔진이 고장 나면 카센터에 가서 고쳐야 하지만 머플러에 구멍이 뚫려 소음이 커도 자동차 운행에는 별 지장이 없다. 하지만 매우 거슬린다. 그래서 우리는 카센터에 가서 머플러를 고친다. 의사는 생명에 위협을 주는 질병을 고쳐주는 카센터 역할도 하지만 우리의 삶을 좀 더 편하게 해주는 보조 역할도 한다.

라이프스타일 드럭이 일반화되면 제약에서 브랜딩은 매우 중요해진다. 의사의 처방전 없이도 소비자가 직접 약품 브랜드를 말하며 약국에서 요구하기 때문이다. 따라서 과거에는 전문적인 느낌의 브랜드가 많았지만 이제는 좀 더 부드러운 의약품 브랜드 네이밍이 필요하다. 더구나 의사 처방이 없이도 약국에서 구입할 수 있는 라이프스타일 드럭이 더 많이 나오고 있는 추세이다. 미국의 어떤 카페에 가서 자신의 증상을 이야기하면 증상을 치유할 수 있는 한약재로 만든 시럽들을 믹스하여 음료로 만들어 준다고 한다.

제약회사 입장에서도 이런 약은 사실 개발하기 쉽지 않지만 위험도가 낮으면서도 회사에 장기적인 수익을 가져다주는 분야로 보고 있다. 소비자들은 소비자들대로 소득 상승과 고령화로 삶의 질(Quality of Life)에 대한 욕구가 높아지고 있다. 따라서 라이프스타일 드럭은 앞으로 더욱 성장하는 시장이 될 전망이다.

- 관련 키워드: 해피 드럭, 삶의 질, 고령화, 비만치료제, 장수의학
- 관련 도서: 『질병판매학』(레이 모이니헌 · 앨런 커셀스, 알마, 2006)
  『극단적 미래예측』(제임스 캔턴, 김영사, 2007)

로하스 LOHAS *

환경친화적, 생태학적, 에너지 효율적 제품의 소비를 선호하는 사회적 웰빙문화

요즘 웰빙이 전 세계적으로 붐을 일으키고 있다. 웰빙에 대한 정의는 다양하지만 결국 '잘 먹고 잘 살자' 혹은 '스트레스 없이 건강하고 행복하게 살자'를 추구하는 것이 아닐까. 그런데 웰빙이 너무 자신만을 위한 라이프스타일은 아닌지 묻고 싶다.

예를 하나 들어 보자. 에어컨을 켜면 집안은 시원하지만 더운 공기를 바깥으로 내뿜기 때문에 집 밖에 있는 사람들은 오히려 덥다. 방안의 공기가 더럽다고 공기청정기를 달면 안은 깨끗해지지만 밖에 나가자마자 더러운 공기에 휩싸이고 만다. 대기 문제를 근본적으로 해결하려면 자동차를 덜 운행하여 기름을 적게 씀으로써 매연을 줄일 수 있고 그러면 외부에 나가서도 나의 건강은 덜 위협받게 된다.

그래서 자신의 건강을 지키기 위하여 자신만 챙기는 웰빙은 이기적인 라이프스타일이라고 할 수 있다. 이에 좀 더 크고 넓은 차원의 라이프스타일이 필요하게 되었다. 그것이 바로 로하스 라이프스타일이다. 로하스는 'Lifestyle Of Health And Sustainability'의 약자로, 로하스족은 환경친화적, 생태학적, 에너지 효율적 제품을 선호한다. 로하

스는 이기적이면서도 이타적이다. 환경과 지구를 생각하는 것은 다른 사람을 위해서이기도 하지만 결국 자신에게도 이롭기 때문이다. 한마디로 로하스는 사회적 웰빙(Social Wellbeing)인 것이다.

이러한 로하스 상품들로는 유기농/내추럴 식품, 친환경 가전, 친환경 섬유제품, 친환경 산업재나 재생에너지, 하이브리드 자동차, 생태여행, 대체의학, 요가, 필라테스, 사회책임투자 등이 있다. 미국 로하스 시장의 규모는 2,289억 원에 이른다. 우리나라도 로하스 인구가 20퍼센트에 이르고 있다. 하지만 로하스 상품이 아직 많이 개발되지 않았고 믿을 만한 친환경상품 라벨이 상품에 많이 부착되어 있지 않아 로하스 시장 규모는 아직 작은 편이다. 하지만 현재 기업들의 추진 상황을 보건대 앞으로 빠른 속도로 로하스 시장이 확대될 전망이다.

옷을 사더라도 화학 섬유로 만든 옷보다는 면으로 만든 옷이 건강에 좋은 것은 분명하다. 하지만 목화 재배부터 시작해서 면을 만드는 과정에서 엄청난 비료와 제초제가 투여되고 이로 인해 토양이 오염된다. 따라서 파타고니아(Patagonia) 같은 회사는 스포츠웨어를 만들 때 유기농 면을 소재로 사용한다. 이 회사는 필요한 에너지를 풍력 발전기로 자체 생산하므로 환경에 부하를 훨씬 덜 준다. 이런 친환경 기업의 제품을 구입하면 지구의 환경은 그만큼 개선되고, 다른 기업들도 소비자가 선호하는 이런 기업을 결국 모방하게 된다.

또 사람들은 가벼운 차림의 반소매 옷을 입는 여름에도 직장에서는 넥타이를 맨다. 넥타이를 매면 체온이 올라가 더위를 더 느끼므로 실내 온도를 낮추기 위해 에어컨을 많이 틀어야 한다. 일본에서 시작한 쿨 비즈니스(Cool Business) 캠페인은 여름에 넥타이를 매지 말자고 주장한다. 반대로 추운 겨울에는 난방비를 줄이기 위해 넥타이를 매어 체온을 보존하자고 주장한다. 계절에 따라 넥타이를 풀거나 매어 에너지 절감 효과를 노리는 이러한 캠페인은 우리나라에도 보급되어 점차 정착되고 있다.

상품을 살 때에는 주로 상품의 질이나 디자인 그리고 가격을 보고 산다. 하지만 소비자는 그 상품이 어떤 과정을 거쳐서 만들어지는지에 대한 정보를 잘 모른다. 사회나 환경에 어떤 영향을 주면서 상품이 만들어지는지를 안다면 상품 구매 패턴이 바뀔 수 있다. 예를 들면, 커피원두나 카카오를 재배하는 과정에서 저임금에 노동력을 착취하는 경우가 많이 발생한다. 그러나 공정무역(Fair Trade) 라벨을 단 상품들은 저임금에 노동자를 혹사시키는 그런 비윤리적인 기업의 상품이 아니라는 것을 보여주기 때문에 로하스 소비자들은 상품을 구입할 때 라벨을 보고 쉽게 판별할 수 있다. 물론 이러한 상품들이 다른 상품에 비해 가격이 약간 비싼 경향은 있지만 로하스 소비자들은 기꺼이 그 상품을 구매한다. 영국 막스앤스펜서 백화점에서는 이러한 공정무역 라벨을 부착한 상품들을 많이 판매하는 것으로 유명하다. 영국의 커피전문점 카페다이렉트는 공정무역으로 거래된 커피원두를 사용하고 있다.

우리가 자본주의 사회에 살고 있는 것은 부인할 수 없다. 자본주의 사회에서는 금융자본이 어디로 흘러 들어가는지가 매우 중요하다. 사회에 도움이 되는 상품과 서비스를 제공하는 기업에 자본이 많이 들어가 해당 회사가 번성한다면 소비자는 물론 사회에도 큰 도움이 되기 때문이다. 이산화탄소를 비롯한 온실가스를 덜 배출하는 회사나 생산 과정에서 환경오염을 덜 시키는 회사의 가치를 투자가들이 인정한다면 그 회사로 자본이 더 많이 가는 것은 당연하다. 요즘은 다우존스 지속가능 지수(DJSI)나 지구온난화펀드, 물펀드를 비롯하여 지속가능 경영을 잘 하는 기업들을 선별하는 추세가 늘고 있다. 따라서 로하스 소비자라면 이러한 지속가능 기업에 투자하는 것이 바람직할 것이다.

이외에도 우리 개인이 로하스를 생활 속에 실천할 수 있는 방법은 다양하다. 집을 지을 때 지붕과 창에 태양광발전 시설을 달아 전기료를 아낄 수도 있고, 하이브리드 자동차를 사서 에너지를 아낄 수 있다. 우리 소비자 개개인의 힘은 미력할지 모르지만 그런 사람들이 많아지면 그 힘은 놀랄 만큼 커진다. 로하스 소비자가 바로 지구의 운명을 바꾼다.

• 관련 키워드: 웰빙, 지속가능경영, 지구온난화, 공정무역, DJSI, 사회적 웰빙
• 관련 도서: 『로하스 경제학』(김민주, 미래의창, 2006)
　　　　　　　『글로벌 기업의 지속가능경영』(김민주, 교보문고, 2007)

에어로트로폴리스 Aerotropolis *

글로벌화에 발맞추어 사람과 물자의 출입이 잦은 공항을 중심으로 형성된 도시

우리가 살고 있는 세상은 국경의 개념이 급속하게 허물어지고 있는 이른바 글로벌 세상이다. 예전보다 사람과 물자의 세계적인 이동이 크게 늘어나다 보니 공항이 점점 중요한 장소가 되어가고 있다. 그리고 사람과 물자의 입출입이 잦은 공항을 중심으로 공항 주변에 도시가 생기고 그 도시의 규모가 갈수록 커지고 있다. 이처럼 공항을 중심으로 그 주위에 형성되는 도시를 에어로트로폴리스, 즉 공항도시라고 부른다.

에어로트로폴리스라는 말을 처음 만든 사람은 노스캐롤라이나대학의 경영대학원에서 사회학, 도시계획, 비즈니스를 가르치는 존 카사다(John D. Kasarda) 교수이다. 그는 2000년 『도시의 미래(The Futures of Cities)』라는 한 논문에서 에어로트로폴리스라는 단어를 처음 소개한 이후 그렉 린지(Greg Lindsay)와 함께 쓴 책 『에어로트로폴리스: 물리적 인터넷이 우리 세상을 어떻게 재편하고 있나(Aerotropolis: How the Physical Internet is Reshaping Our World)』에서 공항도시를 본격적으로 분석했다. 그들은 어떤 도시를 유력한 공항도시로 보고 있을까?

우선 대도시의 입지는 어떤 수송수단이 지배적인가에 따라 결정된다. 예를 들면 선박이 주요 수송수단이었던 17~19세기에는 항구인 암스테르담이나 뉴욕이 대도시로 발달했고, 미시시피 강의 하구에 있던 뉴올리언즈도 각광을 받았다. 그리고 철도가 주요 수송수단이었던 19세기에는 시카고가 발달했다. 자동차의 시대였던 20세기를 지나 이제 21세기는 비행기의 시대다. 비행기 시대에는 사람들이 자주 오고가는 공항에 집중되는 것이 당연하다. 미국에서는 댈러스-포트워스, 시카고, 멤피스를 꼽고 있으며, 중동에서는 두바이, 중국에서는 홍콩, 베이징, 유럽에서는 암스테르담을 들고 있다. 그리고 향후에 부상할 공항도시로는 디트로이트, 방콕, 브라질의 벨로 호리존테, 그리고 아프리카의 르완다를 지목하고 있다.

미국 텍사스 주의 댈러스-포트워스 공항을 보자. 댈러스에서 가장 부유한 교외 지역은 라스 콜리나스(Las Colinas)이다. 이곳에는 엑손모빌, 킴벌리클라크를 비롯한 40개 이상의 기업 본사가 위치하고 있다. 골프장도 3개가 있으며 주택 가격도 상당히 높다. 댈러스-포트워스 공항도 이 교외 지역에서 4마일밖에 떨어져 있지 않다. 공항 때문에 라스 콜리나스라는 공항도시가 생긴 것이다.

네덜란드 암스테르담에 위치한 스키폴 공항을 보자. 이 공항 바로 주위에 위치한 사무공간 밀집 지역은 암스테르담 중심가의 사무 공간에 비해 임대료가 오히려 비싸다. 특이할 만한 사실은 사람의 출입이 적더라도 물동량이 많은 공항 주위에는 얼마든지 공항도시가 만들어질 수 있다는 점이다. 페덱스(Fedex)의 허브인 멤피스와 유피에스(UPS)의 허브인 루이즈빌이 바로 그런 경우다.

최근 우리나라에서는 인천 공항 주위의 송도 신도시에 대한 관심이 급증하고 있다. 더구나 2014년 아시안 게임이 인천에서 개최되기로 결정된 후 더욱 주목을 받고 있다. 또한 우리나라를 물류, 금융 허브로 만들고자 하는 정부의 의지가 매우 큰 것도 이러한 요인 중 하나이다. 따라서 앞으로 정부, 지자체, 건축업계, 부동산업자, 투자자를 중심으로 공항도시 개념이 크게 각광 받을 것으로 보인다.

- 관련 키워드 : 공항도시, 송도 신도시, 물류허브, 금융허브
- 관련 도서 : 『Aerotropolis: How the physical internet is reshaping our world』(John D. Kasarda & Greg Lindsay, 2008)
  『Logistics&the rise of aerotropolis(Brief Article): An article from: Real estate issues』(John D. Kasarda, 2005)

이그노벨상 Annual Ig Nobel Prize

노벨상을 풍자하여 기상천외한 연구에 수여하는 상

노벨상을 모르는 사람은 없다. 노벨상은 인류 복지에 가장 구체적인 공헌을 한 사람에게 상을 주라는 1895년 알프레드 노벨의 유언에 따라 1900년 노벨 재단에 의해 제정된 것이다. 노벨상에는 물리학, 화학, 생리학/의학, 문학, 평화, 경제학 6개 분야가 있다. 그런데 이런 명망 있는 노벨상을 패러디한 상인 이그노벨상이 1991년부터 수여되고 있다. 미국 하버드대학교의 유머 과학잡지인 〈애널스 오브 임프로버블 리서치(AIR; Annals of Improbable Research)〉가 과학에 대한 관심을 불러일으키기 위해 물리학, 생물학, 의학, 수학, 문학, 평화, 경제, 사회학, 위생, 환경보호 그리고 여러 학문 분야와 관계가 있는 연구 등 10개 분야에서 '반복될 수 없거나 반복되면 안 되는(That cannot, or should not, be reproduced)' 업적을 남긴 사람에게 주는 상이다. 한 마디로 말해 기발한 아이디어, 획기적이고 이색적인 업적을 한 사람에게 이그노벨상을 수여한다. 재미로 만든 상 같아도 수상 기준은 엄격하여 공인된 학술지에 게재되었거나 공신을 인정받은 업적이 있어야 한다.

왜 상의 이름을 이그노벨상이라고 지었을까. 이그(Ig)는 노벨(Nobel)

을 연상케 하는 고상함(Noble)의 반대말인 '품위없음'을 의미하는 이
그노블(Ignoble)에서 따온 것이다. 풀어 쓰자면 'Ignoble Nobel Prize'
인 셈이다. 또 '이그'는 우리나라 말로도 진저리칠 때 쓰는 말이라 어
감도 비슷하다. 시상식도 진짜 노벨상 수상자가 발표되는 매년 10월
이 되기 1~2주 전에 실시한다.

2008년 10월 2일 미국 하버드 대학교 샌더스 극장(Sanders Theatre)에
서 제18회 이그노벨상 시상식이 열렸다. 이중 이그노벨 경제학상은
스트립 댄스를 추는 스트리퍼가 생식능력이 절정기에 있을 때 돈을
더 많이 벌 수 있다는 연구 보고서를 발표한 제프리 밀러 뉴멕시코대
심리학과 교수팀에게 돌아갔다. 이들은 18명의 스트리퍼들을 대상으
로 조사한 이 보고서에서 여성은 가임 절정기에 남성에게 더 매력적
으로 보이기 때문에 생식능력이 왕성한 스트리퍼가 돈을 더 많이 벌
수 있다고 설명했다.

2007년에는 애완견이 짖는 소리를 이용해 개의 감정을 분석하는 통
역장치 바우링궐(Bowlingual)을 개발한 일본의 게이타 사토가 평화상을
받았다. 2006년에는 하워드 스테이플턴(Howard Stapleton, 영국 CSS)도 평
화상을 수상했는데, 10대의 청소년에게는 들리나 성인에게는 들리지
않는 불쾌한 고주파 잡음을 내는 전자식 청소년 격퇴기를 발명한 공로
가 인정받았기 때문이다. 이 기술은 10대인 학생들에게는 들리지만 성
인인 교사에게는 들리지 않는 휴대전화 벨소리로 곧바로 응용되었다.

이그노벨상을 수상한 한국인도 있다. 1999년에는 자체적으로 향기를 내는 정장 신사복을 개발한 공로로 권혁호 FnC코오롱 차장이 한국인 최초로 환경보호 분야에서 이그노벨상을 받았다. 또 연이어 2000년에는 문선명 통일교 교주가 1960년 36쌍에서 시작하여 1975년 1,800쌍, 1982년 6,000쌍, 1992년 3만 쌍, 1995년 36만 쌍, 1997년 3,600만 쌍까지 대규모 합동 결혼을 늘린 공로로 경제학 분야 이그노벨상을 수상한 바 있다.

• 관련 키워드: 노벨상, 패러디, 애널스 오브 임프로버블 리서치
• 관련 도서: 「노벨상의 패러디, 이그노벨상」(김예정, 이마스, 2008)

진화론

찰스 다윈이 발표한 생물학 이론으로 종교, 경제학, 사회학 등의 분야에도 지대한 영향을 끼친 학문

2009년은 찰스 다윈(Charles Robert Darwin, 1809~1882)의 역작 『종의 기원』 (1859)이 발간된 지 150년이 되는 해이다. 책을 발표했을 당시에 다윈은 보수적 언론으로부터 원숭이에 빗대어 조롱을 당할 정도로 많은 반발을 불러일으켰다. 하지만 그 후 진화론은 과학에서 다루는 가장 설득력 있는 이론 중 하나로 자리 잡았다.

다윈 이전인 고대 그리스 시대부터 인간의 생성에 대한 논의는 줄곧 있어왔다. 그러나 근대적 성격의 진화론에 대한 연구는 18세기 프랑스에서 시작되었다. 이는 기술의 발달로 인해 여러 고대 생물들의 화석이 발견되고 뉴턴 역학이 소개되면서 자연계를 인과관계적인 틀에서 보기 시작했기 때문이다. 찰스 다윈의 할아버지이자 유명한 외과의인 에라스무스 다윈(Erasmus Darwin)은 이에 관심을 가지고 『주노미아(Zoonomia)』라는 책에서 생물의 진화에 대해 주장했다. 그 후 프랑스의 생물학자 라마르크는 진화론을 최초로 체계화하였다. 하지만 뚜렷한 증거를 제시할 수 없었던 이런 주장들은 당시 실증적 생물학에 밀려 배격되었다. 이런 상황에서 찰스 다윈은 이 둘의 영향을 받아

진화론을 주장하게 된다.

  찰스 다윈은 케임브리지대학 신학과를 졸업한 후 5년간 '비글 (Beagle)'이라는 이름의 탐험선을 타고 세계 일주 여행을 하던 도중 남태평양 적도지역의 갈라파고스 제도를 탐방하게 된다. 갈라파고스 제도는 대륙으로부터 고립되어 있어 독특한 형질의 생물 종들이 발생되어 있었는데 여기서 발견한 사실들이 다윈이 『종의 기원』을 저술한 바탕이 되었다.

  『종의 기원』에서 다윈은 자연선택과 생존경쟁설을 주요개념으로 하는 진화론을 주장하였다. 자연의 한정된 자원을 차지하기 위해 수많은 개체들이 생존경쟁을 하며, 이를 통해 자연선택이 이루어진다는 진화론의 자연선택과 생존경쟁설은 다분히 경제학적인 개념이다. 다윈은 맬서스의 『인구론』을 정독하며 생존경쟁의 중요성을 깨닫고 이를 생물학에 반영한 것이다. 즉, 다윈의 진화론은 생물학의 경제학적 해석이라고도 볼 수 있다.

  천문학자들은 우주가 진화하고 있다고 생각하며, 지질학자는 진화론을 지구역사에 대해 설명하는 도구로 사용하고 있고, 물리학자나 화학자들은 원자나 분자들이 소립자로부터 진화했다고 생각한다. 이러한 진화의 개념은 사회과학과 인문과학에 더 큰 영향력을 미치고 있다. 마르크스는 다윈의 '자연선택', '생존경쟁'이라는 개념을 경제학에 적용한 대표자라고 할 수 있다. 마르크스가 그의 동료인 엥겔스에게 쓴 편지를 보면, 그는 자연환경에서 생물의 경쟁에 관한 다윈의 이론은 인간 사회의 계급들간의 경쟁과 같다고 했다. 다윈의 '생존경쟁'의 개념은 '계급투쟁'이라는 말로 바뀌어 사회주의자들에게 널리 쓰이게 되었다.

진화론의 영향은 최근까지도 다양한 분야에 지속적인 영향을 미치고 있다. '사회생물학'은 인간을 포함한 모든 동물의 사회행동을 진화생물학적으로 연구하는 학문이다. 사회학의 한 갈래인 경제학에서도 이런 경향은 나타나고 있다. 최근 비주류경제학 중 '진화경제학'도 고전 경제학적 관점에서 벗어난 새로운 관점으로 주목 받고 있다. 진화경제학은 경제 현상을 인간과 기술의 바탕이 되는 지식의 진화에 초점을 맞추어 설명한다. 경제는 내적 원인에 의해서 자기변화를 하는 질서이다. 따라서 신고전학파의 시간의 가역성, 균형론 등은 경제질서를 설명하기에 부족하다고 주장한다. 대신 경제진화와 생물진화가 유사성을 지니는 것처럼, 인간생태계도 생물생태계처럼 진화하며 지식의 진화가 이를 주도한다고 보고 있다.

현대 학문의 세분화, 전문화, 고립화 경향을 감안하면 진화론의 포괄적 학문 적용은 그것의 사회적 파장을 증명하는 것이다. 뿐만 아니라 이는 다른 학문과 비교할 때 과학이 이룩한 눈부신 발전과 그로 인해 학문간 관계에서 과학이 학문적 우위를 점했음을 방증하는 것이기도 하다. 이런 맥락에서 에드워드 윌슨은 그의 저서 『통섭(Consilience)』

에서 과학 중심의 학문통합을 주장하기도 하였다. 그는 인간을 동물 중 하나의 종으로 규정하고 지금의 인문사회과학은 궁극적으로 생물학의 한 분류로 통합될 것이며, 과학만이 인간이 가지는 문제의 답을 줄 수 있다고 주장하였다.

이처럼 다윈의 진화론은 단순히 하나의 과학 이론으로서의 위상을 넘어 근·현대 사회를 아우르는 사상적 바탕이 되었다. 진화론과 그 이후의 사회, 학문적 파급에 대해 이해하는 것은 근·현대를 아우르는 하나의 큰 사상에 대해 이해하는 작업과 같다. 『종의 기원』 출간 150주년을 앞두고 진화론에 대해 다시 주목해야 할 이유가 여기에 있다.

- 관련 키워드: 진화론, 창조론, 생존경쟁, 소진화, 대진화, 통섭
- 관련 도서: 『진화경제학의 이해』(이요섭, 연암사, 2007)
  『통섭(지식의 대통합)』(에드워드 윌슨, 사이언스북스, 2005)
  『경제학, 더 넓은 지평을 향하여』(박만섭, 이슈투데이, 2005)
  『종의 기원(제2판)』(찰스 다윈, 홍신문화사, 2007)

코벌라이제이션 Kobalization *

한국에서 우수성을 인정받은 경영 방식이 세계 속에서 글로벌 스탠다드로 자리 잡는 현상

한때 국제화, 세계화라는 말이 유행하더니 최근에는 코벌라이제이션 이라는 신조어가 뜨고 있다. 코벌라이제이션(Kobalization=Korea+ Globalization)은 독특한 한국형 경영방식이 글로벌 시장에서 성공을 거두면서 글로벌 표준으로 확산되어 가는 현상·과정이다. 그동안 우리나라는 선진국을 벤치마킹하는 데 급급했지만 이제는 선진국형 경영방식을 벗어나 자랑스러운 한국형 성공 모델을 갖고 글로벌 전략을 추구하자 는 새로운 전략 개념이다. 이 단어는 서울대 조동성 교수가 만든 말로 우리나라 말로는 한세화(韓世化)라고 번역할 수 있다. 코벌라이제이션 은 재화·서비스·자본·노동 및 아이디어 등의 국제적 이동 증가로 인해 각국 경제가 통합되는 현상을 지칭하는 세계화, 즉 글로벌라이제 이션(Globalization)과는 차이가 있다. 코벌라이제이션은 글로벌라이제이 션의 하위개념으로 볼 수 있다. 글로벌라이제이션 중 한국에서 발생한 것을 코벌라이제이션이라고 생각하면 이해하기 쉽다.

이런 글로벌라이제이션에 대한 반동으로 민족이나 지역에 대한 정 체성을 내세우며 지역화가 진행되기도 하는데 이를 지역화, 즉 로컬

리제이션(Localization)이라고 한다. 글로벌라이제이션과 로컬리제이션이 병존하는 현상을 글로컬리제이션(Glocalization)이라고 한다.

그렇다면 왜 이런 코벌라이제이션이 최근 갑자기 주목받게 된 것일까? 1990년대에 들어와서 국내 기업들은 본격적인 해외 진출을 시작했다. 당연히 세계 시장 속에서 선진 기업들과의 경쟁은 피할 수 없었다. 이런 경쟁 속에서 글로벌라이제이션 전략이 대세로 자리 잡았고, 우리나라 기업들은 경영 모든 분야에 걸쳐서 글로벌 스탠다드(세계 표준)를 도입할 수밖에 없었다. 2000년대 들어 다국적 기업이 우리나라에 물밀듯이 들어올 때 국내 기업들은 위기감에 휩싸였다. 하지만 할인점 시장에서 보았듯이 우리나라 이마트는 외국의 막강한 월마트, 까르푸를 물리치고 시장 1위 자리를 굳건하게 지켜냈다. 이런 자신감에 힘입어 우리 기업들은 국내에서 축적한 경영 노하우, 기업 문화를 해외에 전파시키는 코벌라이제이션 전략을 적극적으로 전개하게 된 것이다.

한국시장에서 성공한 실적을 바탕으로 한국적 마인드를 지닌 한국 경영자가 다국적기업의 본사에 진출한 경우도 많이 늘었다. 카길 코리아의 김기용 회장, 이채욱 GE 헬스케어 아시아 총괄 사장, 이장우 이메이션 미국 본사 글로벌 브랜드 대표가 바로 그런 경우다. 한국의 경영방식과 경영시스템, 그리고 경영윤리가 세계 속에서 인정받은 예도 있다. 인도에서 한국식 악바리근성 교육으로 인정받는 LG전자의 혁신학교, 카길 코리아의 사람중심 경영방식, 빠른 서비스와 독특한 맛으로 세계인을 사로잡는 제너시스(BBQ)가 바로 그런 경우다. 그리고 한국시장에서 통한 경쟁력을 세계 속으로 진출시킨 예로는 삼성테스코의 홈플러스와 GM대우의 글로벌 소형차가 대표적이다.

제너시스의 BBQ는 한국형 치킨점으로 세계에서도 통한다. 문화, 맛, 그리고 마케팅 전략까지 모든 것들이 한국형이지만 세계 속에서 그 가치를 인정받고 있다. 2003년에 중국진출을 시작으로 일본, 몽골 등 아시아를 넘어 남미까지 32개국이 넘는 국가에서 인정받고 있다. 한국에서처럼 수요가 많은 낮 12시부터 밤 12시까지의 개장 방식과 우리나라에서는 흔히 볼 수 있지만 외국에서는 보기 힘든 무선 호출벨을 설치했다. 그리고 반경 2.5킬로미터까지 오토바이로 배달하는 마케팅을 선보이고 있다. 자연스레 배달을 위해서 대도시와 주택가에 입점하고 있다. 주로 중국에서는 주택가에, 미국에서는 대학가에 입점해서 많은 인기를 얻고 있다. BBQ는 라이벌인 KFC가 중동과 남미에서 실패했지만, 가장 많은 닭을 소비하는 남미와 중동에서 한국식으로 꼭 성공하겠다는 목표를 실현시키고 있다.

삼성테스코는 1999년 영국 테스코와 삼성물산이 합작으로 설립한 회사다. 삼성테스코는 한국에서 홈플러스란 명칭으로 개점하였다. 첫 점포인 안산점부터 시작하여 큰 성장을 보였고, 이에 영국 테스코 본사 직원들은 이를 배우기 위해 한국을 방문했으며 홈플러스의 성장비결을 한국식 매장구조에서 찾았다. 그리고 그것을 영국에 도입하여 큰 효과를 보고 있다. 영국에는 없는 지하주차장과 복층 구조 매장을 배워 갔으며, 복층매장의 설계기법과 동선(動線)설계 기법도 영국에서 활용하였다. 심지어 홈플러스라는 브랜드까지 수입해서 세계 본사가 로컬지역의 브랜드까지 역수입하는 현상도 보였다. 한국식으로 매장관리를 하는 것에 대한 성과와 앞으로의 확신이 있었기에 가능했다.

우리나라는 좁게는 아시아의 중국과 일본 사이에서 그리고 넓게는 세계 속에서 무한 경쟁을 펼쳐 나가고 있다. 이런 글로벌 개방경제 상황에서 코벌라이제이션은 새롭고 막강한 경쟁전략으로 부상하고 있다. 코벌라이제이션이 국지적인 신조어가 아니라 세계 공용어로 널리 쓰일 날을 기대해본다.

• 관련 키워드: 세계화, 한세화, 국제화, 글로벌라이제이션, 글로컬리제이션, 국제표준

탄소배출권 거래제[*]

지구 전체에서 배출되는 온실가스의 총량을 경제적 수준에 따라 국가별로 배출권을 부여하고, 정해진 배출량을 넘는 경우 배출량을 넘기지 못한 다른 국가로부터 배출권을 구매하도록 하는 제도

국제사회는 날로 극심해져 가는 지구온난화에 대처하기 위해 1988년 UN 총회 결의에 따라 세계기상기구(WMO; World Meteorological Organization)와 유엔환경계획(UNEP; United Nations Environment Programme)에서 기후변화협약을 채택하였다. 기후변화협약이란 지구온난화 방지를 위해 모든 당사국이 참여하되 온실가스 배출의 역사적 책임이 있는 선진국은 차별화된 책임을 진다는 내용의 협약이다. 이 협약의 이행을 위해 체결된 것이 바로 교토의정서이다.

1997년 일본 교토에서 열린 기후변화협약(UNFCCC)에서 채택한 교토의정서에는 지구온난화 방지를 위한 구체적인 방법이 명시되어 있다. 내용을 살펴보면 먼저, OECD국가 24개국 중 11개국은 2012년까지 연평균 온실가스 배출량을 1990년 수준보다 5퍼센트 이상 감축해야 한다. 둘째, 온실가스 감축을 위해 시장원리를 도입하고, 셋째, 국가 간 연합을 통해 공동감축목표를 달성한다는 것이다.

이 중 '온실가스 감축을 위해 시장원리를 도입한다'에서 발생한 것이 바로 교토 메커니즘이라 불리는 3가지 제도이다. 교토 메커니즘은

온실가스를 상품으로 거래하여 온실가스 감축의무를 지닌 국가가 온실가스를 감축하는 데 따른 경제적 비용을 최소화하기 위한 제도로서 배출권 거래제와 공동이행제도, 청정개발체제로 구성되어 있다.

먼저 배출권 거래제(ET; Emission Trading)란 지구 전체에서 배출되고 있는 온실가스의 총량을 정한 다음 경제적 수준에 따라 국가별로 일정량의 배출권을 부여하고, 정해진 배출량을 넘는 경우 배출량을 넘기지 않은 다른 국가로부터 배출권을 구매하도록 하는 제도이다. 다음으로 공동이행제도(JI; Joint Implementation)가 있다. 공동이행제도란 선진국인 A국이 선진국인 B국에 투자하여 발생된 온실가스 감축분의 일정분을 A국의 배출 저감 실적으로 인정하는 제도이다. 셋째, 청정개발체제(CDM; Clean Development Mechanism)란 선진국인 A국이 개도국인 B국에 투자하여 발생된 온실가스 감축분을 A국의 감축 실적으로 인정하는 제도이다.

이 3가지 교토 메커니즘 중 가장 주목 받는 것이 바로 배출권 거래제이다. 온실가스 배출량을 할당 받은 국가는 배출량의 일정부분을 다시 규모와 에너지사용량 등에 따라 기업에게 할당하여 이를 이행토록 한다. 기업이 감축해야 하는 온실가스로는 이산화탄소(CO_2), 메탄(CH_4), 아산화질소(N_2O), 과불화탄소(PFCs), 수소불화탄소(HFCs), 육불화황(SF6)이 있다. 그렇다면 온실가스 배출량은 어떻게 측정할까? 온실가스 배출량은 기본적으로 중유와 전력, 석탄, LPG, LNG 등 제품을 생산하고 기업을 운영하기 위한 모든 에너지를 포함하여 산출한다. 한 기업이 사용하는 전력량이 20MWh일 경우, 전력의 단위당 온실가스 배출계수에 총 사용전력을 곱하여 산출하는 방식이다.

배출권 거래제의 대표적인 예로 EU의 ETS를 꼽을 수 있다. EU-ETS(Emission Trading Scheme)는 25개 회원국 내 12,000여 개 발전소 및 공장을 대상으로 배출권 거래제를 이행하지 않은 기업에 대해서 톤당 40유로의 벌금을 부과하여 자체적으로 이행하고 있다.

배출권 거래는 증권거래소나 장외시장에서 이루어진다. 현재 네덜란드를 비롯해 독일, 영국, 프랑스, 스페인, 미국, 캐나다 등 10여 개 국가의 배출권거래소에서 거래가 이루어지고 있다. 이 중 거래가 가장 활발한 곳은 2005년 네덜란드 암스테르담에 문을 연 유럽기후거래소(ECX; European Climate Exchange)이다. 2006년에 거래된 이산화탄소 양만 4억 5,200만 톤으로 무려 90억 유로(한화 11조 1,000억 원)에 달한다. 국제배출권거래협회와 세계은행은 탄소배출권 거래시장의 규모가 2010년에 1,500억 달러 규모까지 성장할 것으로 예측하고 있어 배출권 거래 사업에 많은 국가와 기업들이 참여할 것으로 보인다.

2007년 12월에는 인도네시아 발리에서 기후변화협약(UNFCCC) 제13차 당사국총회가 열렸다. 이 회의에서는 '발리 로드맵(Bali Roadmap/Program)' 이 합의되었는데, '선진국은 교토의정서 의무 감축국에 상응하는 노력을 하고, 개발도상국은 측정과 보고, 검증이 가능한 방식으로 기술적, 재정적 지원을 통해 지속가능한 발전을 보장하는 원칙 하에 기후변화 저감노력(온실가스 배출감축 노력)을 2년간 협상하며, 2009년 덴마크 코펜하겐에서 열릴 제15차 당사국 총회 때 교토의정서를 대체할 새 협약을 도출한다'는 것을 주요 내용으로 하고 있다.

발리 로드맵은 탄소배출권에 어떤 영향을 미치게 될까? 발리로드맵을 살펴보면, 지구온난화의 문제점은 모두 공감하지만 이를 위한 행동들은 정해지지 않은 것을 알 수 있다. 지구온난화 억제를 위한 탄소배출권 거래제와 관련하여 어떠한 강제성을 띠지 않고 있기 때문이다.

우리나라는 현재 개발도상국으로 분류되어 의무대상국은 아니지만, 몇몇 선진국들이 2013년이 되기 전에 자발적으로 의무부담할 것을 요구하고 있다. 비록 산림청이 주축이 되어 개발도상국에서 신규조림, 재조림 청정개발체제, 열대림 자원보전 활동들과 국내에서의 숲가꾸기, 도시녹화, 유휴토지조림 등을 통해 탄소배출권 거래제 확보를 계획하고 있지만, 우리나라의 이산화탄소 배출량과 산업규모 등을 고려하면 아직 미흡한 수준에 불과하다. 따라서 2009년 덴마크 코펜하겐에서 논의될 새로운 협약과 지구온난화 문제에 대한 동참을 위해 더욱 적극적인 계획과 활동이 필요하다.

• 관련 키워드: 온실가스, 교토의정서, 기후변화협약, 청정개발체제, 유럽기후거래소
• 관련 도서: 『CO₂ 전쟁: 온실가스, 재앙인가? 돈인가?』(조현재 외, 매일경제신문사, 2006)
　　　　　　『탄소경제의 혁명: 2008 지구환경보고서』(월드워치연구소, 도요새, 2000)

하인리히 법칙Heinrich's Law

문제현상이나 오류를 초기에 신속히 발견해 대처해야 한다는 법칙

1920년대에 미국 한 여행보험회사(Travel Insurance Company)의 관리자였던 허버트 W. 하인리히(Herbert W. Heinrich)는 75,000건의 산업재해를 분석한 결과 아주 흥미로운 법칙 하나를 발견했다. 조사 결과를 토대로 1931년 『산업재해예방(Industrial Accident Prevention)』이라는 책을 발간하면서 산업안전에 대한 1:29:300 법칙을 주장하였다. 그는 산업재해가 발생하는 과정에서 큰 재해가 한 번 있었다면 그 전에 같은 원인으로 발생한 작은 재해가 29번 발생했고, 또 운 좋게 재난은 피했지만 같은 원인으로 부상을 당할 뻔한 사건이 300번 있었다는 것을 밝혀냈다. 이를 확률로 환산하면, 재해가 발생하지 않은 사고(No-Injury Accident)의 발생 확률은 90.9퍼센트, 경미한 재해(Minor Injury)의 발생 확률은 8.8퍼센트, 큰 재해(Major Injury)의 발생 확률은 0.3퍼센트(=1/330)라는 것이다.

하인리히 법칙은 어떤 상황에서든 문제되는 현상이나 오류를 초기에 신속히 발견하여 대처해야 한다는 것을 의미함과 동시에 초기에 신속히 대처하지 못할 경우 큰 문제로 번질 수 있다는 것을 경고한다.

이러한 하인리히 법칙을 정리하자면 '첫째, 사소한 것이 큰 사고를 야기시킨다', '둘째, 작은 사고 하나는 거기에 그치지 않고 연쇄적으로 일어난다'로 추릴 수 있다.

1995년 삼풍백화점 붕괴사고를 보자. 이 건물은 지어질 당시부터 문제가 많았다. 옥상에 76톤가량 되는 설비장치를 설치하여 원래 설계하중의 4배를 초과하였고, 마땅히 들어가야 할 철근이 무더기로 빠져 있었다. 이러한 부실시공과 함께 허술한 관리로 인해 천정에 금이 가거나 옥상 바닥에 치명적인 손상을 입는 등 숱한 작은 징후들이 포착되었다(300의 잠재적 요소). 또 붕괴사고가 발생하기 전부터 에어컨의 진동으로 고객신고가 잦았고 벽의 곳곳에 균열이 많이 생겨 붕괴 위험이 있다는 내부직원의 신고와 전문가의 진단들을 받고도 별다른 대책을 취하지 않았다(29의 작은 사고). 결국 이런 무신경함이 1천여 명 이상의 사상자를 낸 대형사고로 이어졌다(1의 대형사고).

2008년 이천 냉동화재 참사(1의 대형사고)에서도 하인리히 법칙은 여지없이 드러났다. 턱없이 부족한 현장 감독인력과 모두 한 뿌리에서 난 하나의 회사나 마찬가지인 시행사, 시공사, 감리업체 사이에서 감리감독이 제대로 될 리 만무했다. 그 속에서 숱한 비리와 위험요소를 보고도 못 본 체한 것이 수두룩했다(300의 잠재적 요소). 이러한 배경 속에서 용접작업을 하다가 튄 불똥이 샌드위치 패널에 옮겨 붙어 불이 난 적이 몇 차례 있었다. 이 외에도 몇 번의 사고가 생겼다(29의 작은 사고). 이러한 눈에 보이는 경고가 있었음에도 아무런 안전대책을 취하지 않았고 40명의 아까운 생명들을 잃는 대가를 톡톡히 치러야 했다.

이러한 산업재해뿐만 아니라 기업의 비즈니스 측면에서도 하인리히 법칙이 적용된다. 1997년, 선진국 사교클럽이라는 OECD(경제협력개발기구)에 가입해 어깨를 으쓱대던 우리나라는 달러보유고가 부족해 국가부도를 맞게 됐다. 이런 국가적인 위기에 봉착하기 전에도 기업의 무리한 대출과 해외 금융시장 불안정, 정경유착, 차입경영, 금융부실, 부패관행 등으로 경제 전문가들과 소장학자들로부터 국가 위기에 대한 수많은 경고를 받았지만 당시 김영삼 정권 하에 주도권을 잡고 있던 미국 유학파 중심의 교수와 경제관료들은 '쓸데없는 소리'라고 일축해 버렸다(300의 잠재적 요소). 1997년 초, 한보철강이 5조 원대의 부도를 낸 것을 시작으로 삼미, 진로, 뉴코아 등 대기업들의 부도가 연쇄적으로 이어졌다. 스탠더드앤푸어즈(S&P) 증권은 AA+(우수)이었던 한국의 국가신용등급을 A+(양호)로 떨어뜨렸다(29의 작은 사고). 이러한 징후들이 일어나고 있는 가운데 스스로를 맹신하고 미온적인 대처만 일삼은 우리나라는 IMF라는 핵폭탄(1의 대형사고)을 맞게 된다.

이러한 하인리히 법칙은 인터넷 시대인 현대로 올수록 잠재적인 불만 고객들('사고당할 뻔한 사람들')이 늘어난다는 점에서 그 파급력이 더욱 커진다. 미국의 제너럴시스템은 "소비자들은 어떤 제품이나 서비스에 대해 만족할 경우 6명에게 이 사실을 알리지만, 불만족스러울 경우에는 22명에게 이 사실을 전파한다"고 현대 소비자들의 특성을 설명했다. 기업의 잘한 점보다는 실수나 문제점이 소비자들에게는 훨씬 더 흥미로운 이야기 거리인 것이다. 인터넷과 무선통신의 시대인 현재 소비자들은 기업의 사소한 실수도 눈감아 주지 않는다. 기업의 오점은 네티즌들의 자판을 통해 순식간에 전국, 아니 전 세계로 뻗어나간다. 현 시대엔 기업 이미지가 100에서 0으로 급락하여 기업 자체가 무너지는 것은 어쩌면 한 순간일지도 모른다.

• 관련 키워드: 1:29:300, 깨진 유리창 법칙, 산업안전
• 관련 도서: 『하인리히법칙』(김민주, 토네이도, 2008)

그린 업그레이드 운동*
Green Upgrade

이제 우리는 마음 놓고 숨도 쉴 수 없게 되었다. 영화 속의 이야기가 아니다. 실제로 우리 주변에서 벌어지는, 그리고 벌어질 이야기일지 모른다. 인간이 배출하는 이산화탄소 때문이다. 이산화탄소 배출량에 따라 기부금을 내자는 운동도 진행되고 있다. 미국에서는 비영리 환경단체인 '컨저베이션펀드', '카본펀드', '그린태그USA'와 영리단체인 '테라패스'가 자사의 웹사이트에서 가정 내 에너지 사용량과 교통수단 이용 정도를 입력하면 1년간 이산화탄소 배출량을 알려주고 그에 해당되는 기부금 규모를 알려주는 '탄소계산기'를 운용하고 있다. 이 기부금은 환경보호기금 등을 통해 조림 사업에 사용된다. 환경 보호를 하고 싶어도 시간이 없거나 귀찮은 사람들을 위해 돈으로 기부하는 기회를 제공하고 있다.

근자감

지못미(지켜주지 못해 미안해), 엄친아(엄마친구 아들), 우생순(우리 생애 최고의 순간), 베바스(베토벤 바이러스), ……. 여기저기서 줄임말이 등장하고 있다. 활발한 채팅문화가 낳은 이러한 신조어들은 조금만 시기를 놓쳐도 무슨 뜻인지 몰라 어리둥절해 할 수 있다. 근자감도 '근거 없는 자신감'의 줄임말로 누구나 주저할 만한 상황에서 당당하게 자신의 목소리를 내거나 뻔뻔하게 행동하는 사람을 두고 하는 말이다. 이는 많은 사람들이 다양한 미디어를 통해 대중 앞에 서거나 자신의 주장을 당당하게 내세울 수 있는 기회가 많아지면서 생겨난 말이기도 하다. 하지만 내공이 부족하고 말 그대로 근자감만 내세우는 사람은 창피를 당할 수도 있으니 요주의.

나일론*
Nylon

나일론은 이제 질긴 합성섬유만을 의미하지 않는다. 나일론은 두 단어를 합성한 신조어다. 과연 어떤 의미를 지니고 있을까. 잠시 세계로 눈을 돌려보자. 미국이 전 세계에서 초강대국이라는 것을 부인할 사람은 거의 없을 것이다. 미국에는 다양한 국가 출신 사람들이 많이 살고 있지만 이들의 공통점은 많은 사람들이 영어를 쓴다는 점이다. 영국은 이제 초강대국은 아니지만 여전히 강대국이며 영어라는 훌륭한 세계어를 모국어로 가지고 있어 전 세계적으로 막강한 파워를 발휘하고 있다. 영어 외에도 미국과 영국은 역사적, 군사적, 정치외교적으로 긴밀한 관계를 유지하고 있어 영미문화를 발달시켰다. 바로 미국의 대표 도시 뉴욕(New York)의 약자인 NY와 영국의 대표 도시 런던(London)의 앞글자인 Lon을 합성한 단어가 나일론(Nylon)이다.

낚시글

〈가수 ○○, 탤런트 ○○와 입맞춤!〉

이런 제목의 스포츠 신문 기사에 눈이 꽂혀본 경험은 누구나 한 번씩 있을 것이다. 정작 기사를 읽어보면 '뮤직비디오에서 환상의 호흡을 맞추다' 식으로 김빠지게 만들지 않았던가. 인터넷이 활발해지지 않았던 때에도 사람들의 이목을 집중시키기 위해 이런 유형의 기사제목들을 만들어 내곤 했었다. 이러한 유형의 글들이 인터넷 문화로 옮겨오면서 낚시글이라는 이름을 달게 되었다. 낚시글은 인터넷 상에서 사람들의 주목을 끌기 위해 사실과 다르거나 엉뚱한 내용을 내용과는 관계없는 자극적인 제목으로 올리는 글을 말한다. 한마디로 남을 속이는 게시글이다. 처음에는 다른 네티즌들의 주목을 끌기 위해 다소 '오버한' 제목을 붙이던 것에서 시작했지만 요즘은 점차 사실과 다른 내용을 사실처럼 왜곡해 버리는 현상으로까지 확대되어 인터넷의 큰 문제 중 하나로 인식되고 있다.

노시보 효과*
Nocebo Effect

실험집단의 사람들에게 아무런 약효도 없는 약을 복용하게 하고 그것이 두통을 일으키는 약이라고 말하면 실험에 응한 사람들의 70퍼센트 정도는 정말로 두통을 호소한다. 실제로 독을 지니지 않은 뱀에게 물린 사람도 그 뱀이 '독사'였다는 말을 듣게 되면 극도의 두려움에 휩싸여 사망에 이르기도 한다. 이런 '노시보 효과'가 언

론에 소개된 뒤 큰 반향을 일으켰다. 이는 Nocebo, 즉 '당신을 해칠 것
이다' 라는 라틴어에서 유래되었다. 노시보 효과는 이와 반대되는 현상
인 '플라시보(Placebo: '기쁘게 해드리겠습니다' 라는 라틴어) 효과' 의 대응개
념으로, 1961년에 등장하였다. '생각하는 대로 이루어진다' 가 결코 헛
된 말이 아니라는 사실이 점차 과학적으로 입증되고 있다.

다르푸르
Darfur

20만 명 이상의 사망자와 200만 명이 넘는 난
민을 낳은 '아프리카판 킬링필드' , '21세기
최악의 인도적 재앙' 으로 기록되고 있는 현대
사의 참혹한 비극인 수단의 다르푸르 학살 사건은 그냥 지나치기에
는 문제의 심각성이 매우 크다. 반기문 유엔 사무총장도 이 사태를
'최우선 과제' 로 공언했으며, 영화배우 안젤리나 졸리도 〈워싱턴포
스트〉에 '다르푸르를 위한 정의(Justice For Darfur)' 라는 글을 기고하여
국제사회의 관심과 개입을 촉구하기도 했다. 이런 국제사회의 이목
과 해결방안에 대한 논의가 계속되고 있음에도 사태의 진전이 좀처
럼 이루어지고 있지 않아 더욱 우울한 전망을 낳고 있다.

이 사태의 원인은 1956년까지 수단을 지배하던 영국이 수단 북부
지역 거주민인 소수 아랍계 주민들을 우대하고 남부와 서부 지역에
거주하는 다수의 아프리카계 주민들을 차별하면서부터 불거졌다. 독
립 이후에도 이들 사이에 분쟁이 끊이지 않았고 2003년 마침내 수단

서부 다르푸르에서 '수단해방군' 과 '정의평등운동' 을 중심으로 반란이 일어났다. 이에 수단정부는 '잔자위드(Janjaweed)' 라는 민병대와 함께 인종청소를 가하고 있는데, 이들이 바로 다르푸르 사태를 일으킨 장본인이다. 그들은 닥치는 대로 죽이고, 여자들을 강간하고, 마을을 불태우고 있다. 이곳에 파견된 평화활동가 여럿이 목숨을 잃고 실종되어 상상할 수 없을 정도로 '생지옥' 이 되어버린 수단. 이제서야 비로소 유엔평화유지군 파병안을 전격 수용했지만, 근본적인 갈등의 문제를 먼저 해결하여, 진정한 평화가 오기를 모두가 함께 기원한다.

디톡스*
Detox

중금속을 많이 수반하고 있는 황사가 심할 때 돼지고기를 많이 먹으면 해독에 좋다는 이야기를 들어봤는가? 이때 먹는 돼지고기를 디톡스 음식이라고 한다. 디톡스란 영어 'Detoxification' 의 약자로 해독(解毒)을 의미한다. 오염된 환경, 기름진 음식, 화학물질이 가득한 집, 정신적 스트레스 등이 몸속에 쌓여 독소가 되므로 노폐물의 배출을 촉진하면 당연히 좋을 것이다. 따라서 디톡스 음식이라 하면 중금속과 유해물질을 몸 밖으로 배출시키거나 해독작용을 도와주는 음식을 말한다. 디톡스 음식이 과학적으로 입증될 경우 웰빙에서 한 단계 더 나아간 치료 개념의 '힐빙(Heal Being)' 이라 할 수 있을 것이다.

라스트 미닛 푸드 운동*
Last Minute Food

라스트 미닛 푸드 운동은 유통기한이 임박하여 버려지기 직전의 식품이나 단체급식 후 남은 음식을 자원봉사자가 따로 모아 노숙자나 빈민에게 무료로 나눠주는 나눔 활동으로, 이탈리아 볼로냐 대학에서 처음 시작되었다. 이 운동은 판매하지는 못하지만 충분히 먹을 수 있는 식품의 회전율을 높이는 데 크게 기여하고 있다. 식품매장을 가지고 있는 기업은 라스트 미닛 푸드 운동에 참여하면 사회적 책임 활동을 통해 공익기업 이미지를 얻을 수 있을 것이다.

람사르
Ramsar

람사르는 카스피해에 접해 있는 이란 마자다란 주의 휴양지이다. 람사르가 유명해진 것은 1971년 2월 2일, 습지 보호를 위한 국제협약인 람사르 협약(Ramsar Convention)이 이곳에서 체결되면서부터다. 람사르 협약은 1975년 12월 21일부터 발효되었으며, 한국은 1997년 3월 28일 람사르 협약에 가입하였다. 현재 한국에서는 순천만 갯벌, 우포늪, 두웅습지, 무안갯벌, 오대산 습지 등 11개의 습지가 람사르 습지로 지정된 상태이고, 2008년 10월에는 경남 창원에서 람사르 협약의 당사국 총회인 '제10차 람사르 총회'가 개최되었다. 이제까지 그 중요성이 인식되지 못하여 쓸모없는 땅으로 여겨졌으나 습지는 자연의 거대한 정화조이

117

며 다양한 동식물의 서식지를 제공하는 귀중한 자연의 보고임이 최근 부각되고 있다. 람사르 총회가 국내에서 개최되면서 우포늪과 순천만 등 국내 습지에 대한 일반인들의 관심도 덩달아 높아졌으며, 환경보호운동도 한층 활기를 띠게 되었다.

로스쿨*
Law School

2007년부터 국내 여러 대학들은 로스쿨과 관련해 골머리를 앓고 있다. 국민들도 로스쿨과 관련된 언론의 기사를 많이 접했었다. 여기서 말하는 로스쿨이란 미국에서 시행하고 있는 법률가 양성 학교로서 법학전문대학원을 지칭한다. 즉, 법률 이론과 실무 지식을 동시에 교육하는 3년제 석사학위 과정인 법학전문대학원은 법률 이론 위주로 가르치는 기존 법대와 실무 위주인 사법연수원을 합쳐 놓은 격이다. 우리나라는 2007년 사법고시와 사법연수원을 폐지하고 법학전문대학원에서 법조인을 양성하는 법안을 통과시켰다. 많은 대학들이 로스쿨을 유치하기 위해 경쟁하였는데, 2008년 8월 교육과학기술부는 총 25개 대학을 선정 발표했다. 2009년 3월부터 로스쿨에서 학생을 받을 예정이며, 사법고시는 로스쿨과 병행해서 실시되다가 2014년이면 폐지된다. 현재 서울권역 10개 대학, 지방권역 10개 대학, 총 25개 대학이 로스쿨로 확정된 상태다. 주요 로스쿨 전형은 학부성적과 법학적성시험(LEET), 영어 논술 등을 통해서 선발한다. 이런 전형을 준비하기 위한 학원들도 생기고 있다. 특히 직장인들이 많은 강남과 종로 일대에 로스쿨 전문학원이 많이 생기고 있다. 신림동 고시촌과 사법고시로 대표되던 법률인 양성이 로스쿨과 로스쿨 입시학원으로 바뀌고 있다.

로펌★
Law Firm

2001년 방송한 드라마 〈로펌〉으로 국내에 로펌에 관한 관심이 증가되었던 적이 있다. 그 이후 미국드라마 〈보스턴 리걸〉과 한국의 〈러브스토리 인 하버드〉처럼 로펌을 배경으로 펼쳐진 드라마나 영화가 생겨났다. 흔히들 전문변호사 집단으로 알고 있는 로펌은 정확히 말하면 변호사로 구성되어 법률관련 서비스를 제공하는 회사를 말한다. 다양한 법의 분야만큼이나 로펌의 서비스 종류도 매우 다양하다. 국제통상 · 증권 · 금융 · 특허 · M&A · 신규사업 같은 기업활동 전반에 참여하는 법률컨설팅이 주 업무인데 영미법이 강세를 보이는 만큼 세계적으로 영미권 로펌이 강세이다. 우리나라는 1958년 최초의 로펌 김장리 합동법률사무소가 문을 연 이래 김앤장 합동법률사무소, 법무법인 태평양, 세종, 광장 등이 생겨났으며 세계적으로는 영국의 클리포드 챈스(Clifford Chance International), 미국의 베이커 앤 매킨지(Baker&McKenzie) 등이 있다.

유럽에는 소도시 국가들이 많다. 리히텐슈타인, 룩셈부르크, 바티칸, 산마리노, 안도라 그리고 모나코가 바로 그런 국가들이다. 모나코는

모나코
Monaco

프랑스 남부 지중해 연안 이탈리아와의 접경 지역에 위치한 나라로 1297년부터 그리말디 왕조가 통치하기 시작한 이후 현재 입헌군주제를 실시하고 있다. 하지만 이 나라 국가원수는 실질적으로 프랑스 대통령이 임명하고 있고, 국방권도 프랑스에게 위임된 상태이다. 주민 3만 명 중에 47퍼센트가 프랑스인이다. 모나코는 관광과 도박, 휴양도시로 유명하다. 과거 유명한 영화배우였던 그레이스 켈리가 모나코 공국의 레이니 3세와 결혼하여 현대의 동화를 연출한 나라가 되기도 했다. 2008년에는 우리나라 축구선수인 박주영이 1924년에 창단된 프로축구클럽 AS모나코(ASM)에 입단하였기 때문에 우리나라 미디어에 모나코가 많이 언급될 전망이다. AS모나코는 현재 프랑스 프로축구 1부 리그에 속해 있다.

몽니

'몽니'는 음흉하고 심술궂게 욕심 부리는 성질이라는 뜻을 가지고 있는 순우리말로, 정당한 대우를 받지 못할 때 권리를 주장하기 위해 심술을 부리는 것을 뜻한다. 강자가 약자를 상대로 하는 것이 아니라 약자의 입장에서 사용되는 말이다. 강자에게 정면으로 대들 수는 없고, 그렇다고 가만히 있자니 부아가 치밀어 강자가 하는 일에 슬쩍 발목을 잡는 것이다. 몽니는 한때 우리의 언어생활에서 자취를 감추었다가 근래에 되살아나 각종 신문, 잡지에서

종종 볼 수 있게 되었다(예, '국가적 위기 와중에 몽니 부려서야', 서울경제, 2008년 10월 25일자). 몽니의 부활에는 정치권의 공이 크다. 국회에서 소수를 점하고 있지만 캐스팅보트를 쥐고 있을 경우 다수당을 상대로 이런 저런 간섭을 할 수 있는데 이것이 바로 몽니를 부리는 것이기 때문이다.

박순희/오덕후

인터넷 게시판을 보면 박순희와 오덕후라는 이름을 심심치 않게 만나 볼 수 있다. 이곳저곳 다양한 카페나 블로그에서 거론되는 그들은 누구일까? 우선 박순희와 오덕후는 실제 이름이 아니라 빠순이와 오타쿠에서 차용한 이름이다. 빠순이란 연예인을 광적으로 쫓아다니는 오빠부대에서 나온 말로, 집단으로 행동하는 극성팬을 일컫는다. '오빠'라는 말과 여자를 뜻하는 '순이'가 붙어서 '빠순이'가 되었다. 광적으로 추종한다는 비하의 의미가 있어 욕처럼 쓰이는 경우가 많다. 빠순이는 공연장에만 나타나지 않고 사이버 공간에서도 집단을 이루어 자주 나타난다. 그러면 오덕후(五德厚)는 누구일까. 일본말인 오타쿠의 한국식 표현이다. 오타쿠(オタク)란 주로 집에 틀어박혀 한 분야에 푹 빠져서 그것만 하는 외골수나 마니아를 말한다. 동호인들이 취미 등에 대해 이야기할 때, 서로 예의를 지키고 존중하는 의미에서 상대를 오타쿠라고 부르면서 이 말이 생겨났다.

반려동물등록제

개나 고양이와 함께 뛰놀며 즐거워하는 아이들을 보면 기분이 좋아진다. 애완동물은 여러모로 인간에게 도움을 준다. 동물매개치료학이라는 분야가 대학에서 정식교과목으로 채택되기도 하고 심지어는 애완동물을 키우면 암 발병률이 떨어진다는 보고도 있다. 이렇듯 애완동물을 잘 키우면 여러 면에서 긍정적이다. 하지만 해마다 버려지는 유기 애완동물의 숫자가 증가하고 있다. 고의로 유기하는 경우가 많진 않겠지만 버려진 동물들을 위한 대책과 예방책이 필요하다. 그러한 예방책 중 하나로 반려동물등록제가 거론되고 있다. 반려동물등록제란 버려진 동물을 줄이거나 잃어버린 애완동물을 찾기 위해 마련된 제도이다. 이 제도의 핵심은 애완동물을 키우는 사람이 해당 관청에 사육과 사망 등의 사실을 등록하여 통보해야 하고, 연락처 같은 정보를 애완동물에게 부착해야 한다는 것이다. 하지만 '전자인식장치(마이크로칩)' 도입 때문에 이 제도에 대한 논쟁이 끊이지 않는다. 정부는 동물의 신체에 쌀알 크기의 마이크로칩을 삽입하고 전산망을 만들어 동물과 주인에 대한 정보를 관리한다는 계획을 발표했다. 이 방식을 도입한다면 슈퍼마켓에서 상품을 계산할 때와 마찬가지로 동물의 몸에 스캐너를 대면 출생, 사망, 예방접종, 주인 연락처 등 모든 정보가 단말기에 뜨게 된다. 이 제도에 반대하는 사람들은 동물의 신체에 인식용 물체를 인위적으로 삽입한다는 것에 대한 거부감과 지나친 정보 공개, 각종 비용 문제를 거론하며 반대하고 있다.

베르테르 효과
Werther Effect

언제부터인지 유명인의 자살소식이 전해진 후엔 모방자살 소식을 접하는 것이 당연시되고 있다. 2008년에도 모 연예인의 자살소식이 있은 후 동료 연예인들과 일반인들의 잇단 자살소식에 온국민이 충격에 휩싸였었다. 이러한 모방자살과 함께 자주 등장하는 것이 베르테르 효과이다. 베르테르는 18세기 독일의 문호 괴테가 쓴 소설 『젊은 베르테르의 슬픔』의 남자 주인공 이름이다. 그는 여자 주인공 로테를 열렬히 사랑했지만 그녀에게 약혼자가 있다는 것을 알고 실의와 고독감에 빠졌다가 권총으로 자살하고 만다. 출간 당시 대단한 베스트셀러였던 이 소설을 읽은 유럽 젊은 세대들이 베르테르의 마음에 공감하며 연달아 자살을 하는 일이 많이 벌어졌다. 그 후 1974년 미국의 사회학자인 데이비드 필립스(David Phillips)는 20년 동안 자살을 연구한 결과, 유명인의 자살이 언론에 보도되면 자살률이 급증한다는 사실을 발견했다. 그래서 필립스는 자신이 모델로 삼거나 존경하던 인물, 사회적으로 영향력 있는 유명인이 자살할 경우 그 사람과 자신을 동일시하여 자살을 시도하는 현상을 베르테르 효과라고 부르기 시작했다. 동조자살(Copycat Suicide), 모방자살이라고도 부른다.

벨리브[*]
Velib

프랑스 파리에서는 무인 자전거 대여 서비스인 '벨리브'가 큰 성공을 거두고 있다. 이 벨리브라는 말은 자전거(Velo)와 자유(Liberte)라는 말의 합성어이다. 이 서비스는 요금이 거의 공짜에 가깝고(30분까지 무료, 1일에 1유로로, 1년 연회비 29유로로), 빌린 곳에 다시 돌려놓지 않아도 되며, 무엇보다도 환경오염 방지와 교통체증 완화, 개인 건강 증진 등 그야말로 1석 4조의 효과를 내고 있다. 이로 인해 파리 시민들에게 열렬한 사랑을 얻고 있다. 이렇게 값싼 서비스가 가능한 이유는 J.C. 드코 사가 자전거 대여 장소의 광고판 사용권을 갖는 조건으로 자전거 설치와 운영비용을 지불하기 때문이다.

특히 요즘 같은 고유가 시대에 이보다 좋은 교통수단이 어디 있을까? 스페인 바르셀로나에서도 이와 비슷한 '바이싱(Bicing)' 서비스를 운영하고 있다. 다행스럽게도 서울시에서도 2010년까지 자전거용 도로를 구축하고, 이와 같은 서비스를 시행하겠다는 계획을 내놓았다. 우리나라에서도 자전거를 타고 출퇴근하는 풍경을 볼 수 있을까?

벨트웨이
Beltway

미국의 수도인 워싱턴 D.C.를 중심으로 외곽의 순환고속도로인 Interstate 495 도로를 벨트웨이라 부른다. 벨트웨이 안쪽에는 연방정부, 국회의사당, 주요 미디어 본부와 워싱턴 지국이 많이 포진되어 있어 미국의 정치시스템이 이곳에서부터 시작된다고 할 수 있다. 이를 인용하여 워싱턴에 살면서 우물 안 개구리처럼 바깥사정을 모르는 사람을 일컬어 인사이드 벨트웨이(Inside Beltway) 사람이라고 부른다. 또 벨트웨이 페이퍼 하면 일반 독자보다 순환로 안에서 일하는 관료나 정치인을 대상으로 한 특별한 신문을 의미한다. 반면에 아웃사이드 벨트웨이(outside the beltway)는 기존의 정치권을 비판하는 상대적 시각을 의미한다.

서포모어 징크스
Sophomore Jinx

영화계에는 '전편만한 속편 없다'는 말이 있다. 전편의 성공에 힘을 얻어 속편을 제작했다가 기대만큼 흥행하지 못한 경우에 쓰는 말이다. 이와 비슷한 말로 서포모어 징크스라는 말이 있다. 서포모어(sophomore)는 2년생을 말한다. 2년생 징크스라고도 한다. 어떤 분야에 진출했을 때 1년생은 활력과 패기에 넘쳐 열심히 하고 또 잘 한다. 야구선수가 프로야구에 진출하여 첫 1년 동안 맹활약을 펼쳐 신인상을 받았다고 하자. 그런 1년차 선수들이 2년차가 되면 자신의 실력에 우쭐하여 어깨에 힘이 들어가거나 커져버린 팬들의 기대가 부담되어 성적이 부진해지는 경우가 많다. 더구나 상대팀 선수들이 이 선수를 집중 견제하기 때문에 성적이 더 나빠지기도 한다. 또 가수가 1집을 발표하고 성공을 거두어도 2

집은 기대 이상으로 판매가 부진하기도 한다. 따라서 서포모어 징크스를 피하기 위해서는 피나는 자기극복 과정이 필요하다.

▌선플

선플은 착할 '선(善)'에 인터넷 댓글을 뜻하는 리플의 '플'을 합친 것으로 '착한 댓글'을 말한다. 이는 어떤 글에 대해 무차별적인 욕설이나 인신공격을 하는 '악플'과는 반대로 좋은 댓글을 올리거나 칭찬하는 것이다. 2007년 초 젊은이들이 악플에 시달리다 생명까지 내던지는 사건을 보고, 중앙대 민병철 교수가 자신의 영어강좌 학생들에게 선플 달아주기를 과제로 내준 것이 시초였다. 상대방을 존중하는 인터넷 댓글 문화 확산을 위해 시작된 이 작은 움직임은 2007년 5월 23일 각계의 인사가 참여한 '선플달기운동 발대식'으로까지 이어졌다. 민병철 교수는 선플달기운동 본부의 공동대표를 맡고 있다. 2007년 10월에는 CNN에서 선플달기운동에 대해 취재하기도 했으며 2008년 6월에는 제주중앙중학교에 인터넷을 통한 인성 교육장인 '선플방'이 설치되었다. 현재 싸이월드, 애경 등을 비롯한 많은 기업에서도 선플달기 캠페인을 적극적으로 추진 중이다.

▌스트라이샌드 효과
Streisand Effect

미국의 유명한 가수이자 배우인 바브라 스트라이샌드는 캘리포니아 연안에 집을 가지고 있었다. 그런데, 조종사인 가브리엘과 사진가인 케네스 아델만은 캘리포니아 연안을 전부 촬영하게 되었다. 그러자 이 지역에 살고 있던 배우 바브라 스트라이샌드는 자기 집이 찍힌 사진을 삭제해 달라고 사진가들에게 요청했다. 하지만, 이런 행동이 되레 사람들의 이목을 집중시켜 집이 찍힌 사진이 인터넷 곳곳에 퍼졌다. 이처럼 인터넷에서 특정 내용을 무모하게 삭제하려다가 오히려 더 확산시키게 되는 것을 '스트라이샌드 효과' 라고 부른다.

승자의 저주*
Winner's Curse

경제학의 오랜 패러독스 가운데 '승자의 저주(Winner's Curse)' 라는 명제가 있다. 경쟁에서 우위를 차지한 승자에게 무슨 저주가 생긴다는 말인가? 지금 당장 가격을 헤아리기 힘든 고가품을 놓고 경매를 벌인다고 생각해 보자. 당신은 점점 경쟁자가 늘어나는 것을 보고 원래 생각했던 가격보다 더 높은 가격을 불러 결국 물건을 차지한다. 하지만 실제 물건의 가치는 당신이 지불했던 금액보다 낮은 것으로 드러나고, 당신은 경쟁에서 이기고도 손해를 보는 상황이 발생하게 된다. 이것이 승자의 저주이다. 갈수록 경쟁이 심해지고 있다고 해서 수단 방법을 가리지 않고 무조건 승자만 되려고 하는 지나친 과열 경쟁 분위기를 다시 한 번 생각해봐야 할 것이다.

▎안나 카레니나 법칙

톨스토이의 유명한 소설 『안나 카레니나』의 첫 구절을 보면 이런 말이 나온다. "행복한 가정은 모두 엇비슷하고, 불행한 가정은 불행한 이유가 제각기 다르다." 되는 집안은 근심 없고 건강하며 화목한 게 다들 비슷하지만, 안 되는 집안은 그 문제가 애정이든 금전이든 자녀든 천차만별의 이유로 불행해진다는 얘기다.

행복한 가정의 조건은 다양하다. 가족들이 큰 병 없이 건강하고 친척, 친구 간에 우애가 깊으며 그리 부자는 아니더라도 금전적 고통 없이 산다면 행복한 가정이 아닐까. 다시 말하면 행복의 조건 중 어느 하나가 아주 탁월하게 좋지 않더라도 여러 조건들이 어느 정도 충족되면 행복한 가정이라고 할 수 있다. 반면 가족 구성원 중 한 사람이 도박에 빠져 가산을 탕진했다든지, 바람을 피워 부부간에 애정이 급속히 식었다든지, 자녀가 성적이 나빠 우울증에 빠졌다든지, 자동차 사고로 누가 불구가 되었다든지, 가장이 갑자기 실직했다든지 하면 그 가정에는 불행이 찾아온다.

『총, 균, 쇠』, 『문명의 붕괴』라는 책으로 유명해진 진화생물학자 제레드 다이아몬드(Jared Mason Diamond)는 톨스토이가 한 말을 좀 더 발전시킨다. "흔히 성공의 이유를 한 가지 요소에서 찾으려 하지만 실제 어떤 일에서 성공을 거두려면 수많은 실패 원인을 피할 수 있어야 한다"는 것이다. 이것이 바로 안나 카레니나 법칙이다.

기업이 성공하려면 중간 중간에 매복해 있는 실패의 늪을 잘 벗어나야 한다. 예를 들어 어떤 사업이 성공하기 위한 요소로는 신선한 사업 아이템, 냉철한 시장분석, 충분한 자본의 조달능력, 뛰어난 상술, 좋은 입지 등이 있지만, 이 중 한 가지라도 어긋난다면 성공하기는 상당히 힘들어진다.

압솔리지*
Obsoledge

과거에는 지식의 변화 속도가 느렸기 때문에 기존 지식의 축적이 매우 중요했다. 하지만 지식이 혁명적으로 변하는 최근에는 과거에 중요했던 지식이 더 이상 쓸모없어지고 때로는 기존 지식이 오히려 방해되는 경우도 발생한다. 여기서 등장하는 것이 압솔리지다. 압솔리지란 빠른 속도로 쓸모없어지는 지식을 말한다. 미래학자 앨빈 토플러가 '쓸모없는(Obsolete)'과 '지식(Knowledge)'을 합성하여 만든 단어이다. 따라서 쓸모없는 지식을 빨리 제거해야 효율적으로 일을 관리하는 데 도움이 된다. 앨빈 토플러는 이런 '무용(無用)지식'을 걸러내는 능력이야말로 미래의 부를 결정짓는 핵심 요소가 될 것이라고 주장하고 있다. 일정 시간이 지나면 메모리가 자동삭제되는 기능도 중요해지고 있다.

에코뷰티
Eco Beauty

뷰티(Beauty) 업종 하면 무엇이 머리에 떠오르는가. 우선 패션 의류, 핸드백 같은 액세서리, 화장품, 헤어숍 등이 생각날 것이고, 치아교정을 위한 치과, 성형외과 병원도 떠오를 것이다. 다이어트, 피트니스, 피부관리, 마사지, 네일케어도 있다. 우리나라 뷰티 업종 중에 화장품 산업은 규모가 6조 원이나 될 정도로 시장이 크다.

일반적으로 아름다움은 건강에서부터 시작한다고 한다. 또 건강은 좋은 환경에서부터 시작한다고 알려져 있다. 이를 반영하듯 화장품 업계의 최근 트렌드는 '에코뷰티' 이다. 물론 여기서 에코는 생태학을 의미하는 'Ecology' 를 뜻한다. 화장품업계는 이를 친환경 화장품, 그린 화장품, 로하스(LOHAS)화장품, 자연주의 화장품, 유기농 화장품 등 여러 가지 말로 표현한다.

이러한 표현들에는 어떠한 차이가 있을까. 혹시 화장품 회사들이 고객에게 어필하기 위해 억지로 지어낸 전문용어(Buzzword)는 아닐까. 천연(All Natural)이라는 표현을 생각해보자. 이는 식물이나 여러 유기농 물질에서 화장품 성분을 추출했다는 의미를 지니고 있어 합성화학 제품이라는 이미지를 가지고 있는 기존 화장품들에 비해 훨씬 신선하다. 그러나 실제로 천연화장품에도 비천연성분들이 함유되어 있는 경우가 상당히 많다. 의학적으로도 천연성분이 합성성분보다 탁월하다는 보장은 없다. 게다가 화장품에 식물성분을 첨가하려면 여러 화학과정을 거치면서 다른 성분과 섞이게 되는데 이 과정에서 원래 있던 천연성질을 거의 다 잃어버리게 된다. 다시 말해 천연화장품은 고급 이미지, 신선한 이미지와는 다르게 효능이 낮을 수도 있다.

물론 화장품의 소재 자체도 소비자의 건강에 중요하지만, 화장품 포장 축소, 대체에너지 사용, 이산화탄소 배출 감소, 동물 학대 금지, 지역사회 기여 등 환경 문제, 사회적 이슈에 잘 대처하는 것도 중요하다. 따라서 화장품 업계가 친환경 화장품 자체에만 매달리지 말고 폭을 더 확장하여 회사 전체 차원에서 지속가능경영을 하는 것이 제일 바람직하다고 본다.

에코테러
Eco-Terror

자신의 정당성을 무기로 폭력을 휘두르는 것을 어떻게 생각하는가? 환경을 파괴하는 행위에 반대하는 급진적 환경단체나 동물보호단체들은 지구촌 곳곳에서 환경보호라는 미명 아래 폭력이나 범죄를 행하고 있다. 이를 에코테러라고 한다. 주로 서구의 과격한 환경단체에 의해 자행되는 에코테러는 1986년 '시 셰퍼드(Sea Shepherd)'라는 단체가 아이슬란드 레이캬비크 항에 정박한 포경선 두 척의 바닷물 흡입구를 열어 침몰시킨 사건을 시발점으로 꼽는다. 미국에서는 '지구해방전선(ELF; the Earth Liberation Front)'이라는 과격단체가 환경보호라는 명분 아래 환경오염을 일으키는 대상에 방화, 파괴, 협박을 일삼는 사건이 일어나 미 정부를 긴장시키고 있다. 이제까지 미국에서 발생한 에코테러는 총 1,300건, 피해액은 2억 달러로 추정된다. 과격 환경단체들은 단순시위만으로는 환경파괴를 막을 수 없다며 에코테러의 정당성을 주장하고 있지만 그에 따른 피해도 생각하지 않을 수 없는 일이다.

엠커브*
M-Curve

주변을 살펴보면 우리나라 여성들이 가장 활발히 일해야 할 20, 30대에 육아부담으로 사회활동을 포기하고, 가정에 머무르고 있는 것을 쉽게 발견할 수 있다. 이는 결국 상당기간 '노동시장 단절'로 연결되며 결국 중요한 여성들의 고급두뇌가 사장(死藏)되게 된다. 이를 가리켜 '엠커브'라고 한다. 이 현상을 그래프로 그려보면 횡축을 연령, 종축을 취업자로 했을 때 M형태를 띠고 있기 때문에 이런 명칭이 붙게 되었다. 스웨덴, 캐나다 같은 선진국에서는 여성인력 활용이 많아 U자를 뒤집어놓은 형태를 보이는 것과는 대조적이다. 최근에서야 우리나라도 젊은 여성은 물론 결혼 후에도 여성이 계속 취업하는 경우가 많아져 엠커브 현상이 점차 줄어들고 있다.

오컴의 면도날 법칙*
Ockham's Razor

과거에 천동설 대신 지동설을 채택하게 된 이유가 무엇일까? 지동설이 더 뛰어나서? 물론 아니다. 바로 오컴의 면도날 법칙에 의해서 지동설이 채택된 것이다. 오컴의 면도날 법칙이란 특정 사실과 관련하여 두 가지 이상의 가설이 있을 때 그 중 더 단순한 가설이 사실이라는 원리이다. 즉, 천동설의 증명은 그 사실 자체를 증명하기 위해 매우 복잡한 가설이 필요했지만 지동설은 천체의 이동에 관해 더 간단하고 명료하게 정의되었기 때문이다. 그렇다면 왜 오컴의 면도날이란 이름이 붙여졌을까? 그 이유는 바로 중세철학자인 오컴 윌리엄(William of Ockham, 1285~1349)이 말했기 때문이다. '면도날' 이라는 말이 붙은 것은 지저분한 수염을 면도날로 싹 밀어내듯이 불필요한 가설들을 제거해버리기 때문이다.

웨트웨어
Wetware

보통 하드웨어, 소프트웨어, 콘텐츠웨어라는 말은 익숙한 편이다. 하드웨어는 눈에 보이고 손으로 만질 수 있는 구체적인 형상을 갖추고 있는 반면, 소프트웨어는 눈에 보이지 않고 프로그램화되어 있어 어떤 일이 작동되도록 하는 기능을 담당한다. 그리고 콘텐츠웨어는 내용물 자체를 말한다. 하드웨어, 소프트웨어, 콘텐츠웨어는 사람들이 만든 것들이지만 사람에 의해 행해지는 것들도 있다. 고객에게 서비스를 제공하는 시점에서의 직원의 목소리, 손놀림, 응대 태도 같은 1:1서비스는 고객의 만족도에 크게 영향을 준다. 이처럼 직원의 촉촉

한 서비스를 웨트웨어라고 부른다. 모든 것이 기계화되고, 자동화되고 프로그램화되는 추세에서 웨트웨어의 중요성은 더욱 부각되고 있다. 시티투어버스 서비스를 예로 들면 버스, 안내소, 관광코스 프로그램, 관광안내팜플렛도 중요하지만 관광안내원의 전문적인 설명과 화기애애한 분위기 메이킹 능력은 관광객이 더욱 재미있는 관광을 할 수 있게 만들어 준다.

▌이혼숙려제

부부 간의 갈등을 소재로 다루는 TV드라마에 자주 등장하는 "4주 뒤에 뵙겠습니다"라는 말이 주변에서 심심치 않게 유행어로 쓰인다. 그만큼 이혼이 우리 주변에서 흔하게 이루어지고 있음을 나타낸다고 할 수 있다. 이와 비슷한 의미로 이혼숙려제가 이슈가 되고 있다. 이혼숙려(기간)제란 부부가 협의 이혼신청시점을 기준으로 자녀가 있을 경우 3개월, 없으면 1개월 동안 이혼에 대해 다시 한 번 생각할 시간을 주는 제도다. 단, 가정 폭력 등 이혼해야 할 급박한 사정이 인정되면 숙려기간을 줄이거나 면제 받을 수 있다. 영국, 프랑스, 독일, 스위스, 오스트리아에서는 이 제도가 이미 시행되고 있으며 우리나라에서는 2008년 6월 12일부터 시행되었다. 개인의 선택권을 제한한다는 근본적 문제가 있기는 하지만 홧김에 이혼해 버릴 가능성을 줄여 주는 효과가 있다. 이 제도 도입으로 과연 이혼율의 저하에 변화가 있을지 기대된다.

일제고사

일제고사가 부활한다. 마치 어린이 만화영화에 나오는 악당이 부활하는 순간 같다. 정부에서는 이 시험을 위해 160억 원 정도 되는 돈을 투자했다. 일제고사란 사전적 정의를 빌려 말하자면, 전국 또는 도 단위로 같은 시간에 같은 문제로 각 학교에서 치르는 시험을 말한다. 초등학교, 중학교, 고등학교 학생들이 시험을 보고나면 성적에 따라 학교에 등급이 매겨져 학교서열화를 만들 수 있다는 이유로 많은 학생들과 학부모들의 우려가 크다.

일제고사로 인해 공부 경쟁이 심화되어 '인재' 를 양성하기 위한 토양은 만들 수 있겠지만, 빈부의 격차를 넘어 '배움의 격차' 가 예상되는 가운데 오히려 '사교육' 의 과열을 불러오지 않을까하는 염려가 증폭되고 있다. '공부 잘 하는 사람' 을 집중적으로 육성해보자는 의도가 짙지만, 일제고사가 우수학생들에게 성취동기를 부여할 수 있을지도 의문이다. 교육의 평등이 무너질까 염려하는 것이다. 이렇게 교육이 거꾸로 간다면, 지나친 사교육을 단속하는 정부의 모습과 비견하여 매우 모순적인 정책이 아닌지 의문이 든다. 어떻게 하면 학생들의 학업성취도를 제대로 파악하여 학생들에게 부족한 부분이 무엇인지, 어떤 것을 더 공부해야 한다고 알려줄 수 있는지부터 고민하는 것이 아니라 이미 지나간 과거의 퇴물을 다시 불러내오는 것은 아닌지 다시 한 번 고민해볼 때이다.

자전거전용도로

자전거는 가장 친환경적인 운송 수단이다. 그러나 이제까지 자전거 전용도로 부족과 인식 부족으로 자전거는 일부 사람들을 제외하고는 그리 높게 평가를 받지 못했다. 2008년 현재 서울시 자전거의 수송분담율은 1.2퍼센트에 불과하다. 서울시는 2012년까지 자전거도로로 207킬로미터를 조성하겠다는 자전거 이용 활성화 종합 대책을 발표했다. 이 계획대로라면 자전거의 수송분담율은 2012년 4.4퍼센트, 2020년에는 10퍼센트까지 올라가게 된다. 이를 위해 도심 진입 간선도로 4축과 동서 연결 간선도로 8축, 남북 연결 간선도로 5축에서 기존 차로 가운데 1개 차로를 축소하여 자전거 전용도로를 만든다. 또 자전거 신호등과 교통안전표지, 자전거 횡단보도, 자전거 엘리베이터가 설치되고 자전거 전용 주차건물도 세워진다. 또 공공 임대자전거 도입도 검토할 예정이다. 과연 이 계획이 예정대로 추진되어 덴마크나 네덜란드처럼 자전거 천국이 될지 관심을 가져보자.

정신 비만
Mental Obesity

당신의 뇌는 지나치게 살이 쪄 있을지도 모른다. 허리와 배가 아니라 뇌에 살이 찐다? 다이어트 열풍이 불더니 이젠 뇌까지 살을 빼라는 말인가? 인터넷과 미디어의 발달로 하루에도 셀 수 없이 많은 정보가 쏟아져 나오고, 우리는 무방비상태로 수많은 정보에 둘러싸여 정보테러를 당하고 있다. 이러한 상태가 지나치면 결국 우리는 정신 비만에 이르게 된다. 정신 비만의 증상으로는 크게 세 가지가 있다. 첫째, 주의집중력이 약해진다. 정보와 자극의 과잉으로 인해 우리는 점점 깊게 생각하는 습관을 잃어가고, 오직 강한 자극에 이리저리 끌려 다니게 된다. 둘째, 실행력이 약해진다. 수많은 정보 앞에 무엇이 진실이고, 의미 있는지를 놓치기 십상이다. 자료의 수집과 분석에만 열중할 뿐 문제를 해결할 대안을 찾아내지 못하는, 분석 마비(Analysis paralysis) 상태에 빠지게 된다. 셋째, 경쟁력이 약해진다. 수많은 정보를 저장만 하고 있을 뿐 영양가 있는 지식을 만들지 못하므로 남에 비해 지적 열등감에 시달리게 된다. 따라서 이제 뇌도 불필요한 정보를 도려내는 과감한 다이어트가 필요하다.

책임여행론자*

책임여행론이란 여행하는 곳의 환경과 문화를 존중하고 보호해야 할 책임이 여행객에게 있다는 주장이다. 관광지의 환경과 문화를 개선하는 적극적인 여행뿐만 아니라, 현지인들이 좋아할 선물을 준비하거나 여행지 전통을 따르고 익히는 것도 포함한다. 책임여행은 1992년 리우회담에서 대안관광이 제시되면서 처음으로 그 개념이 알려졌고 2000년 유럽을 중심으로 급속히 확산되기 시작하였다. 책임 여행 상품의 예로는 '앙코르와트 청소여행', '베트남 요리 배우기 여행',

'프랑스 요가 여행' 같은 이색적인 상품과 '프랑스 남부 자전거 여행', '스코틀랜드 카약 여행' 과 같이 비행기를 타지 않는 친환경 여행이 있다. 현재 다양한 책임여행 관련 단체 및 관련 사이트가 운영되고 있으며 세계적인 여행안내서 『론리플래닛』에서도 친환경적인 책임여행관련 정보를 제공하고 있다. 국내에서도 시민단체를 중심으로 산촌유학, 팜스테이, 자전거 여행, 제주생태여행 등이 시행되고 있다. 최근 윤리적 소비에 대한 중요성이 커짐에 따라 앞으로 책임여행에 대한 수요도 늘어날 전망이다.

▌최진실법

2008년 10월, 20년간 톱스타의 자리에 있던 최진실 씨가 자살했다. 증권가의 근거 없는 루머가 빚어낸 일로 인터넷 문화에 경종을 울리는 사건이었다. 이를 계기로 더 이상의 악성댓글 피해자를 막기 위한 장치가 필요하다고 생각한 정치권에서는 최진실법이란 정보통신망이용촉진법 개정안을 도입하자는 논의를 시작했다. 이 법안은 인터넷 실명제의 확대와 사이버 모욕죄 도입을 포함한다. 인터넷에 악성 댓글을 남기면 법으로 처벌하겠다는 것이다. 2008년 10월 3일, 한나라당이 최진실 씨의 죽음으로 인터넷 악성 댓글에 대한 폐해가 드러난 만큼 최진실법의 도입을 추진할 것이라고 밝히면서 논의가 시작되었다. 10월 6일에 시작된 국정감사에서 여야 간의 뜨거운 논란으로 확대되었고, 법안의 명칭에 대해서는 고(故) 최진실 씨 유족의 고통을 감안해 법안 이름을 부를 때 실명을 사용하지 않기로 합의했다. 사실 이 법안은 수 년 전부터 도입이 추진되었으나 네티즌과 야권의 반대에 막혀 번번이 무산된 바 있다. 최진실법은 통과 여부에 따라 인터넷 문화에 상당한 영향을 미칠 것으로 보여 이목을 더욱 집중시키고 있는 상태이다.

컨시어즈 서비스*
Concierge Service

외국의 고급 백화점과 고급 호텔을 들러보면 컨시어즈라는 안내 팻말을 볼 수 있다. 컨시어즈는 원래 중세 교회의 관리인을 말한다. 집사를 의미하는 버틀러(Butler)와 비슷한 의미이다. 그러던 것이 현대에 들어오면서 점차 수위(Doorkeeper)나 아파트 관리인, 호텔 접수계를 의미하는 말로 변했다. 마케팅 용어로 컨시어즈라는 말은 '고객이 원하는 것은 무엇이든 도와준다' 는 의미이다. 즉, 개인 비서처럼 고객에게 풀서비스를 해주는 것이다. 최근에는 은행의 프라이빗 뱅킹이나 백화점의 명품 코너를 중심으로 컨시어즈 서비스가 확산되고 있다.

켈로부대

한국전쟁의 후유증은 아직까지도 해결되지 못한 채 우리 주변에 많이 남아 있다. 그 중 2008년 6월 한국전쟁 당시 켈로부대원이었던 장근주 씨가 중국에서 숨겨

139

안타까움을 사기도 했다. 켈로부대, KLO부대는 미 극동군사령부가 1949년 6월 1일 북한지역 출신으로 조직한 북파 공작 첩보부대로 '주한연락처(Korea Liaison Office)'의 영문 머리글자를 따서 붙인 이름이다. 이 부대는 1948년 무렵 미 CIC 산하에 서북청년단을 중심으로 한 북한출신 청년들로 창설되었는데, 한국전쟁 중에 전사 및 실종된 숫자가 3,400여 명에 달하고 현재까지 생존해 있는 대원은 수백 명 정도에 불과하다. 켈로부대원 장근주 씨는 한국전쟁 당시 귀환하지 못하고 중국에 남았다가 결국 귀국의 소원을 이루지 못하고 타국에서 세상을 떠났다.

통미봉남
通美封南

통미봉남이란 북핵 협상과정에서 한국을 배제하고 미국만을 대화상대로 삼는 북한의 대외전략을 말한다. 1990년대 초 1차 북핵 위기 당시 이미 북한이 구사한 바 있는 이 전략은 그 실효성이 발휘되지 못했으나 현재 북한의 통미봉남 전략을 두고 앞으로의 실효성을 둘러싼 논란이 일고 있다. 정부에서는 과거에 비해 한미동맹이 강화되었을 뿐만 아니라 한국을 배제할 수 없는 사안들로 한미관계가 얽혀 있기 때문에 한국정부를 따돌리려는 북한 당국의 의도를 미국이 그대로 수용하기는 어렵다는 의견이 나오고 있다. 그러나 한편으로는 미국이 북한을 테러지원국 명단에서 해제한 것을 보면 북한의 통미봉남정책이 효력을 발휘하는 것은 아닌가에 대한 의견도 조심스레 나오고 있다. 동시에 이명박 정부의 대북 강경책이 변화 없이 지속될 경우 통미봉남 정책이 강화돼 한반도 문제에서 자칫 한국이 소외될 수 있기 때문에 한국은 오바마 대통령의 '대화'를 전제로 하는 북미관계를 주목할 필요가 있다.

폴리페서
Polifessor

대학 교수들 중 정치에 관심이 많아 실제로 정계에 뛰어드는 경우가 많다. 이들은 국회의원, 지자체장 선거에 출마했다가 당선이 되면 학교에 휴직계를 내고 정계활동을 한 후 임기가 끝나면 학교로 복귀한다. 하지만 이 기간 동안에도 정계에 진출한 교수가 교수정원에 포함되어 있으므로 학교는 따로 교수를 채용할 수 없다. 가장 피해를 보는 사람은 학생들이다. 이처럼 정계에 진출하는 교수를 폴리페서라고 한다. 일부 대학에서는 이러한 폴리페서를 막기 위해 교수 윤리규정을 만들려고 하지만 아직까지 대부분의 대학에서 별다른 규정을 마련하지 못한 상황이다.

풍선효과
Balloon Effect

부풀린 풍선의 한 곳을 누르면 다른 곳이 불거져 나온다. 이처럼 문제 하나를 해결하는 듯하면 또 다른 문제가 새로 생겨나는 현상을 풍선효과라고 한다. 최근 우리나라에서 성매매를 근절시키겠다는 야심찬

계획 아래 서울 장안동 안마시술소를 집중 단속하자 서울 시내에서의 성매매는 줄어들었다. 하지만 해당 업소들은 일산 등 서울 외곽으로 이전하여 여전히 영업을 계속하였다. 특정 지역의 부동산 투기를 잡기 위해 규제 조치를 취하면 부동산 열기가 다른 지역으로 옮겨가는데 이러한 현상도 풍선효과에 해당된다. 따라서 풍선효과를 없애려면 표면적이고 일시적인 조치만으로는 부족하고 보다 전면적이고 장기적인 조치가 요구된다.

플리바게닝
Plea Bargaining

플리바게닝, 다시 말해 유죄협상제(有罪協商制)는 피의자가 혐의를 인정하는 조건으로 검찰이 가벼운 범죄로 기소하거나 형량을 낮춰 주는 제도를 말한다. 플리바게닝은 영국, 미국 등 영미법 계통의 사법체계에서 발달한 제도로 법정을 소재로 한 미국 영화를 보면 검사와 피의자가 혐의 인정을 두고 협상하는 장면을 흔히 볼 수 있다.

플리바게닝은 진술을 받아내기 위해 소요되는 검찰과 경찰의 수사력 낭비를 방지하고 효율적인 형사 업무에 기여할 수 있다. 또한 조직폭력, 마약류 범죄와 같이 내부 고발이 없으면 범행을 입증하기 힘든 경우, 효과적인 수사 방법이 될 수 있다.

물론 장점만 있는 것은 아니다. 플리바게닝 도입에 반대하는 사람들은 이 제도가 국민의 정의관념에 부합하지 않을 뿐 아니라, 진실의 발견을 포기하고 정의를 훼정한다고 비판한다. 또한 정치적으로 악용될 가능성이 있어 우려를 낳기도 한다. 플리바게닝은 사법 제도의 근간을 이루고 있는 미국에서조차 변호사의 능력에 의해 피의자의 형량이 정해져 같은 죄를 지었더라도 처벌의 수준이 다르다. 우리나라에 도입될 경우 논란의 여지가 충분하다.

따라서 플리바게닝 도입에 앞서 국민적인 공감대를 얻는 것과 동시에 중범죄의 경우 플리바게닝 대상에서 제외하고, 판사와 국민 배심원이 입회한 가운데 협상이 진행되는 등의 보완책 마련이 필요하다.

▌행정부처 개편

2008년 2월 29일 정부 조직법이 개편, 시행됨에 따라 기존 노무현 정부의 18부 4처는 17대 이명박 정부의 15부 2처로 체제가 개편되어 조직 구조가 약간 간소화되었다. 기존의 정보통신부, 해양수산부, 과학기술부, 기획예산처, 국정홍보처가 문을 닫음에 따라 기존의 다른 부처에 통합되었다. 규모에 변경이 있거나 이름이 바뀐 부서로는 기획재정부(재정경제부+기획예산처), 지식경제부(산업자원부+정보통신부 일부+과학기술부 일부), 농림수산식품부(농림부+해양수산부 일부), 문화체육관광부(문화관광부+정보통신부 일부+국정홍보처), 국토해양부(건설교통부+해양수산부 일부), 교육과학기술부(교육인적자원부+과학기술부 일부), 보건복지가족부(보건복지부+여성가족부의 가족 부분), 여성부(여성가족부에서 가족 부분 제외),

행정안전부(행정자치부 명칭 변경)가 있다. 외교통상부, 통일부, 국방부, 법무부, 환경부, 노동부, 법제처, 국가보훈처에는 변화가 없다. 종전에는 재정경제부, 교육부, 과학기술부에 부총리직이 있었으나 새 정부에 들어서는 폐지되었다.

■ 화이트밴드
White Band

국제연합(UN)은 매년 10월 17일을 '세계 빈곤 퇴치의 날'로 정했다. 그리고 이를 기념하기 위해 빈곤 퇴치를 바라는 전 세계 모든 사람들이 흰색 팔찌인 '화이트밴드'를 착용하고 주요 건물에 흰 띠를 둘러 빈곤 퇴치를 위해 실제적인 행동을 하도록 촉구하는 캠페인을 전개하고 있다. 화이트밴드는 영화 〈본(Bourne)〉 시리즈로 유명한 영화배우 맷 데이먼이 착용해 눈길을 끌기도 했다. '빈곤을 끝내자(End Poverty)'라는 구호가 적힌 흰색 실리콘 팔찌로서 전 세계 시민단체들의 연대체인 '빈곤퇴치를 위한 지구행동(Global Call to Action Against Poverty)'에서 제안한 것이다. 풍요로운 21세기인 현재에도 여전히 3초마다 한 명씩 극심한 가난과 질병으로 생명을 잃고 있는 원인은 선진국에게 유리한 무역 규정, 너무 큰 채무, 원조라 불리는 돈이 필요한 곳에 미치지 않는 상황, 인간에 의해 만들어진 빈곤을 낳는 구조 때문이라고 할 수 있다. 이를 해결하기 위한 의지를 나타낸 것이 바로 화이트밴드이다. 초등학교에 다니지 못하는 1억 400만 명의 어린이들, 임신과 출산 과정에서 사망하는 50만 명의 여성들, 에이즈로 고통 받고 있는 수많은 사람들을 단돈 천 원으로 도울 수 있는 기부 문화의 또 다른 형태이다.

힙스*
Hyps

우리나라에는 서울대, 고려대, 연세대의 앞글자를 딴 스카이(SKY) 대학이라는 말이 있다. 그러면 미국에는 어떤 최우수 대학이 있을까? 미국에는 전통적인 동부의 명문사립대학 8개를 일컬어 아이비(IVY) 대학이라 부른다. 하버드, 예일, 프린스턴, 펜실베이니아, 컬럼비아, 코넬, 브라운, 다트머스대가 바로 그렇다. 하지만 아이비 대학 외에도 미국 중부와 서부에 좋은 대학들이 많이 생겨 미국 최우수 대학이 재편되고 있다. 그래서 새롭게 최우수 대학을 힙스(Hyps)라고 부른다. 하버드, 예일, 프린스턴, 스탠포드의 앞글자를 따서 이렇게 부른다.

VANK

반크는 Voluntary Agency Network of Korea의 약자로 사이버 외교 사절단의 역할을 하고 있는 민간단체다. 반크의 시작은 현재 단장을 맡고 있는 박기태 단장이 영어학습의 목적으로 1999년 국제 펜팔 사이트를 만들면서부터다. 현재는 한국에 대한 잘못된 정보를 해외에 알림과 동시에 교정 권고까지 하는 등 폭넓은 활동을 하고 있으며, 직지심체요절 등 문화재에 대한 홍보와 최근 온 국민의 관심을 집중시켰던 일본의 방위백서 소개까지 다양한 일을 하고 있다. 특히 동해와 독도 표기를 바로 잡으려는 활동이 가장 많이 알려져 있다. 사실 반크가 하는 일은 정부가 해야 할 일 중 하나이다. 하지만 이러한 반크의 활동에 대해 정부의 지원과 관심은 뜸했고, 최근 반크에 대한 예산 지원까지 삭감시킨 것으로 드러나면서 국민들이 직접 나서 반크에 대한 지원금을 모금하기도 했다. 미온한 대응뿐인 정부보다는 반크에 더 큰 기대를 가질 수밖에 없는 현실이 안타깝기만 하다.

Culture

다크 투어리즘 Dark Tourism

역사적으로 수치스럽고 어두운 현장이나 자연파괴 현장 등을 찾아가는 관광

여행의 의미가 다양해지면서 다크 투어리즘이라는 새로운 여행 개념이 주목을 끌고 있다. 이 용어는 1966년에 처음 등장했지만, 2000년 영국 글래스고 칼레도니언 대학의 말콤 폴리(Malcolm Foley) 교수와 존 레논(John Lennon)교수가 공저로 펴낸 책의 제목을 『Dark tourism』이라 붙이면서 널리 알려지기 시작했다. 다크 투어리즘이란 인간의 반인륜적인 행위로 얼룩진 역사적인 비극의 현장을 방문하여 자기반성을 하고 교훈을 얻기 위한 여행을 말한다. 다른 말로, 블랙 투어리즘(Black Tourism), 그리프 투어리즘(Grief Tourism), 역사교훈여행이라 부르기도 한다.

우선 대규모 인명피해가 있었던 곳이 다크 투어리즘의 목적지로 인기를 얻고 있다. 2001년 9.11 테러가 발생했던 뉴욕의 월드트레이드센터 부지인 그라운드 제로(Ground Zero), 1970년대 수십만 명의 양민이 학살당한 캄보디아의 킬링필드, 2차 세계대전 당시 유태인들이 학살당했던 폴란드의 아우슈비츠 강제수용캠프, 원자폭탄이 투하되었던 히로시마의 평화기념관이 바로 그런 경우다. 또 중국의 난징(南

京)박물관(1937년 일본군이 침공하여 난징에서 대 참살극을 벌임), 냉전의 상징이었던 베를린 장벽, 고문으로 유명한 런던 타워, 에딘버러 성도 이에 해당된다.

또 인간들의 과도한 개발로 인해 환경이 크게 손상된 지역도 다크 투어리즘의 대상이 되고 있다. 예를 들면, 지구온난화로 인해 빙하가 붕괴되고 있는 알래스카 지역을 돌아보는 크루즈 여행을 가기도 하고, 로키 산맥의 캐나다 국립공원에 가서 빙하가 녹아내리는 현장을 직접 목격하기도 한다. 또 히말라야 산맥을 등산하는 관광객들이 늘어남에 따라 그들이 버리고 간 쓰레기를 주우러 가는 책임 있는 관광객들도 늘고 있다.

우리나라에서는 2008년 방화로 잿더미가 된 숭례문 화재현장, 2007년 유조선 충돌로 원유가 방출되어 바다가 크게 오염되었던 태안반도가 다크 투어리즘의 대표적인 목적지로 떠올랐다. 동진강과 만경강이 만나 형성된 군산 남부의 새만금 지역에는 둑이 만들어져 생태가 파괴되고 있는데, 이 환경파괴 현장을 보기 위해 현장으로 가는 사람들도 있다. 물론 일부 관광객들은 어마어마한 개발 현장을 보기 위해 새만금 지역에 가기도 한다.

또 2003년에는 대구지하철 1호선 중앙로역에서 방화로 인해 사상자가 192명에 이르는 사고가 있었다. 대구시는 이러한 끔찍한 재해가 다시는 발생하지 않도록 무료로 체험할 수 있는 대구 시민안전테마

파크를 2008년에 오픈했다. 1층에는 지하철화재참사 당시 불에 탄 전동차 1량과 승강장을 전시했고, 2층에는 유도등이 있는 탈출구를 각각 만들었다. 전동차 안에서 연기가 나면 사람들이 수동으로 지하철 문을 열고 유도등을 따라 몸소 탈출할 수 있게 했다. 물론 당시 지하철 참사 현장을 보여주는 영상실도 있고, 희생자를 기리고 안전을 상징하는 대형조형물도 건립되어 있다.

그런데, 왜 다크 투어리즘이 최근 들어 더욱 각광을 받고 있는 것일까? 전 세계적으로 테러가 빈발하여 사회가 점차 불안해지고 있고, 지구온난화 현상의 가속화로 지구 환경도 악화되고 있다. 따라서 사람들은 인재와 자연재해로 인한 피해를 몸소 체험할 필요를 느꼈다. 또 정부나 지자체들도 사람들에게 경각심을 고취하기 위해 박물관이나 기념비를 만들기 시작했다. 여기에 더해 전 세계적으로 관광산업이 크게 확산됨에 따라 다크 투어리즘은 테마관광의 한 형태로 각광받고 있다.

· 관련 키워드: 블랙 투어리즘, 그리프 투어리즘, 그라운드제로, 킬링필드, 아우슈비츠, 히로시마, 난징박물관, 숭례문
· 관련 도서: 『Dark Tourism』(Malcolm Foley & John Lennon, Thomson Learning, 2000)

랑도네클럽 Randonnee Club

긴 산책이나 긴 나들이를 뜻하는 랑도네는 프랑스에서 전국적으로 이루어지고 있는 걷기 운동이다.

주말이면 지하철과 버스에서 등산복 차림의 사람들을 자주 만날 수 있다. 높지 않으면서도 도보로 신체를 단련시킬 수 있는 산으로 트레킹을 즐기러 가는 사람들이다. 프랑스에도 다양한 트레킹 코스를 알려주고 주위 경관을 설명해주는 가이드를 갖춘 모임이 생겨나고 있다. 바로 프랑스의 랑도네 클럽과 랑도네 협회이다.

랑도네(Randonnee)란 긴 산책이나 긴 나들이라는 뜻으로 목표 지점을 정하여 코스에 따라 보통 걸음 속도보다 좀 빠르게 걷는 것을 말한다. 프랑스에서는 1947년 전국걷기연맹인 랑도네 협회(www.ffrp.asso.fr)가 설립된 이후로, 각 지역마다 많은 랑도네 클럽이 만들어졌다. 지금까지 랑도네 협회에 등록된 클럽은 2,850개나 되며 직장 단위의 랑도네 클럽도 150개나 된다. 현재 걷기 운동에 참여하고 있는 프랑스인은 1,500만 명으로 6,000만 명에 이르는 프랑스 인구 중 4분의 1이 이 운동을 즐기고 있는 셈이다. 형식적으로 클럽만 만들어진 것이 아니라 매일 전국적으로 500여 개의 걷기 모임이 있을 정도로 크게 활성화되어 있다.

산책 코스에는 크게 세 가지 유형이 있다. 첫째, 10일 이상 걸리는 장거리 코스(GR)가 있다. 중세 수도자들이 걸었던 '생자크 코스', 몽블랑 주위의 '튀르 드 몽블랑', 네델란드 남부에서 시작하여 프랑스 남부까지 알프스 전체를 여행하는 'GR5' 등 다양하다. 둘째, 10~20킬로미터 길이를 하루 만에 완주하는 짧은 산책 코스(PR)도 있다. 도시 외곽의 숲과 언덕, 국공립 공원 등 비교적 도시에서 가까운 지역을 중심으로 개발된 코스다. 나폴레옹 3세 때인 1853년부터 자연보호 구역으로 지정되어 천연의 학습장으로 손꼽히는 퐁텐블로 숲은 2만5천 헥타르의 방대한 넓이와 다양한 지질, 다양한 생태계 때문에 인기가 매우 높다. 셋째, 최근 대도시에도 도심형 산책 코스가 많이 개발되었다. 대도시에는 유명한 유적지와 건축물, 공원이 많기 때문에 파리, 마르세유, 투르, 릴, 스트라스부르 같은 도시에 코스가 개발되었다. 파리에는 180킬로미터의 코스가 있으며 40여 개의 클럽이 활동 중이다.

이렇게 랑도네 클럽이 활성화된 요인을 살펴보자. 우선 랑도네 협회가 그동안 프랑스 전역에 18만 킬로미터의 걷기 코스를 개발하면서 이정표와 방향 표지판을 곳곳에 설치하고, 책임자 6천 명을 교육시켰다. 또 작가 조르주 상드의 발자취를 따라가는 코스, 사과주와 칼바도스의 고장을 탐방하는 코스, 부엉이 생태를 탐사하는 야간 랑도네 코스 등 다양한 코스를 개발했다. 둘째, 참가자들에게 유용한 정보를 제공하는 가이드가 중요한 역할을 했다. 대부분 자원봉사자들이며 숲을 걷다가 새소리가 나거나 특이한 풀, 벌레가 나타나면 즉시 설명을 해준다. 셋째, 랑도네 협회는 코스별로 토포 가이드(Topo-Guide) 북을 만들어 제공해주고 있다. 해당 지역의 지도, 지형적 특성, 구간별 소요시간, 지역의 동식물, 대피소, 숙박시설, 볼거리, 주의사항 등 자세한 정보가 담겨 있다. 이 가이드북은 회원들이 직접 답사하여 만든 것으로 250여 종이나 되며 유료로 판매되고 있다.

우리나라의 옛길은 산에서는 산 아래에서 산 정상으로 오르내리는 등반길, 그리고 평지에서는 포장도로에 그 자리를 빼앗겨 자꾸 사라지고 있다. 사람이 다니지 않는 길에는 초목이 계속 우거져 결국 길은 사라지고 만다. 하지만 옛길에는 많은 이야기가 담겨 있고, 부담 없이 트레킹하기에 매우 좋다. 가파른 산을 오르는 등반은 약간 어렵고 위험한 데 반해 평지와 약간의 굴곡이 있는 길을 걷는 트레킹은 신체에 큰 부담이 없어 웰빙에 매우 좋다. 여성과 어린아이, 노인에게 특히 좋다. 최근 들어 우리나라에서도 지리산 옛길, 문경새재 옛길 등 곳곳에서 옛길 복원 작업이 이루어지고 있다고 한다. 프랑스 랑도네 클럽 같은 산책 모임이 만들어지는 것도 그리 멀지 않았다고 본다.

· 관련 키워드: 걷기운동, 트레킹, 웰빙, 내셔널트레일, 워킹트랙, 산티아고순례길, 제주올레
· 관련 도서: 『부담없이 긴 산책을 하는 랑도네 클럽』 (김민주, 이마스, 2008)
　　　　　　『제주걷기여행: 놀멍 쉬멍 걸으멍』 (서명숙, 북하우스 2008)

마이크로트렌드 Micro Trend

소수의 사람들에 의해 만들어져 소수의 사람들뿐만 아니라 사회 전체에도 영향을 미치는 유행

우리는 트렌드(Trend)에 항상 관심을 기울이며 산다. 애써 무시하고 싶지만 무시할 수 없는 것이 바로 트렌드이다. 어떤 트렌드는 거대한 노도와 같이 몰려와 영향을 주기도 하고, 어떤 트렌드는 무시해도 될 만큼 변화 없이 슬며시 지나가기도 한다.

보통 트렌드라고 통칭하지만 트렌드에도 여러 종류가 있다. 자연 생태계처럼 아주 긴 기간을 두고 변하는 것을 메타트렌드(Meta Trend), 20~30년을 주기로 커다란 사회문화적 변화를 일으키는 메가트렌드(Mega Trend), 사회 전반에 걸쳐 모든 사람들에게 영향을 미치는 것은 아니지만 일부 열정적인 사람들에게 큰 변화를 일으키는 것을 마이크로트렌드(Micro Trend)라고 한다. 또, 1년 정도밖에 지속되지는 않지만 선풍적인 인기를 끈 후 급속하게 사라지는 패드(Fad)도 있다. 작년에 큰 인기를 끌었던 크룩스(Crocs) 신발이 바로 그런 경우다. 어떤 트렌드가 몰려 왔을 때 그에 대한 반작용으로 일어나는 역트렌드(Counter Trend)도 있다. 정보통신 혁명으로 속도가 강조되는 트렌드가 왔을 때 오히려 천천히 가는 것을 강조한 슬로우, 슬로비 트렌드가 바

로 이에 해당된다. 이런 다양한 트렌드 중에서도 인터넷이 발달되고 전 세계에 정보가 빠르게 노출되는 사회에서는 마이크로트렌드가 주를 이루고 있다. 앞서 말한 대로 마이크로트렌드는 앨빈 토플러나 존 나이스비츠식의 메가트렌드와는 달리 다양화되고 있는 분파사회에서 상대적으로 우리 눈에 잘 띄지는 않지만 매우 빠른 속도로 부상하고 있는 열정적인 주체성 집단에 의해 만들어지고 퍼진다.

제 아무리 큰 트렌드라 하더라도 조그만 트렌드로부터 시작되기 마련이다. 그렇다고 해서 조그만 트렌드가 무조건 큰 트렌드가 되는 것은 아니다. 어떤 트렌드는 조그맣게 시작하여 일정 규모까지는 커지지만 대규모로 발전하지 않는 경우도 있다. 또 중소규모라 하더라도 사회 전체적으로는 막강한 영향을 미치기도 한다. 특히 정보와 무기로 무장한 개개인의 파워가 커짐에 따라 이런 현상은 더욱 두드러진다. 이슬람 테러리스트를 예로 들어보자. 이슬람 신도는 전 세계에 10억 명에 이른다. 물론 이슬람교인들이 모두 극단적 파괴주의자들은 아니지만 빈 라덴이 무슬림의 1퍼센트에 강력한 영향력을 발휘한다면 1,000만 명의 테러리스트가 생기게 된다. 또 빈 라덴이 미국 전체 인구인 3억 명의 0.1퍼센트를 설득할 수 있다면 이슬람교인은 아니지만 30만 명의 테러리스트를 만들 수도 있다. 9.11 테러에서 경험했듯이 소수의 테러리스트들이라도 엄청난 재앙을 일으킬 수 있다. 이제 군사 기술, 정보 기술을 갖추면 개인도 글래디에이터(Gladiator),

즉 검투사가 될 수 있다. 테러리스트라 하면 으레 저학력, 저소득, 부랑아를 연상한다. 이는 빈곤과 소외, 불만에서부터 테러가 발생할 것이라는 선입견 때문이다. 그러나 영국 도심에서 일어난 대규모 테러의 실제 테러리스트들은 영국의 부유한 가정에서 태어나 교육과정을 제대로 마친 이슬람 청년들이었다. 그동안 첩보기관이나 경찰들이 테러리스트를 잡는 데 실패를 거듭했던 이유도 예상하지 못한 사람들이 테러를 저질렀기 때문이다.

트렌드는 수시로 변하고, 밖으로 드러나지는 않지만 밑바닥부터 조금씩 변하는 경향을 가지고 있다. 따라서 마이크로트렌드를 잘 찾아내려면 면밀한 조사와 통찰력과 직관이 필요하다. 남보다 빨리 마이크로트렌드를 파악하는 능력이 있어야 이를 사업기회로 바꿀 수 있다.

마크 펜은 자신의 책 『마이크로트렌드』를 통해 마이크로트렌드 75가지를 제시했다. 종교 분야(온건파 무슬림, 히스패닉 개신교도, 유대인 선호족, 기독교 시온주의자), 아주 젊은 층(고등학생 사업가, 저격병 지망생, 뜨개질족, 대학중퇴자, 홈스쿨링, 자폐증 같은 경미 장애족), 웰빙 분야(태양혐오족, 난청족, 단시간 수면족, 왼손잡이, DIY 닥터족), 웰루킹 분야(상류층 문신족, 조그만 체구의 프티(Petite)족), 가족 분야(쿠거족, 늦깎이 게이족) 등 다양한 분야의 트렌드를 소개하고 있다. 또 국가별로 부부가 각각 다른 집에서 사는 영국의 LAT(Live Apart Together)족, 부모로부터 독립하지 않는 이탈리아의

157

맘모니스(Mammonis)족, 식사시간이 짧아지고 있는 프랑스의 금주주의족, 중국의 미술품선호족, 사티 전통을 거부하며 지위가 급상승하고 있는 인도의 여성층이 새롭게 떠오르고 있다고 전한다.

하지만 여기에서 제시한 마이크로트렌드를 우리나라에 그대로 적용하기에는 무리가 있다. 예를 들면 미국에서는 아시아와 중남미로부터 유입된 이민족이 늘어나면서 체구가 작은 사람들을 위한 프티족이 점차 중요해지고 있지만, 우리나라에서는 오히려 체구가 큰 그란데(Grande) 혹은 벤티(Venti)족이 중요해지고 있다. 또 우리나라 교육, 특히 영어교육의 문제점에 실망하고 글로벌 마인드와 실력을 쌓기 위해 자식들을 외국에 보내는 기러기아빠족은 우리나라에서만 볼 수 있는 중요한 마이크로트렌드이다.

· 관련 키워드: 메가트렌드, 메타트렌드, 패드, 역트렌드
· 관련 도서: 『마이크로트렌드 : 세상의 룰을 바꾸는 특별한 1%의 법칙』(마크 펜 · 킨니 잘레스니, 해냄, 2007)

2
0
0
9
트렌드 키워드

158

메세나 Mecenat*

기업이 예술단체나 예술인을 후원하는 행위

우리는 각종 미디어를 통해 메세나라는 말에 익숙해 있다. 메세나는 기업이 예술단체나 예술인을 후원하는 행위를 말한다. 이의 대표적인 예가 16세기 이탈리아 르네상스 시대의 메디치 가문이다. 메세나라는 말은 로마시대의 시성이었던 베르길리우스, 호라티우스를 재정적으로 지원해 주었던 재상 가이우스 클리니우스 마에케나스(Gaius Clinius Maecenas)라는 실존 인물의 이름에서 유래되었다. 마에케나스의 이름이 프랑스로 넘어가 메세나로 바뀌어 '예술, 문화에 대한 두터운 보호와 지원'을 의미하게 되었으며, 요즈음 우리가 알고 있는 개념으로 정착되었다.

그런데 이러한 메세나의 의미가 최근 들어와 급속하게 확장되고 있다. 기업이 반대급부 없이 사회공헌 차원에서 후원하는 행위가 기업 이미지를 제고하고 마케팅 효과를 극대화하기 위한 마케팅 행위로 변하고 있는 것이다. 이 변화는 치열해진 시장 경쟁이 일으켰다. 기업들의 경쟁이 예전보다 치열해지면서 메세나가 단순한 기업 이윤의 사회환원을 넘어 기업, 브랜드의 이미지 제고를 위한 마케팅 전략

159

으로 바뀐 것이다. 이와 동시에 일시적인 후원도 체계적, 계획적으로 변화하였다. 메세나는 아직 초기 단계이지만 기업조직문화를 업그레이드 하고 조직 내 갈등을 해소하고 조직원의 창의력을 개발하는 수단으로도 발전하고 있다. 조직문화 향상은 기업의 임직원들을 대상으로 하기 때문에 메세나로 부르기에는 좀 어색할 수 있다. 하지만 조직원도 내부고객이고 이들 조직원의 가족들을 대상으로 한 문화예술 공연은 넓은 의미의 메세나로 봐도 큰 무리는 없다.

기업의 문화예술 지원은 원래 박애주의에 입각하여 순수한 자선 또는 기부 개념으로 운영되어 왔다. 그래서 기부하는 사람이나 기업들이 특수한 관계에 있는 사람의 요청을 받고 갑자기 지원을 해준다거나 기업 회장의 사모님이 주로 기부를 주관하였다. 그래서 기업 회장 부인이 여기저기 온갖 형식적인 자선 행사에 얼굴을 내밀며 돈봉투를 기부하는 과시행위를 '회장 사모님 신드롬(Chairman's Wife Syndrome)'이라는 말로 비꼬기도 한다. 일반인들이 비꼬기는 해도 회장 사모님의 기부는 당연히 없는 것보다는 훨씬 나았다.

기업 입장에서 보더라도 여러 단체에 광범위하게 조금씩 기부하는 것보다는 선택과 집중 전략을 구사하여 몇 군데에만 집중적으로 기부하는 것이 효과가 크다는 것을 알게 되었다. 그래서 각 문화예술단체에 단기적으로 적은 금액을 여러 군데에 지원하는 스폰서십이 아니라 오랜 기간 동안 많은 금액을 한 군데에 집중적으로 지원하는 투자 개념의 파트너십으로 메세나 트렌드가 점차 이동하고 있다.

　최근 들어와 문화예술은 소비자를 대상으로 한 마케팅 도구로 활용되는 단계를 넘어서 또 하나의 중요한 내부고객인 임직원들을 대상으로 인적관리의 도구와 조직문화를 활성화하기 위한 경영 도구로 점차 활용되고 있다. 기업 임직원들이 연극을 관람하는 것은 물론 연극에 직접 참여함으로써 조직 내 갈등 해소와 관계 강화에 활용하고 있고, 임직원의 커뮤니케이션 능력 강화에도 활용하고 있는 것이다.

　유니레버 계열사인 레버 브러더스와 엘리다 파베르제는 합병했지만 두 조직 간의 이질감을 극복하기가 쉽지 않았다. 여러 융화 방법을 시도해도 매번 실패하기 일쑤였다. 그래서 이 회사는 카탈리스트 (Catalyst) 프로그램을 도입하여 운영하였다. 카탈리스트란 두 물질의 결합을 도와주는 촉매로서 자신은 변하지 않는 특성을 지니고 있다. 회사는 직원들의 정서적 이질감을 해소하기 위해 연극인의 지도와 조언을 받아 상황극을 연출하였다. 그리고 외부의 전문가를 정식 직원인 카탈리스트 예술감독으로 임명하여 프로그램 운영에 전념할 수 있는 여건을 마련해 주었다. 시인, 작가들의 지도를 통해 작문능력을 개발하고 연극배우로부터 대화 기술, 발표 능력, 고객과의 커뮤니케이션 능력, 프레젠테이션 테크닉을 전수받을 수 있었다. 이러한 노력의 일환으로 사내에 미술, 사진작품들도 전시하여 일상 속에서 예술과 문화를 즐기는 풍요로운 기업 분위기가 조성되었다. 결국 카탈리스트 프로그램은 직원들의 적극적이고 자발적인 참여로 큰 호응을 얻었고, 유니레버 그룹의 다른 계열사로도 전파되기에 이르렀다.

물량과 품질의 시대에서 품격의 시대로 점차 옮겨감에 따라, 기업은 문화예술의 가치를 더욱 크게 느끼고 있다. 문화예술 활용 정도에 있어서도 기업은 사회공헌 차원에서만 문화예술을 후원하는 것이 아니라 마케팅과 조직문화 차원에서도 문화예술을 적극 활용하고 있다.

기업은 그 어느 때보다도 문화예술을 필요로 하고 있다. 최근 들어 기업들이 가장 갈구하는 상상력과 창의력은 바로 문화예술의 최강점이다. 문화예술단체의 폭넓은 연기 경험은 기업에게 컨설팅을 해주는 기능을 할 수도 있다. 이처럼 기업과 문화예술단체 간의 시너지가 최대로 발휘될 수 있는 절호의 기회를 놓쳐서는 안 된다. 이처럼 메세나는 기업에서 문화예술단체로 단방향으로 흐르기보다는 쌍방향으로 이루어지는 것이 바람직하다.

· 관련 키워드: 사회공헌, 문화마케팅, 카탈리스트, 스토리텔링, 컬덕
· 관련 도서: 『컬덕 시대의 문화마케팅』(김민주 외, 미래의창, 2005)
　　　　　　『창조경영 시대의 문화마케팅』(한국메세나협의회, 2006)
　　　　　　『예술을 통한 창조경영』(한국메세나협의회, 2007)
　　　　　　『문화기업의 비밀: 컬처노믹스 시대의 문화마케팅』(남정숙 · 김민주 · 김소영 · 이병권, 한국메세나협의회, 2008)

몰링 Malling [*]

쇼핑은 물론 식사, 게임, 오락, 산책 등 쇼핑몰에서 할 수 있는 모든 활동

"쇼핑(Shopping)하게 하지 말고 몰링(Malling)하게 하라." 이게 무슨 말일까? 이 말은 미국이나 유럽의 대형 복합쇼핑몰들이 강조하는 마케팅의 중요 명제이다.

기존에는 소비자들이 백화점, 할인점을 중심으로 쇼핑을 했었다. 이제는 편의성과 즐거움을 주는 감각적인 체험을 중심으로 한 대형 복합쇼핑몰이 등장하면서 새로운 소비자 형태가 만들어졌다. 이제 소비자들은 사고 싶은 물건만 사러 가는 쇼핑 차원을 넘어서 대형복합쇼핑몰에서 쇼핑은 물론, 미팅, 식사, 게임, 오락, 산책 등 다양한 행위를 즐긴다. 이러한 것을 몰링이라고 부르고, 이렇게 몰링을 하는 소비자들을 몰고어(Mall-Goer)족이라고 부른다.

이러한 몰링은 초대형 복합쇼핑몰이 많이 있는 미국을 비롯하여 전 세계적인 추세를 타고 있다. 미국 미네소타의 몰오브아메리카, 플로리다 올랜도의 밀레니아 몰, 일본 요코하마의 라라포트, 후쿠오카의 커낼시티, 홍콩의 하버시티가 대표적인 경우다. 한국에는 삼성동 코엑스몰, 용산 아이파크몰, 경기도 일산 라페스타가 있다. 현재 건설

중이거나 건설 예정인 몰도 많이 있다.

왜 이렇게 몰이 많이 만들어지고 있고, 사람들이 자꾸 몰리고 있을까? 우선 몰이라는 공간에 들어오면 여러 가지 일들을 한꺼번에 할 수 있는 편의성이 있다. 믿을 수 있는 상점들이 입점해 있고 공간 디자인이 잘 되어 있어서 방문객에게 쾌적함을 준다. 게다가 백화점에 들어와 체류하는 시간은 1~2시간 정도면 많은 편이지만 몰에서의 체류 시간은 일반적으로 4시간이나 된다. 따라서 오랫동안 머물러 있는 고객들을 잡기 위해 좋은 업체들이 몰에 더욱 몰려든다. 업체와 고객들의 선순환이 일어나고 있는 것이다.

이처럼 몰고어족이 늘어남에 따라 어느새 다시 세분화되고 있다. 우선, 몰랫(Mall Rat)은 보통 10대와 20대의 남자로서 미로와 같이 얽혀 있는 몰을 마치 생쥐처럼 이곳저곳 돌아다니는 부류를 말한다. 젊은 여성에 국한된 몰리(Mallie)는 쇼핑과 함께 몰 안에 있는 영화관과 카페는 물론 이벤트들을 이용하는 부류를 의미한다. 마지막으로 몰 워커(Mall Walker)는 운동 삼아 몰을 둘러보는 부류를 말한다.

최근 들어서는 몰이 실내에만 만들어지는 것이 아니라 교외의 넓은 부지에 야외형으로도 만들어지고 있다. 프리미엄아울렛이 바로 그런 형태이다. 짧게는 몇 달에서 길게는 1~2년 지난 이월상품을 최대 60퍼센트까지 싸게 파는 곳이 연달아 생기면서 시내의 실내 복합몰에서 벗어나고 싶은 고객들을 끌어들이고 있다. 미국에서는 아울렛 업체인 첼시가 이런 프리미엄아울렛을 미국 전역에 51개나 보유하고 있다. 첼시는 우리나라에서도 신세계와 합작하여 경기도 여주에 '신세계첼시 프리미엄아울렛'을 개장했다.

유통업태는 끊임없이 진화하고 발전하고 있다. 백화점, 할인점, 쇼핑센터, 슈퍼마켓, 하이퍼마켓, 편의점, 아울렛에 이어 이제는 몰이 등장했다.

· 관련 키워드: 아울렛, 프리미엄아울렛, 몰고어, 몰랫, 몰리, 몰워커, 복합쇼핑몰
· 관련 도서: 『몰링의 유혹』(파코 언더힐, 미래의창, 2008)

수목장[*]

장례법의 하나로, 화장한 유골을 나무 밑에 묻는 방식

버트 랭카스터가 할아버지로 나오는 영화 〈바이킹〉을 보면 바이킹족들의 과거 장례방식이 나온다. 깊이 있는 배에 시신을 실어 바다로 보낸 다음, 육지에서 불화살을 날려 배를 태우면서 바다에 가라앉게 하는 것이다. 이를 선장(船葬)이라고 하는데 남태평양 폴리네시아 섬에서 행해지던 장례 방법이다. 평소 바다를 항상 접하고 있기 때문에 이런 장례 방법이 보급되었을 것이다.

세상에는 다양한 장례 방법이 있다. 앞서 말한 선장(船葬)을 비롯하여 매장(埋葬), 화장(火葬), 수장(水葬), 조장(鳥葬), 풍장(風葬), 유기장(遺棄葬), 미라장(葬), 엠바밍(Embalming)장, 지하동굴장(地下洞穴葬), 세골장(洗骨葬), 실내안치장(室內安置葬) 등이 있다. 과학기술의 발달로 우주장, 냉동장도 등장했다.

현재 지구는 인구가 늘어나고 토지가 부족하여 토지 가격이 치솟고 이에 따라 매장 비용이 자꾸 늘어나고 있다. 과연 어떤 방법이 가장 바람직한 장법일까?

우리나라에서는 그동안 시신이나 시신을 관에 넣어 땅에 묻는 매장 방법이 가장 일반적이었다. 이 방법은 과거에는 비용이 그리 들지 않는 방법이었지만 땅이 제한되어 있고 인구가 많아짐에 따라 땅값이 올라가면서 고비용의 장법이 되어버렸다. 서울 면적의 1.6배에 해당되는 전 국토의 1퍼센트(998㎢)가 묘지로 사용되고 있는 현실이다. 그리고 매년 여의도 면적에 해당되는 임야가 묘지로 바뀌고 있다. 이러한 비효율적인 장묘문화를 화장 방식으로 바꾸기 위해 정부는 장묘법을 개정하는 등 많은 노력을 했고 일반인의 인식도 크게 바뀌어 화장 방식이 크게 보급되었다. 그리하여 화장률이 1998년에는 27.5퍼센트였는데 2005년에는 52.3퍼센트로 크게 늘었고, 2010년에는 70퍼센트도 넘어설 것으로 전망되고 있다.

화장한 유골은 납골당이나 가족봉안묘에 모시고 있다. 화장한 유골을 강이나 산, 바다 등에 뿌리는 산골장(散骨葬) 방식도 있으나 환경오염을 이유로 이 방식은 현재 법적으로 금지되고 있다. 그래서 최근 들어서는 화장한 유골을 나무 밑에 묻는 수목장(樹木葬) 방식이 조금씩 확대되고 있다. 수목장은 추모수 아래에서 고인의 명복을 비는 제를 올리는 것으로 시작하여 한지로 정성껏 싼 골분을 나무 아래 묻고, 유족들이 번갈아 흙을 덮으며 예를 올리는 방식으로 진행된다. 산골장이나 수목장 같은 자연장(自然葬)은 자연의 일부였던 인간이 자연으로 회귀하고 또 자연과 상생하는 장례문화라 할 수 있다.

수목장은 나라마다 형태가 다르다. 스위스나 독일에서는 자연 그대로의 산림에서 수목장을 하지만 영국이나 일본에서는 주로 공원묘지에서 한다. 반면 가톨릭 전통이 강한 프랑스에서는 매장 위주의 장묘문화가 발달해 수목장이 별로 보급되지 못하고 있다. 매장법 또한 다르다. 스위스에서는 유골을 직접 땅에 묻지만 독일에서는 반드시 분해성 유골함을 사용해야 한다. 우리나라에서는 수목장의 본격 보급을 위해 현재 입법예고가 되어 있는 상황이다.

한 개인에 있어서 웰빙의 마지막 단계는 웰다잉(Well-Dying)이다. 죽은 다음에도 동시대 사람과 지구 환경에 폐해를 끼치지 않는 친환경적 방식인 수목장 방식에 대한 관심이 높아지는 이유이다.

· 관련 키워드: 웰다잉, 화장, 장례, 장묘법
· 관련 도서: 「친환경적인 장묘 문화 수목장」(김민주, 이마스, 2006)

슬로비 | Slobbie *

천천히, 그러나 더 훌륭하게 일하며 사는 사람(Slow but better working people)을 지칭하는 말

슬로비란 '천천히, 그러나 더 훌륭하게 일하며 사는 사람(Slow but better working people)'을 말한다. 즉, 이들은 빠른 속도로 움직이는 복잡한 사회에서 연봉이 더 높은 회사로 수시로 옮기고 일확천금을 찾아 바쁘게 사는 것만이 능사가 아니라 마음의 여유를 중시해야만 행복한 삶을 누릴 수 있다고 생각한다. 따라서, 이들은 주로 자신의 현재 직장에 충실하면서도 가족중심적이며 편안하고 느긋한 생활을 추구한다.

슬로비족은 세파에 휩쓸리지 않고 마이페이스(my pace)를 지키려고 노력한다. 직장에 성실하게 다니면서 휴일에는 여행을 가거나 영화를 보면서 문화생활을 누리고, 하루에 2시간 이상은 가정생활에 투자한다. 소비나 저축은 보수적으로 하며, 걷기 운동을 즐기고 패스트푸드가 아닌 슬로푸드를 즐긴다. 물질보다는 마음을, 출세보다는 가정과 건강을 중시하는 것이다. 이들은 스스로 아이들러(idler, 게으름뱅이)라고 부르기도 하지만, 여유와 게으름을 추구한다고 해서 능력 없는 사람은 아니다. 오히려 예술가, 고학력 지식인 등 지식인 사회에서 그리고

연령별로는 중장년층에서 슬로비 라이프스타일이 각광 받고 있다.

1990년 오스트리아의 클라겐푸르트에서 페터 하인텔이 '시간 늦추기회'라는 모임을 창설한 이후 슬로비 개념은 세계 여러 나라로 꾸준히 확산되었다. 최근에는 건강과 지속가능을 중시하는 라이프스타일인 로하스(LOHAS)족으로 개념이 발전되었다.

1986년 이탈리아 로마의 스페인 광장에 미국 패스트푸드의 대표격인 맥도날드가 들어섰을 때, 문화 자긍심이 대단했던 이탈리아인들은 큰 충격에 빠질 수밖에 없었다. 그래서 지역의 전통 음식을 사수하려는 모임이 곳곳에서 생겨나기 시작했다. 이탈리아 북서부 피에몬테 주 브라(Bra) 출신으로 음식과 와인 관련 저널리스트인 카를로 페트리니를 비롯한 62명이 지역의 전통 음식을 사수하기 위해 슬로푸드 운동을 전개하기 시작했다. 1989년 파리에서는 15개국 사람들이 모여 '슬로푸드 선언'을 채택하면서 슬로푸드 인터내셔널 운동으로 발전하였다.

슬로푸드 운동의 확산으로 다시 이탈리아에서는 슬로시티(Slow City) 운동이 일어났다. 토스카나 지방의 소도시 그레베시의 파울로 사투르니니 시장이 2000년 슬로시티 운동을 선언한 이후, 이제 33개의 도시가 이 운동에 참여해 지역의 특산품과 관광을 육성하고 있으며 이는 지역의 경제를 되살리고 있다.

국내에서도 슬로비족이 점차 늘어나고 있다. 디지털 경제와 구조

조정, 벤처 열풍 속에서 과중한 업무와 스트레스로 피로를 느끼는 사람들이 늘어났기 때문이다. 역설적이지만, 앞으로 사회가 복잡다단해지고 스피드 경쟁이 치열해질수록 슬로비족은 더욱 확산될 것으로 보인다. 사람들과의 관계, 자아탐구, 여가, 건강, 가족간의 유대 등 본질적인 가치를 중시하는 라이프스타일로 회귀할 가능성이 높기 때문이다.

· 관련 키워드: 슬로푸드, 슬로시티, 아이들러
· 관련 도서: 『슬로 라이프』(쓰지 신이치, 디자인하우스, 2005)
　　　　　　『슬로푸드』(카를로 페트리니, 나무심는사람, 2003)

에코 투어리즘 Eco-Tourism

자연환경을 해치지 않고, 훼손된 자연을 복구시키며, 자연으로부터 배우는 생태관광

전 세계적으로 관광산업은 매우 유망한 성장 산업 중의 하나이다. 글로벌화가 가속화되고 일인당 국민소득이 상승함에 따라 여러 나라의 사람들이 비즈니스 목적 혹은 관광 목적으로 이동을 많이 하기 때문이다. 더구나 항공사들의 경쟁 심화로 비행기운임이 떨어지는 것도 여행 수요를 늘리는 요인으로 작용한다. 최근 기름 가격 상승으로 비행기운임이 상승했지만 관광여행 수요를 꺾을 정도는 아니다. 문제는 관광여행이 활성화되면서 지구 생태가 덩달아 망가진다는 사실이다. 더 많은 비행기와 자동차와 크루즈가 하늘과 땅과 바다를 다니면서 이산화탄소를 배출하고 공기를 오염시키고 기름을 흘리고 다닌다. 물론 늘어난 쓰레기로 자연 오염 지역도 늘어난다. 그래서 어떤 국립공원이나 습지 지역은 관광객이 지나치게 몰려드는 것을 막기 위해 관광객 숫자를 제한하기도 한다.

그런데 요즘 멀리 히말라야로 하이킹을 가는 사람들이 늘고 있다. 등반과 트레킹 자체를 즐기기 위해 가는 것이 아니라 쓰레기를 줍기 위해 가는 자발적 책임여행주의자들이다. 여행도 좋지만 이에 따른

환경 부담을 줄여야 오랜 동안 여행이 가능해진다. 사람들은 왜 생태 여행을 하려는 것일까. 첫째, 좋은 환경에서 맑은 공기를 마시며 심신을 단련할 수 있다. 둘째, 단순히 자연을 즐기기 위한 목적보다는 자연에 대해 좀 더 알고 환경의 중요성을 체험함으로써 자신은 물론 자녀들을 위한 교육적 효과를 얻을 수 있다. 셋째, 자연의 소비자라기보다는 자연을 보호하는 일에 직접 참여함으로써 자회봉사와 자아실현을 꾀할 수 있다.

생태여행의 몇 가지 예를 들어보자. 피스앤그린보트(Peace and Green Boat)는 일본의 비영리단체(NPO)인 피스보트와 한국의 환경재단이 매년 공동 주최하는 아시아 교류 프로그램이다. 2005년부터 시작된 이 프로그램은 한국과 일본의 시민, 각계 인사들이 2주간 배를 타고 아시아의 역사, 사회, 경제, 환경 문제의 주요 지역을 함께 돌아보며 열린 시민사회의 시각으로 바라보고 현지인들과 함께 대안을 찾으려 노력한다. 2005년부터 2014년까지 10회에 걸쳐 배를 띄우기로 되어 있다. 배 안에서는 유명 강사들이 강의를 하며 탑승자는 자신의 분야를 테마로 정해 강의도 하고, 토론을 주최할 수도 있다. 물론 다양한 이벤트, 파티가 수시로 벌어지며 탑승객들이 서로 교류할 수 있는 기회가 매우 많다.

중남미의 코스타리카에서는 생태체험 여행이 활성화되어 있다. 코스타리카는 숙박시설로 인한 환경오염을 최소화하기 위해서 해당지역에서 나오는 짚으로 만든 소규모 시설을 이용하도록 하고 있다. 또한 생태관광을 통해 방문자뿐 아니라 지역주민들에게 환경 의식을 전파하는 데 힘쓰며 관광산업을 통한 수입이 지역주민에게 직접 돌아가도록 하고 있다. 지역 고유의 전통문화를 잃지 않도록 하기 위해 지역민들의 명절과 휴일을 지킬 수 있게 배려도 하고 있다. 이러한 노력의 결과, 생태관광산업이 시작된 1990년 중반 이후 산림 벌채가 많이 사라졌으며 숲의 파괴도 줄어들었다. 생태관광 활성화를 통해서 정부와 지역주민, 관광객 모두가 윈-윈하면서도 자연 환경은 그대로 보전되는 최상의 결과를 얻고 있다.

어떤 형태가 되었든 여행을 하는 것은 좋다. 하지만 여행을 하면서 생태를 망가뜨리는 행위는 반드시 삼가야 할 것이다. 그리고 여행을 통해 해당 지역 거주민의 생계와 발전에 도움을 주면 더욱 좋을 것이다. 환경과 사회에 기여하는 행위가 바로 현대 소비자의 덕목이기 때문이다.

· 관련 키워드: 피스앤그린보트, 에코 투어, 생태체험, 환경보호
· 관련 도서: 「책임이 동반된 에코투어리즘」(김민주·권지혜, 이마스, 2008)

유기농산물 *

화학비료, 농약, 성장촉진제 등 합성화학 물질을 일체 사용하지 않고 유기물, 미생물만을 사용해 재배한 식품

최근 들어 웰빙과 로하스(LOHAS)가 붐을 타면서 건강에 좋은 친환경 농산물에 대한 관심이 커지고 있다. 친환경농산물은 유기농산물, 전환기유기농산물, 무농약농산물, 저농약농산물의 네 가지로 구성되어 있다. 그 중 유기농산물은 친환경농산물 중에서도 가장 엄격한 기준 아래 재배되는 농작물이다. 유기농(Organic)이란 화학비료, 농약, 성장촉진제 등 합성화학 물질을 일체 사용하지 않고 유기물, 미생물만을 사용해 재배한 식품을 말한다. 농사지을 때 유기농 방식을 채택하면 생산량은 일단 줄어들지만 소비자의 건강에 좋은 농산물이 생산되고, 농사 과정에서 농약에 덜 노출되므로 농사짓는 사람들의 건강도 좋아진다. 그리고 토지가 화학물질에 덜 노출되므로 토지의 생산성이 오래 지속되는 효과를 얻을 수 있다.

미국에서 유기농 식품 매장으로 가장 유명한 곳은 홀푸드마켓이다. 채식주의자였던 존 맥키(John Mackey)가 1980년 텍사스 오스틴의 한 차고에서 매장을 오픈한 이후 폭발적인 매출 성장을 이루었다. 2006년에는 전 세계 186개 매장에서 56억 달러의 매출을 올리고 있어

세계에서 가장 큰 자연식품 체인으로 자리 잡았다. 홀푸드마켓에서는 자연재료, 유기농 재료로 만들어진 식품만 판매한다. 방부제나 MSG 등의 화학재료가 들어 있는 제품은 전혀 없다. 판매하는 고기 중에도 성장촉진제를 먹인 것은 있을 수 없고 농산품은 농약을 쓰지 않은 제품들이다. 그러면서도 다양한 상품 군을 보유하여 소비자를 위한 선택의 폭을 넓혔다. 시애틀 홀푸드마켓에는 뷔페 식당도 있어서 유기농 식품을 얼마든지 골라 먹을 수 있도록 제공한다. 가격은 비교적 높지만 점심시간이 되면 인근 사무실 직원들이 몰려들어 줄이 길게 늘어설 정도다.

미국에서 많은 인기를 끌고 있는 유기농 매장으로 트레이더조(Trader Joe's)가 있다. 홀푸드마켓에 비하면 매장 크기가 작지만 매우 청결한 매장 분위기와 사용하기 쉽게 잘 다듬어진 식품 패키지 때문에 소비자들의 만족도가 매우 높다. 또 트레이더조는 매장내 상품군이 비교적 적지만 몸에 좋은 유기농 식품, 특히 자체 PB 상품을 팔기 때문에 소비자들의 신뢰도가 매우 높다. 그래서 충성고객들에게 컬트 스토어(cult store) 브랜드 이미지를 가지고 있다. 독일의 유통 거물인 알브레히트(Albrecht) 형제가 소유하고 있는 트레이더조는 친환경 유기농 식품을 판매한다는 홀푸드마켓과 같지만 매장 운영과 마케팅 방식에서는 상당한 차이를 보이며 치열하게 경쟁하고 있다.

영국의 유통업체인 막스앤스펜서는 로하스 경영을 오랫동안 해온 기업으로 유명하다. 막스앤스펜서는 100퍼센트 유기농면을 제공하고 매장 내 190개 카페에서는 원두커피 재배자에게 공정한 임금을 주고 재배한 공정무역(Fair Trade) 커피를 제공한다. 또 판매하는 모든 달걀은 방목(Free Range)해서 키운 닭이 낳은 것이고, 살충제는 아예 판매하지 않는다. 또 유전자조작 식품은 판매하지 않고 첨가제(Additive)가 없는 식품만 판매한다. 그리고 무주택자, 장애우, 장기실업자를 위해 일자리를 창출해주고 있다.

웰빙과 로하스 트렌드의 가속화로 국내 친환경농산물 시장도 최근 급성장하고 있다. 2000년 1,500억 원 규모였던 것이 2005년 7,600억 원으로 늘어났으며, 향후 2010년에는 1조 8,000억 원 규모가 될 것으로 전망하고 있다. 출하량으로 보면 2000년 3만 5,460톤에서 2005년 79만 7,000톤으로 늘어나 연평균 86.3퍼센트의 성장률을 보였다.

친환경농산물을 판매하는 매장 수도 크게 늘어 2000년에는 352개에 머물렀으나 2005년에는 1,266개로 급증했다. 백화점으로는 롯데백화점이 유기농전문 편집매장으로 푸룸, 현대백화점이 유기농하우스와 그린위드, 갤러리아백화점이 후레쉬 그루메라는 자체 브랜드를 가지고 있다. 할인점으로는 이마트가 이후레쉬, 삼성홈플러스가 웰빙플러스, 롯데마트가 자연애찬, 하나로클럽이 아침마루 브랜드로 판매하고 있다. 친환경전문점도 그 사이에 크게 늘었다. 한살림과 에코생협, 초록마을, 올가홀푸드, 구텐모르겐, 허클베리팜스, 디어라이프, 녹색가게 신시, 오푸드 등 다양하다. 최근에는 카페데베르(Cafe des Verts)처럼 유기농 커피만 전문적으로 파는 카페도 생겼다.

　앞으로 유기농산물 인증에 대한 소비자의 신뢰도가 높아지면 우리나라 유기농 시장은 더욱 커질 전망이다. 더구나 먼 외국에서 식품을 들여올 경우 방부제를 사용하지 않을 수 없기 때문에 값싼 외국 식품으로부터 국내 식품 산업을 지켜내려면 더 많은 농가들이 유기농으로 옮겨가는 것이 불가피하다.

· 관련 키워드: 로컬 푸드, 웰빙, 로하스, 홀푸드마켓, 막스앤스펜서, 친환경농산물
· 관련 도서: 『로하스경제학』(김민주, 미래의창, 2006)
　　　　　　 『로컬푸드』(브라이언 핼웨일, 시울, 2006)

유니버설 디자인 Universal Design *

젊고 건강한 사람뿐 아니라 아이, 노인, 장애인도 쉽게 사용할 수 있는 상품 디자인

유니버설 디자인이란 젊고 건강하고 판단력 있는 사람뿐 아니라 어린, 노인, 장애인도 쉽게 사용할 수 있는 상품 디자인을 말한다. 즉, 모두를 위한 디자인(Design for All)이다. 최근 디자인 업계에서 뜨는 트렌드 이슈이지만 실제로는 1960년대 후반부터 시작되었다고 할 수 있다. 당시 베트남 전쟁으로 부상자들이 많이 생겼으며 이들을 위한 편리한 디자인이 필요했다. 또 북유럽에서는 고령화가 진행되면서 고령자들이 스스로 생활할 수 있도록 도와주는 디자인이 필요하게 되었다. 다시 말해 사회적으로 소외계층에 속하는 장애인, 고령자가 일상생활을 자유롭게 하기 위한 디자인, 배리어 프리(Barrier Free) 개념이 유니버설 디자인의 원류이다.

일본의 가전업체인 마쓰시타는 2003년 9월에 유니버설 디자인 규정을 제정하고 이를 강조하고 있다. 2005년 출시된 유니버설 디자인 세탁기를 보면 세탁물을 투입하는 앞면이 30도 기울어져 있어 허리를 구부리지 않아도 된다. 또 보통 세탁기를 후미진 곳에 두기 때문에 어두운 드럼 안을 잘 볼 수 있도록 조명을 설치하였다. 마쓰시타 전기의

유니버설 디자인 기본 방침은 쉬운 조작 방법, 쉬운 사용 설명 표시, 제품 작동의 편안함이다. 또한 이동이 편리해야 하고, 안심하고 사용할 수 있어야 하며, 제품의 사용이 환경에 부담을 주지 않아야 한다.

도요타 자동차는 장애인이 운전석에 휠체어를 탄 채 차에 올라 운전할 수 있도록 디자인한 자동차를 출시했다. 산토리, 이토엔 등 식음료업체도 손으로 잡는 부분을 오목하게 만들어 음료를 따를 때 손에서 미끄러지지 않는 페트병을 도입했다. 도시바는 근력이 약한 어린이와 노인들이 냉장고 문을 열기가 힘든 점을 보완하기 위해 버튼만 누르면 문이 자동으로 열리는 냉장고를 만들었다. 또 냉장고 문을 닫을 때도 살짝 밀기만 하면 냉장고 내부에 설치된 자석이 문을 잡아당겨 쉽게 닫히게 했다. 이처럼 일본 기업들이 유니버설 디자인을 매우 중시하는 이유는 인구의 고령화가 이미 정착되었기 때문이다.

국내에서도 신한은행이 터치스크린 조작, 점자 지원, 음성안내 지원, 기계 높이 하향조절 등의 기능을 갖춘 유니버설 디자인의 ATM을 설치했다. 우리나라 인구도 고령화가 매우 빠른 속도로 진행되고 있기 때문에 기업들은 유니버설 디자인에 역점을 두어야 할 것이다.

· 관련 키워드: 고령화, 배리어 프리, 마쓰시타, 도요타 자동차
· 관련 도서: 『유니버설 디자인 연구: 디자인의 사용성과 접근성 향상을 위하여』(유니버설 디자인연구회, 세종출판사, 2006)

의료관광 Medical Tourism

자국을 방문하는 외국인들이 의료서비스와 관광을 함께 병행하는 것

최근 들어 신성장 동력산업, 미래산업, 블루오션 사업, 신(新)부가가치 산업에 대한 관심이 크다. 이 중 관광산업은 성장성이 높은 매력적인 산업이다. 특히 외국인을 불러들이는 인바운드(Inbound) 관광은 외화를 벌 수 있을 뿐 아니라 자국을 외국에 알려 국가 이미지를 높이는 데에도 효과적이다. 이런 인바운드 관광으로는 문화유적, 환경, 컨벤션, 쇼핑, 음식, 영화 등 다양한 테마 관광이 있는데 최근 들어 전 세계적으로 크게 부상하고 있는 것이 의료관광이다.

의료관광이란 의료서비스를 받기 위해 외국을 찾은 외국인들이 관광을 함께 병행하는 것을 말한다. 의료관광이 잘 이루어지려면 상대적으로 저렴한 가격에 수술과 의료서비스도 뛰어나야 하지만 휴양, 레저, 문화 등 관광 서비스도 잘 발달되어야 한다. 임플란트 치과를 테마로 한 의료관광이 유명한 헝가리의 소프론은 오스트리아와 접하고 있어 접근성도 뛰어나고 치과서비스가 저렴할 뿐 아니라 관광지가 많아 서유럽인들에게 큰 인기를 끌고 있다. 인구가 5만5천 명인 이 도시에는 치과의사가 4천 명이나 되어 전체 인구의 8퍼센트를 차지하고 있다.

2008년 7월 현대경제원구원의 자료에 따르면 세계 주요 20개국의 순수 의료관광(외래, 응급환자 제외)은 연간 6만5천 명에서 8만 명으로 추정되고 있다. 아시아의 의료관광산업만 보면, 북미(45퍼센트), 유럽(39퍼센트), 아프리카(95퍼센트), 오세아니아(99퍼센트), 아시아 내부(93퍼센트)에서 의료관광객이 오고 있어 아시아 지역이 세계 의료관광의 허브인 것으로 나타났다.

태국은 2005년에 8억9천만 달러, 인도는 2004년 3억3천만 달러의 외화수입을 올렸다. 인도는 오는 2012년에 의료관광을 통해 20억 달러를 벌 수 있을 것으로 전망하고 있다. 병원으로는 태국의 범룽랏 병원, 싱가포르의 파크웨이 그룹(Parkway Group)의 마운트 엘리자베스 병원(Mount Elizabeth Hospital), 인도의 워크하르트(Wockhardt) 병원이 유명하다.

전 세계적으로 진행되고 있는 글로벌 추세에 따라 앞으로 의료관광은 크게 각광을 받을 것이다. 우리나라의 여러 병원에서도 성형수술, 피부관리, 척추수술 등 여러 의료서비스를 외국인에게 제공하고 있지만 아직 부족한 면이 많다. 의료관광으로 외화를 많이 벌어들이려면 의료기관의 의료 수준 외에도 직원들의 영어 실력, 청결 의식, 고객케어 서비스 등 여러 분야에서 개선이 필요하다.

· 관련 키워드: 메디컬 투어리즘, 범룽랏 병원, 파크웨이 그룹, 워크하르트
· 관련 도서: 「의료 관광 전성시대」(이은애, 이마스, 2008)

▌건담30주년

건담은 1979년 일본에서 처음 방영된 애니메이션으로 현재까지 수없이 많은 마니아를 거느리고 있는 일본의 대표적인 문화상품이다. 건담의 아버지인 총감독 토미노 요시유키는 전통적인 선과 악의 이분법적 구분을 깨고 현실적인 전쟁을 묘사했고 '리얼 로봇' 이라는 신조어를 만들어 내기도 했다. 건담에는 모빌슈츠(MS)라고 불리는 로봇들이 등장하는데 이 로봇들은 천하무적의 주인공이 아닌 전쟁병기에 불과한 모습으로 그려진다. 당시 유행하던 로봇만화의 틀을 과감히 탈피한 것이다. 건담은 프라모델(プラモデル : 플라스틱 모델)로 만들어져 큰 인기를 끌기도 했다. 한국에서도 예외가 아니다. 건담은 케이블 방송에서도 방영되고 있으며 건담 프라모델을 뜻하는 '건프라'를 즐기는 마니아들이 최근 급증하고 있다. 2009년에는 건담 30주년 기념사업도 활발하게 펼쳐질 예정이다.

▌데코덴

일본에서 크게 인기를 끌었던 데코덴은 장식을 뜻하는 데코레이션(Decoration)과 일본어로 전화를 뜻하는 덴와(でんわ)가 합쳐진 말로 휴대폰을 꾸민다는 의미를 가지고 있다. 전화를 영어로 표현해 데코폰으로 부르기도 한다. 데코덴은 한국에서 유행했던 휴대폰 튜닝과는 다르게 인조 다이아몬드, 반짝이는 씰 등을 휴대폰에 붙여 완성시키는데 한 대당 비용이 10만 원에 이를 정도로 비용이 많이 소요된다. 데코덴은 2007년부터 한국에 상륙하기 시작했는데, 한국에서도 데코덴을 제작해주는 전문 업체가 많이 영업중이다. 일본에서는 데코덴의 선글라스 버전인 데코산(デコサン)까지 유행한다고 하니 선글라스에 붙은 인조 다이아몬드를 한국에서 보는 날도 머지않은 것 같다.

라이프캐싱*
Life Caching

미니홈피나 블로그 등에 자신의 일상사와 기록 등을 남겨 타인에게 공유하는 문화는 이제 우리에게 익숙한 모습이다. 젊은 층이 중심인 콘텐츠 세대가 디지털 매체나 도구를 통해서 자신을 남에게 알리는 문화를 라이프캐싱이라 한다. 정보화 사회가 지속될수록 개인 스스로 자기 PR을 하지 않으면 남에게 인식되기 힘들다. 이런 상황 속에서 자신의 끼와 생각을 남에게 각인시켜 인정받고자 하는 욕구가 생기는 것이다. 블로그나 미니홈피가 앞으로도 지속적으로 발전할 수밖에 없는 이유이기도 하다.

리얼리티 프로그램

최근 TV 오락프로그램 시장은 우리나라뿐만 아니라 전 세계적으로 리얼리티 프로그램이 점령하고 있다. 리얼리티 프로그램이란 상황에 대한 세부적인 대본이 주어졌던 과거 TV프로그램들과 달리, 콘셉트만 있거나 혹은 콘셉트 없이 출연자들이 자유롭게 있는 그대로를 보여주는 TV프로그램을 말한다. 리얼리티 프로그램이 많은 인기를 끌고 있는 이유는 '대중의 엿보기 심리를 자극' 했다는 점과 시청자가 쉽게 공감할 수 있는 소재로 구성되었다는 점이다. 그리고 다른 프로그램들이 일반적으로 짜여진 각본대로 진행되는 것에 반해 리얼리티 프로그램은 생동감이 있고, 가끔 기대하지 못한 감동을 선사하기도 한다. 한 가지 더한다면, 현실과 비현실의 적절한 융합은 리얼리티 프로그램의 또 다른 매력이다. 우리나라에서는 한때 시청률 30퍼센트를 자랑했던 〈무한도전〉을 비롯하여, 〈1박2일〉, 〈우리 결혼했어요〉, 〈패밀리가 떴다〉, 〈서인영의 카이스트〉가 대표적이다. 미국에서는 〈도전 수퍼모델〉, 〈아메리칸 아이돌〉, 일본에서는 〈아이돌〉이 유명하다. 우리나라에서는 연예인이 출연하는 경우가 많으나 미국에서는 일반인이 출연하여 서바이벌 게임 형태로 진행되는 경우가 많다. 리얼리티 프로그램은 몇 가지 특징을 가지고 있다. 첫째, 전체적 프로그램의 콘셉트는 존재하지만 세부적 진행은 상황에 따라 애드리브로 이루어진다. 둘째, 특정한 줄거리로 전체 프로그램이 이어진다기보다는 매회 새로운 아이템으로 진행된다. 셋째, 게스트 없이 고정 MC들 위주로 진행한다. 넷째, 파격적이고 실험적인 아이템, 시청자들과 소통 가능한 아이템이 주를 이룬다. 마지막으로, 출연자 각각 고유한 캐릭터가 부여되는 특징이 있다.

맘마미아
Mamma Mia

최근 들어 마르고 닳도록 〈맘마미아〉 이야기가 연일 여기저기서 오르내린다. 뮤지컬, 영화, OST 등 다방면에서 터져나오는 인기는 가히 상상을 초월한다. 하나의 스토리를 뮤지컬, 영화, OST에 담아내어 OSMU(One Source Multi Use)를 실현하고, 최상의 인기를 구가하는 맘마미아는 떼려야 뗄 수 없는 '맘마미아 = ABBA' 라는 공식까지 만들어냈다. 사실 70, 80년대에 전 세계적으로 사랑받았던 아바의 멜로디와 쉬운 노랫말이 없었더라면, 맘마미아는 하나의 진부한 러브스토리이거나 아빠를 모르고 자란 딸이 자신의 자아를 찾아간다는 이야기에 불과했을 것이다. 〈오페라의 유령〉을 제치고 뮤지컬 영화 최다 관객 기록을 갱신하기도 했다. 요즘 들어 인기 좋은 영화를 뮤지컬로 만드는 무비컬 붐이 일고 있지만 무대라는 제약 때문에 큰 성공을 거두지는 못하고 있다. 반면에 〈맘마미아〉의 흥행에 자극받아 인기 좋은 뮤지컬을 영화로 만드는 붐이 앞으로도 이어질지 귀추가 주목된다.

무비컬
Movical

무비컬은 영화와 뮤지컬의 합성어로 영화를 원작으로 한 뮤지컬을 말한다. 외국에서는 디즈니 애니메이션인 〈라이언킹〉, 〈미녀와 야수〉, 〈인어공주〉 그리고 영화 〈빌리 엘리어트〉, 〈반지의 제왕〉이 뮤지컬로 다시 태어나 인기를 끌고 있다. 우리나라에서도 영화 〈와이키키 브라더스〉, 〈댄

서의 순정〉, 〈싱글즈〉, 〈라디오 스타〉, 〈내 마음의 풍금〉이 무비컬로 전환되어 공연되었고, 〈미녀는 괴로워〉, 〈은행나무 침대〉를 포함하여 많은 무비컬이 곧 막을 올릴 예정이다.

문화예술 콘텐츠의 큰 특징 중의 하나는 원 소스 멀티 유스(One Source Multi Use)이다. 예를 들어 소설이 히트를 치면 이 소설을 원작으로 하여 뮤지컬이 만들어지고 뮤지컬이 성공하면 영화가 만들어지기도 한다. 2008년 영화로 만들어져 인기를 얻고 있는 〈맘마미아〉는 아바(Abba) 그룹의 노래를 기반으로 하여 뮤지컬로 만들어져 오랫동안 많은 인기를 끌었고, 2008년 메릴 스트립이 출연하는 영화로도 만들어져 승승가도를 달리고 있다.

이처럼 일단 성공한 콘텐츠가 다른 장르로 전환되는 것은 지극히 자연스러운 현상이다. 하지만 장르의 특징에 맞도록 각색과 연출이 이루어져야 다른 장르에서도 성공할 수 있다. 어설픈 각색과 조급한 연출이 이루어진다면 오히려 관객의 실망을 일으켜 문화예술 전반의 침체로 이어질 수도 있으니 주의해야 한다.

▌문화캐스터

캐스터(Caster)라는 말을 붙인 직업이 많아졌다. 캐스터란 텔레비전 보도 프로그램의 진행을 맡은 사람, 해설자, 현장진행자를 말한다. 뉴스캐스터라고 하면 라디오나 텔레비전 뉴스 프로그램의 진행자를 말하는데, 흔히

원고를 그냥 읽는 단순한 아나운서가 아니라 뉴스를 전하는 동시에 알기 쉽게 풀어서 해설도 하는 방송 진행자를 이른다. 또 기상 정보를 알려주는 방송인은 기상캐스터, 교통상황을 알려주는 사람은 교통캐스터, 온라인게임 상황을 알려주는 방송인은 게임캐스터라 부른다. 공연장이나 전시관 같은 문화현장을 찾아가 생생하게 알려주는 방송인은 문화캐스터라고 한다. 우리나라 문화캐스터 1호라고 불리우는 서주희 씨는 직접 인터뷰에서 원고, 편집에서 방송까지 하는 1인3역을 소화해내는 방송인으로 활약하고 있다. 앞으로 다양한 분야에서 캐스터들이 많이 나올 전망이다.

미니벨로
Mini Velo

우리나라에서도 중국에서처럼 자전거 물결을 보게 될까? 주변에서 자전거를 찾는 사람들이 늘고 있다. 패션상품처럼 예쁘게 디자인된 자전거가 많이 출시되기도 했지만 무엇보다 고유가시대와 맞물려 자전거를 찾는 사람들이 많아졌기 때문이다. 이러한 자전거 유행에 미니벨로도 한몫하고 있다. 미니벨로는 작다는 뜻의 'mini'와 자전거의 프랑스어인 'velo'가 합쳐진 말로 바퀴의 지름이 20인치 이하인 자전거를 말한다. 국내에서는 통상 접이식 자전거나 크기가 작은 자전거를 함께 지칭하는 말로 쓰인다. 미니벨로가 유독 인기를 끌고 있는 것은 작은 사이즈 때문에 환승하기에 편리하기 때문이다. 현재 서울메트로와 도시철도공사의 규정상 일반 자전거는 지하철에 들고 탑승하는 것이 불가능하지만 미니 벨로는 탑승이 가능하다. 그야말로 물가가 '뿔난' 시기에 제격인 것이다. 게다가 작고 앙증맞은 디자인은 자전거에 관심이 없었던 여성과 주부들에게도 인기를 끌고 있다. 유가를 잡을 수 있는 유일한 대안이라는 평가까지 받고 있는 자전거. 대표주자인 미니벨로로 전국의 도로가 덮일 날도 머지않은 것 같다.

블룩*
Blook

서울에 사는 L양은 최근 출판사로부터 전화를 받았다. 그녀가 해외여행을 하며 보고 들은 경험을 블로그에 올렸는데, 네티즌에게 인기를 얻어 급기야 출판사에서 책을 내지 않겠냐고 제의를 받은 것이다. 이와 같은 일이 많아지면서 블로그(Blog)와 책(Book)을 합친 신조어가 탄생했다. 바로 블룩(Blook)이다. 블로그에 올린 다양한 내용을 다시 책에 담아 펴내는 일은 이미 미국 출판계에선 낯선 일이 아니다. 미국 내 베스트셀러 100권 중 약 20권은 블룩이 차지하고 있을 정도이다. 우리나라에서는 『퇴마록』과 『엽기적인 그녀』 등이 온라인 소설로서 블룩의 먼 조상뻘이 된다.

블링블링
Bling-Bling

블링블링이란 요란한 장신구나 옷가지, 과소비와 허세로 뭉친 행동 양식을 말한다. 1999년

'Bling-Bling' 이라는 힙합 곡이 인기를 끌면서 힙합 팬들 사이에서는 이 노래의 제목을 고유명사로 사용하기 시작했다. 이후 의미가 확장 되면서 사치스러울 만큼의 비싼 옷, 차, 집 또는 금붙이 등을 선호하 는 현상 자체를 블링블링으로 묘사하게 되었다. 요즘에는 MBC 예능 프로그램, 〈우리 결혼했어요〉에 나오는 크라운 제이가 블링블링의 대표주자로 알려지기도 했다.

상조업
相助業

서로 돕는다는 의미에서 시작된 상조업은 본래 결 혼, 장례, 돌, 회갑 등 각종 가정의례에 관해 일체의 물품과 용역, 관련 서비스를 제공하는 사업을 말한 다. 그런데, 근래에 들어서 TV 광고를 통해 알 수 있듯이 상조회사의 상당수가 장례분야에 집중하고 있다. 즉 '상조회사＝장례 서비스 회 사' 라는 공식이 만들어진 셈이다.

현재 국내 상조서비스의 과정을 살펴보면 장례 발생 시 접수를 받 고, 장례지도사를 파견한다. 그리고 장례식장 선정 및 장의절차 안내 후 장례용품을 지급하고 장례식 진행 및 관련 서비스의 제공 후 최종 장례비용을 산출함으로써 모든 상조서비스를 마무리 짓는다. 상조서 비스의 수익은 약정된 상품금액으로 회원을 모집하는 것에서 얻게 되는데, 일종의 '선불식 할부거래' 방식으로 서비스를 판다는 개념 이다.

일본에서 건너온 상조업은 1947년 태동한 일본의 '상조회'가 모델이다. 일본에서의 상조회는 '필수'로 통할 만큼 전체 장례식의 40퍼센트 정도가 상조업체에 의해 치러진다. 상조업이 발달하게 된 원인을 간략하게 살펴보면, 고령화와 핵가족화를 들 수 있고, 장례의 특성상 불시에 발생할 수밖에 없어 미래의 알 수 없는 일에 대비한다는 인식이 보편화되었기 때문이다. 그리고 상조업체를 통해 서비스를 제공받을 경우 가격이 직접 구매하는 것보다 무려 30퍼센트 이상 저렴하기 때문에 장례 관련 물가 부담을 줄일 수 있다. 그리고 마지막으로 '존엄하게 죽을 권리'의 일환으로 어떠한 장례식을 할 것인지에 대한 준비를 통해 전반적인 선택권이 죽음을 둔 당사자에게 주어질 수 있다는 점에서 상조업이 발달하게 된 것이다.

하지만 급속한 발달과 더불어 경영이 부실한 업체가 갈수록 늘어나고 있다. 그리고 '선불식 할부거래' 방식을 취하고 있기 때문에 계약 후 실제 서비스를 받을 때까지 상당한 시차가 있어 그 사이 업체의 경영 상태가 어려워진다면 고객이 서비스를 제대로 받지 못할 우려가 높다. 실제로 2002년 이후 피해사례 상담건수에 비해 구제건수는 턱없이 낮다. 부지기수로 난립하는 상조업체들의 과당경쟁은 관련법규의 부재와 맞물려 '장례'를 앞두거나 맞닥뜨린 가족들의 마음을 더욱 아프게 만든다. 아직 여러 가지 문제가 산적해 있지만 이러한 문제점에도 불구하고 환경적 요인과 시대적 요구에 힘입어 대다수의 사람들은 상조서비스가 필요하다고 생각한다.

'상애상조(相愛相助)'라는 말이 있다. 서로 사랑하며 도움을 준다는 의미인데 현대의 상조는 '상애상조'의 마음을 담고 있어야 한다는 점이 향후 과제로 남아 있다. 따라서 상조업체들은 '상애상조'의 경영 마인드로 시대에 부응하는 서비스로 접근할 때 비로소 상조업의 건전한 발달을 기대할 수 있다.

슈퍼푸드*
Super Food

웰빙 트렌드에 맞춰 슈퍼푸드가 뜨고 있다. 슈퍼푸드라는 이름은 건강과 아름다움을 주는 14가지 식품을 소개한 스티븐 프랫 박사의 베스트셀러의 제목에서 따온 말이다. 이 책에서 말하는 슈퍼푸드는 콩을 비롯해 블루베리, 브로콜리, 오렌지, 호박, 연어, 대두, 시금치, 차, 토마토, 칠면조, 호두, 귀리, 요구르트 등 14가지다. 물론 14가지 외에도 건강에 도움이 되는 식품들은 슈퍼푸드라고 할 수 있다. 식품업체들이 이 트렌드를 놓칠 리 만무하다. 이런 슈퍼푸드를 이용한 갖가지 건강식품들이 인기를 얻고 있는데 미국에서 인기를 얻어 국내에도 판매중인 아싸이베리 음료가 대표적이다.

스토브리그
Stove League

1982년 '어린이에겐 꿈을, 젊은이에겐 정열을, 온 국민에겐 건전한 여가선용을'이

라는 슬로건을 내걸고 출범한 한국프로야구의 열기가 뜨겁다. 2008
년에는 1995년에 이어 역대 두 번째로 500만 관중을 돌파하는 기록을
세웠다. 프로야구의 경기방식은 각 팀당 126경기(팀 간 18차전)씩 총
504경기를 치루는 페넌트레이스, 동군과 서군으로 나뉘어 치루는 올
스타전, 1~4위 간에 우승팀을 결정하는 포스트시즌으로 나뉜다. 각
프로야구팀은 정기 시즌(season)과 포스트 시즌이 모두 끝나는 10월경
이 되면 내년 시즌을 위한 준비를 한다. 선수들은 동계 훈련을 시작하
고 팀은 선수들과의 연봉 협상과 재계약, 트레이드 방안을 놓고 숙고
하는 시간을 갖는다. 이 기간을 스토브리그라고 부른다. 과거에는 겨
울이 되면 난롯가에 앉아 이러한 이슈에 대해 논의하고 협상을 했기
때문에 난로를 의미하는 스토브(stove)를 따서 스토브리그라고 부르는
데서 유래한다.

스포테이너
Sportainer

2008 베이징 올림픽이 시작되기 전, 한 은
행에서 여름소년과 겨울소녀의 만남을 주
제로 만든 CF를 선보였었다. 바로 베이징
올림픽에 출전하는 마린보이 박태환에게 피겨요정 김연아가 응원의
메시지를 전하는 내용의 CF였다. 또 많은 스포츠 스타들이 각종 TV
예능프로그램에 출연하여 연예인 못지않은 입담으로 시청자들의 인
기를 끌고 있다. 이처럼 요즘 스포츠 스타들의 인기가 한창이다. 그래

193

서 이들을 스포테이너, 즉 스포츠 엔터테이너라 부르곤 한다. 박태환, 김연아 외에도 데이비드 베컴, 추성훈, 이용대, 장미란 등 많은 스포츠 스타들이 사람들의 관심을 끌고 있다. 하지만 방송국들이 올림픽이나 월드컵 같은 시기에 시청률을 높이기 위해 스포츠 스타 모셔가기 경쟁을 벌여 눈살을 찌푸리게 하는 일이 생기기도 한다.

시그니처 백
Signature Bag

헐리우드 여배우이자 모나코의 왕비인 그레이스 켈리가 만삭이 된 자신의 몸을 가방으로 가린 한 장의 사진이 미국잡지 〈라이프〉 표지에 실렸다. 에르메스에서 만든 그 가방은 훗날 켈리백이라는 이름을 갖게 되었다. 아직까지도 켈리백은 명품을 즐기는 여성들에게 필수아이템으로 인정받고 있다. 이렇게 특정인이 사용해서 유명해지거나 디자이너가 제품을 만든 다음 영감을 받은 뮤즈(Muse, 학예(學藝)의 여신)들의 이름을 붙여 헌정한 가방을 시그니처 백이라고 한다. 셀린느의 마돈나 백, 에르메스의 켈리 백, 구찌의 재키 백이 바로 그런 경우다. 이런 시그니처 백은 비싸기도 비싸지만 생산과 판매량을 제한하기 때문에 구입하기가 쉽지 않다.

시마과장

샐러리맨을 꿈꾸게 만드는 만화, 『시마과장』은 1983년부터 지금까지 일본에서 연재되고 있는 유명한 샐러리맨 만화다. 특히 직장생활을 하는 사람들이 대리 만족을 느끼기도 하고, 직장생활의 처세술 교본으로 활용하기도 한다. 만화 속에서 시마 과장은 승진을 거듭하여 시마 부장, 시마 이사, 시마 상무가 되었고, 2008년에는 드디어 시마 사장이 되었다. 만화 속의 주인공이지만 그가 사장이 되었다는 소식이 한국의 뉴스 기사로 소개가 될 정도니 이 만화의 파워가 대단하다. 히로카네 겐시 원작의 이 만화는 총 17편으로 구성되어 있는데, 사회부조리 묘사나 성관계 묘사가 리얼하여 19세 관람가로 분류되어 있다. '성공을 꿈꾸는 자는 아름답다'라고 적혀 있는 만화 책 표지의 카피처럼 시마 과장의 모습은 현재 직장인들에게 꿈과 희망을 주고 있다. 하지만 영국의 경제전문 시사지 〈이코노미스트〉는『시마과장』을 분석한 결과 글로벌 기업의 최고경영자가 되기엔 문제가 있다는 보도를 내기도 했다. 그 이유는 시마 과장이 가정을 소홀히 하고 조직 폭력배를 동원하거나, 부하 여직원과 부적절한 관계를 맺고 주주에 대한 배임행위를 자행하는 등 중대한 형사범에 해당하는 행위를 서슴지 않았기 때문이다. 일본 기업 풍토의 한 단면을 날카롭게 지적한 것이기도 하다.

시티투어
City Tour

시티투어란 개별관광객들이 버스를 타고서 도시의 대표적인 관광자원을 매우 저렴한 가격으로 단시간에 볼 수 있도록 해주는 관광 서비스를 말한다. 항상 그런 것은 아니지만 버스에 관광안내원이 탑승하여 주요 관광지를 들를 때 해설을 해주기 때문에 관광객들은 매우 효율적으로 관광할 수 있다.

세계적인 도시는 시티투어가 활발히 이루어지고 있다. 예를 들면 뉴욕에서는 버스를 타고 미국드라마 〈섹스앤더시티〉에 나왔던 장소들을 관광할 수 있다. 시티투어 상품을 운영하는 회사는 크게 4개 회사가 있다. 미국 동부와 북서부, 동남아시아에서 활발하게 시티투어를 운영하고 있는 그레이라인(Grayline), 독특한 버스 디자인을 중심으로 미국 남서부와 스페인, 오세아니아에서 활발하게 시티투어를 운영하고 있는 시티사이트씽(City sightseeing), 북유럽과 칠레 등에서 인기를 끌고 있는 시티라마(Cityrama), 일본 도쿄의 하토 버스(Hato bus)가 대표적인 시티투어이다.

우리나라의 시티투어는 서울에서 1996년에 처음 도입되었다. 하지만 1997년 IMF 위기로 1997년 영업이 중단되었다가, 2001년 들어서 '한국방문의 해'와 '2002년 한일월드컵'을 계기로 재도입되었다. 그 후 시티투어는 전국 지자체로 급격히 확산되어 2007년 말 42개 지역에서 153개 코스(한국관광공사 시티투어 등록현황기준)에 걸쳐 운영되고 있다. 현재 가장 성공적으로 운영되고 있는 곳은 부산이다. 부산시는 민간여행사와 공동출자하여 제3섹터 방식(민관 공동출자 방식)으로 시티투어회사를 설립한 다음, 2층버스도 도입하여 1만 원을 받고 해운대 코스와 태종대 코스에서 시티투어를 운영하고 있다.

대부분의 국내 시티투어는 지자체 도시 이미지 강화와 관광활성화 차원에서 저가 혹은 무료로 운영되고 있다. 무료로 운영되고 있는 지자체 중에 공주시티투어가 자녀를 동반한 가족단위 관광객들로부터 큰 인기를 끌고 있다. 주말에 운영되고 있는 공주시티투어는 공주시를 관광하는 공주투어와 공주와 부여를 함께 관광하는 공주, 부여 공동투어, 그리고 공주와 새로이 건설되고 있는 행복도시를 방문하는 공주, 행복도시 공동투어 프로그램으로 구성되어 있다.

아나테이너
Anatainer

요즘은 어떤 직업이든 고객에게 재미를 함께 주어야 한다는 이유로 엔터테이너라는 말과 붙여 부르곤 한다. 그 중 아나테이너가 대표적인데 이는 아나운서와 엔터테이너의 합성어이다. 전통적으로 아나운서는 텔레비전 방송국이나 라디오 방송국에 속해 있으면서 뉴스 전달, 사회 진행, 실황중계를 하는 사람으로 보통 반듯하고 점잖은 이미지를 선호했었다. 하지만 이제는 아나운서 중에서도 뉴스를 전달하는 일 외에 쇼프로그램에 등장하거나 광고 모델로 등장해 연예인 못지않은 기질을 발휘하며 대중에게 즐거움을 주기도 한다. 어떤 아나운서는 아예 아나운서를 포기하고 연예인으로 진출하기도 하고, 전속 아나운서가 아니라 프리랜서로 새출발을 하기도 한다. 대표적인 아나테이너로는 노현정, 강수정, 김성주를 들 수 있다. 하지만 방송국들이 아나테이너를 경쟁적으로 양산함에 따라 희소성이 줄어들어 아나테이너의 인기가 잠시 주춤하기도 했다. 하지만 경계를 넘나들며 지성과 재미를 고루 갖춘 실력파 아나테이너라면 시청자들은 언제든지 환영할 것이다.

오마주*
Hommage

문화생활의 증가와 국내 영화산업의 발전으로 많은 사람들이 영화에 대해 관심을 보이고 있다. 최근 몇 년 들어 영화관련 기사를 살펴보면 오마주라는 단어를 심심치 않게 볼 수 있다. 오마주란 '존경'을 뜻하는 프랑스어로 영상예술에서 특정 작품의 대사나 장면 등을 차용함으로써 해당 작가에 대한 존경을 표시하는 행위를 말한다. 영화에서는 보통 후배 영화인이 선배 영화인의 기술적 재능이나 그 업적에 대한 공덕을 기리면서 감명 깊은 주요 대사나 장면을 본떠 표현하는 행위를 가리킨다. 예를 들어 브라이언 드 팔마 감독이 자신의 작품 〈드레스드 투 킬〉에 알프레드 히치콕의 영화 〈사이코〉의 샤워 신을 넣은 것이 오마주의 한 예다. 이런 오마주라는 용어는 리메이크나 표절과 구분 짓기 위해서도 반드시 필요하다. 오마주와 이들과의 차이점이라면 비슷한 장면이나 대사를 존경의 목적으로 빌려올 때 오마주이며, 재창조를 위할 때는 리메이크(remake) 그리고 절도행위일 때는 표절이라고 할 수 있겠다.

와이어투와이어
Wire to Wire

와이어투와이어란 골프에서 4라운드 연속 1위 자리를 지키며 우승하는 것을 말한다. 자동차 경주나 경마, 육상 경기 등에서도 사용되는데 골프에서는 공동 선두를 허용하더라도 경기 내내 2위로 떨어지지 않으면 이 기록을 인정한다. 골프대회는 대부분 4일간 진행되는데, 아무리 훌륭한 선수라도 4일 내내 좋은 컨디션을 유지하며 1위 자리를 유지하는 것은 쉽지 않다. 심지어 골프 황제의 자리를 지키고 있는 타이거 우즈도 와이어투와이어 우승을 차지한 것은 통산 61승 중 단 7차례에 지나지 않는다. 2008년 1월 최경주 선수가 미국프로골프(PGA)투어 소니 오픈에서 와이어투와이어 우승을 차지한 것도 대단한 일이라 할 수 있다.

워킹홀리데이
Working Holiday

일도 하고, 외국어도 배우고, 여행도 하고. 워킹홀리데이를 두고 하는 말이다. 워킹홀리데이는 여행을 하면서 일할 수 있는 관광취업비자이다. 현재 한국은 캐나다, 호주, 뉴질랜드, 프랑스, 일본과 워킹홀리데이 비자 협정을 맺고 있다. 워킹홀리데이 비자를 받게 되면 1년 동안의 체류가 허용되며, 체류 기간 동안 합법적으로 일할 수 있는 자격이 주어진다. 그렇게 스스로 일해서 돈을 벌어 해당 국가를 여행하는 방식으로 현재 수많은 전 세계의 젊은이들이 워킹홀리데이 비자를 선택한다. 현재 한국과 협정을 맺은 다섯 국가 중 호주를 제외하고 워킹홀리데이 비자를 신청하기 위해서는 에세이와 여행계획서 심사 후 최종 인터뷰를 거쳐 선발하게 되며, 매년 또는 분기마다 선발되는 인원이 한정되어 있다. 유일하게 호주는 신체검사만을 통해 선발하며, 그 인원수도 무제한이다. 워킹홀리데이 비자는 만 18~30세로 나이제한을 두고 있으며, 체류기간 동안 3~6개월 정도의 어학연수도 가능하다. 워킹홀리데이 비자는 그 나라의 문화를 습득하고 해외에서의 직접적인 체험을 통하여 견문을 넓힐 수 있는데, 그 곳에서 머무는 동안 도시에서 아르바이트 형식의 일을 하거나 야채, 과일 농장 또는 공장에서 색다른 체험도 할 수 있다. 워킹홀리데이 비자를 받아 가는 이들을 '워킹홀리데이 메이커'라고 부른다. 앞으로 더 많은 국가들과 워킹홀리데이 비자협정을 맺게 되면, 능력 있고 자립심이 강하며, 미래에 대해 비전이 있는 우리나라 젊은이들에게 매력적인 기회로 다가올 것이다.

잇걸
It Girl

잇걸에서의 잇(it)은 'that's it(바로 그거야)'의 줄임말이다. 1927년 영국의 로맨스소설 작가인 엘리너 글린은 무성영화에 출연해 엄청난 인기를 얻은 신인 여배우 클라라 보를 보고나서 『The "IT" Girl』이라는 작품을 썼다. 이 작품은 당시 대단한 반향을 불러일으켰고, 이후 '잇걸'이라는 단어는 영화 등에 출연하여 섹시한 매력을 얻은 신인 여배우를 가리키는 말로 정착되었다. 최근에 들어서는 패션감각에서 앞서고 파티문화를 즐기며 섹스어필한 젊은 여성이라는 뜻으로도 쓰인다. 대표적인 잇걸로는 린지 로한, 레이첼 맥아덤스, 니콜 리치가 있다.

잇백
It Bag

잇백이란 누구나 가지고 싶어 할 만한 최신 유행의 가방을 말한다. 그래서 지금 꼭 가져야 한다는 뜻이 담겨져 있다. 요즘 뜨고 있는 잇백으로는 발렌시아가의 모터사이클백, 멀버리의 베이스워터백, 보네가베네타의 위빙백, 클로에의 베티백이 있다. 연예계 유명인사 중 누가 어떤 백을 들고 다닌다는 소문이 퍼지고 인터넷에서 회자되면 그 백은 인기를 얻게 된다. 하지만 잇백이 너무 널리 퍼지면 그 인기는 급속도로 떨어지는 경향이 있다. 따라서 잇백은 유행에 따라 얼마든지 바뀔 수 있다. 그 외에도 잇무비(It Movie)는 최근 화제가 되는 영화를 말하기도 한다.

집단지성*
Collective Intelligence

집단지성은 다수의 인터넷 사용자들이 참여해 만들어낸 지식과 정보의 집합체를 말한다. 웹 2.0이 표방하는 '공유, 참여, 개방'의 철학을 잘 반영하고 있다. 구글, 아마존, 위키피디아, 이베이가 집단지성이 만들어낸 대표적인 웹사이트다. 예를 들어, 아마

존(amazon.com)은 단순히 책에 대한 정보를 제공하는 차원을 넘어 사용자들이 사이트에 책 리뷰를 올릴 수 있게 함으로써 집단지성의 지혜가 웹사이트에 담기도록 했다. 그리고 위키피디아(wikipedia.org)는 누구나 웹사이트에 들어와 개념을 설명하고 코멘트를 달 수 있도록 하고 이 정보를 무료로 제공하고 있다. 그래서 위키피디아는 대영백과사전에 비해 어휘도 훨씬 많으면서 정확도도 전혀 떨어지지 않는 수준을 자랑하고 있다.

창발성*
Emergence

창발성이란 하위수준(구성요소)에는 없는 특성이나 행동이 상위수준(전체구조)에서는 자발적으로 출현하는 현상이다. 이는 하위수준의 구성요소들이 상위수준에 미치는 파급효과를 설명하는 데 사용되는 자연과학 이론이다. 이러한 창발성은 우리 주위에서도 어렵지 않게 확인할 수 있다. 대표적인 예로 '2002 월드컵의 붉은 악마 응원', '대통령 탄핵 반대 집회', '노사모의 집단적 행동' 등이 있다. 다시 말해서 개별 구성요소 단독으로는 도저히 이뤄낼 수 없는 것을 자발적으로 모인 전체가 이뤄내는 것이다. 이것은 지난 몇 세기 동안 애덤 스미스, 프리드리히 앵겔스, 찰스 다윈, 앨런 튜링 등의 사상가들이 연구한 '미지의 과학 분야'이기도 하다.

치파오
旗袍

2008 베이징 올림픽 때 유난히 돋보였던 의상은 바로 중국 여성들의 의상이었다. 중국 각 지역에서 오디션을 거쳐 선발된 그녀들의 미모를 한결 돋보이게 해주었던 것은 바로 치파오(Chinese dress)가 아닐까. 치파오는 청대에 형성된 중국의 전통의상이다.

치파오의 특징은 흔히 차이니즈 칼라라고 불리는 스탠드 칼라와 치마에 옆트임을 주어 실용성과 여성미를 한껏 살린 것이라 할 수 있다. 세계각지에서 전통의상을 재창조하려는 노력이 시작된 가운데 치파오 역시 중국의 대표 민족의상으로서 다양한 시도를 하고 있다. 일반적으로 발레하면 먼저 떠오르는 복장인 '튀튀(발레복)'가 떠오르기 마련이지만 한국무대에 소개된 중국 국립중앙발레단의 〈홍등〉에서는 '치파오'를 입고 등장하는 무용수들이 나온다. 프랑스의 유명 디자이너 제롬 카플랑이 중국 전통의상과 발레가 잘 어우러지도록 아름다운 의상들을 만들어낸 것이다.

그뿐 아니라 1994년 홍콩 출신의 패션 디자이너 데이비드 탕(David Tang Wing Cheung)이 설립한 '상하이 탕'이라는 브랜드는 치파오를 붉은색이나 황금색 실크로 좀 더 모던하게 재해석한 것이 특징이다. 세계적인 명품 브랜드보다는 약간 저렴한 가격으로 선보여 헐리우드 스타를 비롯한 각계각층의 많은 사람들에게 사랑을 받고 있다. 오색찬란한 색상, 화려하고 고급스런 실크나 오리엔탈 자수 등 5천년 역사가 담겨 있는 중국 전통 요소로 브랜드 이미지를 확고히 한 이후 현재 여성복뿐 아니라 남성복, 어린이용까지 그 품목을 넓혀가고 있는 중이다.

케네디 스코어
Kennedy Score

"축구에서 가장 재미있는 경기는 한 골 차 경기이고 그 스코어는 3대2가 가장 이상적이다."

펠레의 이 말을 인용해 축구계에서는 3대2라는 점수를 펠레 스코어라고 한다. 그러면 야구에서 가장 재미있게 볼 수 있는 점수는 몇 점일까? 야구도 역시 한 점 차 경기, 그 중에서도 8대7이 가장 재미있는 경기라고 한다. 이 점수를 케네디 스코어라고 하는데 이는 미국의 제35대 대통령 존 F. 케네디(John F. Kennedy)가 야구에서 가장 재미있는 경기의 스코어가 8대7이라고 한 데서 유래한다.

1960년 1월 상원의원이었던 케네디는 대통령 출마를 선언하고 민주당 대통령 후보 경선에 나섰다. 대통령 입후보자들을 출연시킨 TV 정책 토론회에서 케네디는 야구 경기에서 스코어가 어떻게 되었을 때가 가장 재미있다고 생각하느냐는 질문을 받았다. 케네디는 즉각 8대7이라고 대답하였다. 10점 이상의 스코어가 쏟아져 나오는 시시한 게임이나 지루한 투수전이 이어지는 게임이 아닌, 적당히 점수를 주고받으면서 경기가 이어져 마지막 순간까지 승부를 예측할 수 없는 가장 재미있는 스코어가 바로 8대7이라는 점수이기 때문이다. 그 이후로 8대7이라는 스코어로 게임이 끝나면 '케네디 스코어로 끝났다'라고 표현하게 되었다. 흥미롭게도 2008년 올림픽 야구 경기에서 한국은 미국과의 게임에서 8대7로 이겼다.

타운하우스*
Town House

최근 새로운 주거형태로 타운하우스가 많은 관심을 끌고 있다. 타운하우스는 아파트와 단독주택의 장점만을 모두 살린 형태이다. 땅값과 건축비를 절감하기 위한 아이디어 주택으로도 인기를 끌고 있다. 조금 더 자세히 타운하우스의 구조를 살펴보면 단독주택의 벽을 붙이는 합벽식(合壁式) 구조에 2가구 이상이 지붕을 공유하며 1개 동을 이루기 때문에 외형상 공동주택과 비슷하다. 하지만 독립성이 보장된 출입문과 지하층에서 지상층을 통째로 사용하는 내부구조는 단독주택과 비슷하다. 공동 관리가 가능하면서도 단독주택의 독립생활이 가능한 셈이다. 똑같은 모양의 단독주택을 연이어 붙여 놓았다고 해서 듀얼하우스(Dual House)라 부르기도 한다. 선진국에서는 보편화된 주거양식이지만 국내에서는 기존 일반주택과 전혀 다른 주택 신상품으로 부상하고 있다. 이런 타운하우스는 2004년경부터 우리나라에 알려지기 시작하여 현재 수도권과 대도시를 중심으로 퍼져가고 있다. 또한 최근 서울시에서는 앞으로 노후한 단독주택과 다세대 · 다가구주택을 재건축할 때 5~7층 높이의 저층 '도시형 타운하우스' 형태로 짓도록 할 방침이다. 웰빙 트렌드와 자연 친화적 라이프 스타일이 각광받으면서 이제 주거형태도 타운하우스 형태로 바뀌고 있는 것이다.

태양의 서커스
Cirque du Soleil

불어인 'Cirque du Soleil' 를 번역하면 'Circus of the Sun' , 즉 '태양의 서커스' 라는 뜻이다. 불어로 된 이름을 갖게 된 이유는 태양의 서커스가 1982년 캐나다의 퀘벡 주 근처의 작은 예술인 마을 베이생뿔(Baie-Saint-Paul)에서 시작되었기 때문이다. 1984년 캐나다 전역에서는 캐나다 발견 450주년 기념일 축제가 열렸다. 기 랄리베르는 하이힐 클럽을 서커스단으로 조직하여 퀘벡 주에서 공연했는데 큰 성공을 거두었다. 그래서 당시 쇼의 이름이었던 태양의 서커스를 서커스단의 이름으로 정했다. 태양의 서커스의 가장 큰 특징이라고 한다면 단연 '아트 서커스(Art Circus)' 이다. 단순히 기교 중심이 아니라 예술적 분위기가 넘치는 서커스를 표방한다. 초기 73명이었던 서커스단의 인원은 오늘날 전 세계적으로 700명의 공연단 인원을 포함하여 3,000명을 넘어섰다. 이 직원들은 전 세계 40개국 출신으로 각기 다른 25가지의 언어를 말하고, 평균 연령은 35세로 매우 젊다. 한국에서는 〈퀴담〉을 공연하여 큰 인기를 끌었고, 2008년에는 〈알레그리아〉를 공연했다.

팩션[*] Faction

팩션이란 팩트(Fact)와 픽션(Fiction)을 합성한 말이다. 소설, 영화, 드라마, 연극, 만화 등 다양한 문학 장르에서 작품을 만들어내야 하는 상황에서 작가는 소재와 플롯에 있어서 상상력만으로는 한계가 있다. 따라서 역사적 사실이나 실존인물의 이야기에 작가의 상상력을 첨가하여 작품을 만드는 경우가 있다. 댄 브라운(Dan Brown)이 2003년에 쓴 소설, 『다빈치 코드』가 대표적인 팩션인데 소설이 베스트셀러가 되면서 영화로도 만들어져 대단한 인기를 얻었다. 우리나라에서도 〈해신〉, 〈불멸의 이순신〉, 〈주몽〉, 〈대조영〉, 〈태왕사신기〉 등 역사를 기본으로 한 팩션 드라마가 큰 인기를 끌었다. 그러나 역사물에 작가의 상상력이 지나치게 개입되면 흥미 위주가 되어 역사를 지나치게 왜곡하는 부작용이 생길 수 있다. 하지만 한 개인의 생생한 체험을 주제로 한 팩션은 앞으로 더욱 중요한 문학 장르가 될 것이다.

프로튜어 Proteur

소비자들의 다양한 형태를 두고 여러 이름들이 생겨나고 있다. 그 중 생산자(Producer) 기능도 하는 소비자(Consumer)를 프로슈머(Prosumer)라고 한다. 프로슈머에도 여러 수준이 있다. 초기에 UCC(User Created

Contents)를 만든 소비자들은 주로 아마추어였다. 하지만 이제는 상당한 수준급의 UCC들이 인터넷에서 돌아다니고 있다. 이른바 준전문가(Professional+Amateur)를 뜻하는 프로튜어가 만드는 PCC(Proteur Created Contents)이다. 2006년 네티즌 사이에서 큰 화제를 모은 기타리스트 임정현 씨는 요한 파헬벨의 캐논 변주곡을 기타로 연주한 동영상을 연주자들의 정보교환 사이트의 게시판에 올린 적이 있다. 그런데 이것이 네티즌 사이에서 폭발적인 인기를 얻어 급기야 〈뉴욕타임스〉에도 소개되면서 세계적 스타가 되었다. 임정현 씨가 바로 프로튜어이다. PCC 제작 능력은 엔터테인먼트에만 국한되지 않고 증권투자 등 여러 분야로 확산되고 있는데 이런 프로튜어의 활동은 앞으로도 매우 늘어날 전망이다. 프로튜어는 아직 상업성은 없기 때문에 실제로 상업성을 띠는 액티브 프로슈머나 프로페셔널 프로슈머와는 다르다고 할 수 있다.

프리퀄
Frequel

헐리우드의 대표적인 감독 조지 루카스는 〈스타워즈 에피소드 4 - 새로운 희망〉(1977), 〈스타워즈 에피소드 5 - 제국의 역습〉(1980), 〈스타워즈 에피소드 6 - 제다이의 귀환〉(1983)을 선보이며 SF의 기념비적 작품이라 할 수 있는 스타워즈 3부작 시리즈를 내놓았다. 그리고 1999년부터 기존의 스타워즈 3부작 시리즈의 전(前) 이야기를 다루고 있는 〈스타워즈 에피소드 1 - 보이지 않는 위험〉(1999), 〈스타워즈 에피소드 2 - 클론의 습격〉(2002), 〈스타워즈 에피소드 3 - 시스의 복수〉(2005)를 선보여 28년에 걸쳐 스타워즈 6부작을 완성시켰다. 이렇게 전편, 후편이 개념이 아니라 이미 나온 작품의 전(前)이야기를 보여주는 것을 프리퀄이라 부른다. 프리퀄은 오리지널 필름에서 왜, 어떻게 사건이 일어났는지 설명하는 기능을 하며, 오리지널 필름이 매우 성공적이어서 작가나 감독이 그 후편을 관객들에게 보여주고자 할 때 만들어진다. 예를 들어 〈무간도 2 - 혼돈의 시대〉는 〈무간도〉의 양조위와 유덕화의 젊은 시절 이야기를 다루고 있어 1편에 대한 프리퀄이라고 할 수 있다. 우리나라에서도 1980년대 개봉한 〈변강쇠〉의 프리퀄이라 할 수 있는 〈가루지기〉가 2008년 개봉했다. 또 2007년 개봉한 〈트랜스포머〉와 앞서 언급한 〈스타워즈〉의 프리퀄은 애니메이션으로도 만들어졌다.

하우스콘서트
House Concert

일반적으로 콘서트라고 하면 예술의 전당처럼 좋은 시설에서 열리거나 대형체육관, 콘서트 전용관에서 열리는 콘서트를 생각한다. 하지만 콘서트가 점차 대중화되면서 구민회관, 야외음악당, 학교 강당으로 확산되었고 이제는 집에서 열리는 콘서트도 심심치 않게 만날 수 있다. 바로 하우스콘서트가 그것이다. 말그대로 '집에서 열리는 음악회'다. 서울시 연희동에 자리한 일반 가정집 2층의 30평 남짓한 공간에서 2002년부터 만 7년째 2주 간격으로 꾸준히 음악회가 개최되고 있다. 피아니스트이자 작곡가인 박창수 씨가 폐쇄되고 고립된 공간의 연주장이 아니라 열려 있는 소통의 문화 공간을 마련하기 위해 자신의 집을 일반인에게 오픈한 것이다. 연주자와 관객이 매우 가까운 거리에서 서로 접하기 때문에 공적인 콘서트홀에서의 느낌과는 사뭇 다르다. 생활 속에서 쉽게 접할 수 있는 새로운 클래식 문화로 자리잡아가고 있다.

하이컨셉
High Concept

하이컨셉이란 트렌드와 기회를 감지하고 서로 무관해 보이는 아이디어를 결합해 새로운 개념을 창조해내는 것을 말한다. 이 개념은 2006년 다니엘 핑크의 저서 『새로운 미래가 온다』에서 처음 제시된 것으로 농경시대, 산업화시대, 정보화시대에 이어 하이컨셉시대가 다가온다고 말한다. 이제 지식근로자가 주도하는 정보화시대는 일반화되어 더 이상의 의미를 상실하고 있다. 오늘날의 소비자들이 경험, 디자인, 스타일, 스토리 등 감성적·무형적 가치를 중시하게 됨에 따라 창의적·독창적·전뇌적 사고를 통해 새로운 가치를 만들어내는 창조근로자가 갈수록 각광을 받고 있다. 이러한 추세에 맞추어 기업들도 하이컨셉을 강조하고 있다. 삼성전자는 휴대폰을 단순히 통화하는 데 사용하는 것이 아니라 '토크, 플레이, 러브'를 하자는 캐치프레이즈를 내걸고 있고, KTF는 휴대폰으로 '세상에 없는 쇼를 하라' 는 하이컨셉을 강조하고 있다. 공전의 히트를 친 영화 〈트랜스포머〉도 하이컨셉의 결과물이다. 트랜스포머는 로봇시대의 개막이라는 시대적 트렌드와 만화가 영화로 만들어지는 영화산업 트렌드 속에서 아직 거대 로봇을 테마로 한 SF영화가 없다는 사실에 착안했다. 이 점을 잘 활용해 1980년대 어린이용 만화영화와 컴퓨터그래픽 기술을 결합시켜 거대 로봇 영화를 만들어 대박을 냈다. 작품 〈행복한 눈물〉에서 보듯 사람들의 기존 관념을 깨고 대중적인 만화를 그림으로 처음 변환하여 만든 로이 리히텐슈타인도 하이컨셉의 성공 사례다.

행복한 눈물
Happy Tears

2008년 삼성 일가가 편법으로 유산을 상속하기 위하여 미술품 경매를 이용하였다는 혐의를 받고, 검찰이 나서서 이를 수사하는 삼성 특검이 진행되었다. 삼성 특검 과정에서 뜻하지 않게 국내에 유명해진 화가가 있으니 〈행복한 눈물〉을 그린 팝 아티스트 로이 리히텐슈타인(Roy Lichtenstein)이 바로 그다. 리히텐슈타인은 미국 출신의 팝아티스트(Pop Artist)이다. 1950년대 초에 영국에서 시작된 팝 아트는 1950년대 중후반에 미국에서 추상표현주의의 주관적인 엄숙성에 반대하고 매스 미디어와 광고 등 대중문화적인 시각이미지를 미술의 영역 속에 적극적으로 수용하고자 했던 구상미술의 한 경향

211

을 말한다. 팝아티스트로는 리히텐슈타인 외에도 앤디 워홀, 클래스 올덴버그, 제스퍼 존스가 있다. 리히텐슈타인의 가장 큰 특징은 인기 만화를 그림으로 재탄생시키는 시도를 최초로 했다는 점이다. 〈행복한 눈물〉 역시 인기 만화가인 마이크 세코스키가 그린 만화에서 따온 것인데, 차이점이라면 머리색깔이 다르다는 점이다. 시작이 어찌되었건 삼성 특검 때문에 우리나라에도 팝아트에 대한 관심이 더욱 커질 것으로 보인다.

must have

must have는 '어떤 것을 가져야만 한다' 라는 의미로 모 이동통신회사의 광고 콘셉트로 더 널리 알려졌다. 또 패션 트렌드를 이끄는 패션 잡지에서도 매달 'MUST HAVE _____', 'MUST HAVE ITEM' 이라는 수식어를 붙여 수많은 물건 중 하나일 뿐인 상품을 필수아이템이라고 강조한다. 이처럼 must have라는 말이 TV, 라디오, 인터넷 등 매체를 가리지 않고 등장하고 있다. 신기하게도 이 말은 보는 사람으로 하여금 마치 모두 가지고 있는 것을 자신만 가지고 있지 않은 것처럼 느끼게 해 구매욕을 자극한다. 더욱 재미있는 사실은 must have라는 문구를 보고 물건을 구매한 사람은 그 물건을 통해 자신만의 개성을 얻었다고 생각한다는 점이다. 소비자 입장에서는 보기 좋게 속은 셈이 되지만 마케팅 전략으로서 must have는 상당한 성공작인 셈이다.

People

개스트로섹슈얼 Gastrosexual

미식가를 뜻하는 개스트로놈과 성적매력을 뜻하는 섹슈얼의 합성어로 뛰어난 요리 실력으로 여성을 사로잡는 남성

'앞치마를 질끈 동여매고 부엌으로 가서 놀자, 그건 바로 내 사랑의 장점, 그녀의 일을 나도 하는 건 필수담당 아니겠어'

1992년, '타타타' 라는 곡으로 인기를 얻었던 김국환의 또 다른 노래 '우리도 접시를 깨뜨리자' 는 남자들도 앞치마를 매고 집안일을 도와주자는 메시지를 담고 있다. 그의 노래가 현실에서도 이루어지고 있다. 노래가 발표된 지 십수 년이 지난 요즘, 앞치마를 두른 남자들이 여기저기서 등장하고 있다. 미디어에서 요리를 하는 남자들이 자주 등장하는 탓도 있지만 실제 주방기기들을 구입하는 남성의 숫자도 급증하고 있다. 이는 세계적인 추세이기도 하다. 앞치마를 두른 대표적인 남자들로는 우리나라 가수인 알렉스와 영국의 TV 요리쇼 진행자인 제이미 올리버(Jamie Oliver), 고든 램지(Gordon Ramsey)를 들 수 있다. 이 밖에도 EBS의 요리프로그램을 진행하는 박수홍은 한식 조리사 자격증을 취득했고, 요리책도 발간했다. 또한 탤런트 김호진 역시 7개의 요리사 자격증을 취득했으며 케이블 TV에서 요리-토크쇼를 진행하고 있다. 영국 소비자 조사단체인 퓨처 파운데이션은 주변

People

215

사람에게 요리를 해주면서 즐거움을 느끼는 25~44세의 남성들을 개스트로섹슈얼이라 이름 지었다. 미식가를 의미하는 개스트로놈(Gastronome)과 성적 매력을 의미하는 섹슈얼(Sexual)의 합성어이다. 금남의 구역이라고 여겨지던 요리학원을 찾는 남자들도 늘고 있다. 이는 여성의 사회적 진출이 크게 늘어남에 따라 맞벌이 부부가 늘어나고 있고 만혼도 일반화됨에 따라 요리를 하는 남성에 대한 여성의 선호도가 크게 늘고 있다. 남성 자신도 요리를 노동이 아니라 취미, 창작적 행위로 보고 있으며 여성을 유혹하는 행위로도 활용하고 있다. 사실 따지고 보면, 언론에 등장했던 유명한 요리사들은 모두 남자가 대부분이었다. 그래서 그리 새삼스럽지 않은 일일 수도 있지만 매스컴을 타고 나오는 남자 연예인들의 요리사 자격증 소식, 식객 같은 드라마 속 요리하는 남자의 모습은 하나의 트렌드로 자리 잡은 것이다. 이러한 현상을 반영하듯 남성들을 대상으로 한 요리강좌와 인터넷카페에서는 요리의 바다에 푹 빠진 남자수강생들의 발길이 점점 증가하고 있다. 이제 '요리도 잘하는 남자' 개스트로섹슈얼에 주목해보자.

• 관련 키워드: 메트로섹슈얼, 위버섹슈얼, 크로스섹슈얼, 레트로섹슈얼, 알렉스, 제이미 올리버, 고든 램지, 식객, 요리사

골드미스터 Gold Mister

안정된 경제력은 기본, 자기계발, 외모관리 등 철저히 자신을 관리하는 30대 중후반의 남성

골드미스터란 안정된 경제력을 바탕으로 독신 생활을 즐기는 능력 있는 남자를 가리키는 말이다. 한때 유행했던 골드미스(Gold Miss)의 남성 버전인 셈이다. 금 대신 다이아몬드에 비유해 다이아미스터라고 부르기도 한다. 골드미스터는 대개 30대 중반부터 40세 전후의 연령에 고학력을 갖추고 있으며 경제적 여유가 있는 전문직 종사자이다. 이 연령대의 남자는 대부분 기혼 상태지만 독신인 이들은 결혼보다는 자기 계발이나 취미, 패션에 대한 관심이 높다. 20대 못지않은 패션 감각을 지닌 골드미스터도 드물지 않게 볼 수 있다. 그런데 이렇게 이상적인 배우자감인 골드미스터와 골드미스는 만날 수 있을까? 대답은 NO이다. 한 결혼정보업체의 설문조사에 따르면 남자들이 배우자를 선택할 때 최우선으로 꼽는 조건은 여자의 나이인데, 30대는 물론 40대 남성도 20대의 여성 배우자를 원하는 것이 일반적이다. 따라서 골드미스터들은 골드미스가 아닌 4~7세 연하, 전문직에 종사하며, 수준급의 외모와 더불어 화목하고 유복한 환경을 가진 여성을 더 선호한다. 이렇게 까다로운 조건 때문에 골드미스터들은 '습관성 미

팅 증후군' 이란 닉네임까지 얻고 있다. 즉 교제 경험이 너무 많아 날이 갈수록 완벽한 여성을 더 갈구하게 되는 남성들이 상당수 '노총각' 을 자초하게 되는 것이다.

한편 이들이 가진 높은 구매력과 가격에 구애받지 않고 소비하는 성향 때문에 기업들은 골드미스터를 겨냥한 마케팅에 관심을 가진다. 백화점에서는 남성 잡화 매장이 넓어지고 있으며, 골드미스터만을 위한 기능성 화장품도 출시되었다. 화장품, 의류뿐만 아니라 골드미스터를 위한 미용 소형가전 시장도 형성되고 있다. 남성전용 헤어 스타일링기, 남성전용 매직기, 바지용 다리미 등이 대표적인 제품이다. 그렇지만 골드미스터들은 화장품이나 패션보다 컴퓨터나 주변기기 등을 통해 자신을 드러내 보이려 한다는 특성이 있기 때문에 실용성과 브랜드의 고급스러움 그리고 제품의 희소성에 더욱 무게를 두고 상품을 구입한다. 이와 같은 골드미스터의 등장은 관련시장 형성에도 의미가 있겠지만, 예로부터 결혼은 반드시 해야 한다고 생각하던 한국인들의 사고 전환을 엿볼 수 있는 기회라는 점에서 더 많은 시사점을 던지고 있다.

• 관련 키워드: 골드미스, 노총각, 습관성 미팅 증후군, 노무족, 나우족, 나오미, 미중년

버락 오바마 Barack Hussein Obama

제44대 미국 대통령이자 최초의 흑인 대통령

버락 후세인 오바마는 미국 제44대 대통령으로 미국 헌정 사상 첫 흑인 대통령이다. 아프리카 케냐 출신의 흑인 남성과 미국 캔자스 주 출신의 백인 여성 사이에서 태어난 혼혈아로, 성장기에는 정체성 혼란에 빠지기도 했지만, 어머니와 외조부모의 다인종주의 사고방식과 적극적인 도움으로 성공적인 커리어를 이룰 수 있었다. 로스앤젤레스의 옥시덴탈 칼리지에서 학사를, 하버드 법대에서 박사를 수료하고 정치적 고향인 시카고의 흑인 거주지역인 남부에서 시민운동을 하고 2004년 상원의원에 당선되었다. 대선 과정에서 민주당의 강력한 후보였던 힐러리 클린턴과 공화당 대통령 후보인 존 매케인을 누르고 대통령에 당선된 데에는 여러 가지 배경과 이유가 작용했다. 우선 오바마는 흑인이지만 고등교육을 받아 사회적으로도 인정을 받았고 그의 뛰어난 연설 능력은 유권자를 설득하기에 충분했다. 그리고 아프리카 출신의 아버지를 가졌다는 사실, 어렸을 때 어머니를 따라 인도네시아에서 거주한 경험 등 다양한 문화 체험은 이미 미국 내 상당한 인구를 차지하고 있는 흑인, 히스패닉, 아시아인들의 지지를 얻는 데 크게 기여했다. 더구나 유권자들은 조지 W. 부시 대통령의 과도한 미국식 제국주의 통치방식과 월스트리트를 뒤흔든 심각한 금융위기와 빅3 자동차 회사를 휘청거리게 하는 경기침체에 환멸을 느꼈기 때문에 오바마에게 거는 기대가 컸다. 이런 총체적 위기 상황에서 정권을 인수한 오마바는 앞으로 경제 활성화, 보호무역 강화, 정부 기능 강화, 의료보험 혁신, 중동 평화 등 수많은 난제를 헤쳐나가야 한다.

오바마는 힐러리 클린턴을 비롯하여 민주당 전체를 껴안고, 콜린 파월 등 공화당원(오바마콘)도 포섭하여 거국적인 정치를 시도하고 있다. 부시의 공화당 정권에서 냉대를 받던 민주당계의 브루킹스 연구소나 미국진보센터(CAP)가 이제 스포트라이트를 받고 있는 반면, 공화당계의 헤리티지 재단과 신보수주의의 산실이었던 미기업연구소(AEI)는 조명을 덜 받을 것이다. 하지만 흑인 혼혈아에 대한 미국인들의 반감 때문에 오바마의 당선을 '뉴 아프리카 공화국'의 선전포고로 받아들이는 백인우월주의 비밀 결사단체인 KKK(Ku Klux Klan) 같은 조직들이 오바마에 가하는 신변 위협은 계속되리라 본다.

• 관련 키워드 : 오바마콘, 브루킹스연구소, 미국진보센터, 힐러리 클린턴, KKK, 대통령, 흑인, 힐러리 클린턴, 존 매케인, 민주당
• 관련 도서 : 『버락 오바마, 담대한 희망』 (버락 오마바, 랜덤하우스코리아, 2007)
　　　　　　 『오바마노믹스』(존 R. 탈보트, 위즈덤하우스, 2008)

엠니스 M-ness *

남성(Man)과 특성(ness)의 합성어로, 전통적인 남성의 특징인 힘, 명예와 전통적인 여성의 특징인 양육, 소통성, 협력을 결합시킨 새로운 남성성

엠니스(M-ness)란 남성(Man)과 특성(ness)의 합성어이다. 언뜻 보기에는 남성스러움으로 이해가 되기 때문에 우락부락하고 공격적인 남성성으로 비추어진다. 하지만 엠니스는 자신과 가족을 위해 적극적으로 투자하는 남성성을 말한다.

최근 20여 년에 걸쳐 남성들은 여성화되는 과정을 거쳐 왔다. 외모와 패션에 관심이 많은 메트로섹슈얼(Metrosexual), 개성 넘치게 꾸미는 것을 좋아하는 크로스섹슈얼(Crosssexual), 남성미가 있으면서도 스타일을 즐기는 위버섹슈얼(Ubersexual), 여자보다 더욱 감성적인 이모보이(Emo Boy), 사내다우면서도 예민한 뉴 블로크(New Bloke) 같은 용어가 바로 그런 추세를 반영하고 있다.

그렇다면 왜 남성의 여성화가 가속화되어 왔을까. 정보화 시대로 진입하면서 남성으로 대표되는 힘이 더 이상 필요하지 않게 되고 좋은 직장을 많이 찾게 된 여성들의 경제력이 향상되면서 결혼을 미루고 독신을 선호하는 경향이 늘어났다. 결혼을 하더라도 맞벌이 부부가 늘어나게 되어 남성들이 여성에게 잘 보일 필요가 생겼다. 이제 여

People

권신장이라는 페미니즘을 넘어 남성과 여성을 구별할 필요가 없는 능력 있는 알파걸도 나오고 있는 상황에서 여성에게 남성은 필수사항이 아니라 선택사항이 되었다. 따라서 남성은 단지 멋진 외모와 돈 벌어오는 기계만으로는 부족하고 가사를 분담하는 등 가족에 대한 배려가 있어야 여성으로부터 사랑을 받을 수 있게 된 것이다.

최근 들어 백화점에서 남성 구매자의 비율이 꾸준히 늘고 있고 VVIP 남성 고객을 위해 편집매장을 만든 백화점도 생겼다. 홈쇼핑을 이용하는 남성의 비중이 크게 늘어났고 옥션 유아용품, 주방생활용품 구매자에서도 남성의 비율이 크게 늘어났다. 어떤 호텔은 사우나, 지압, 마사지, 몸만들기 서비스를 제공하는 남성 전용 주말 패키지를 판매하고 있다.

한마디로 말해 엠니스는 전통적인 남성의 특징인 힘, 명예와 전통적인 여성의 특징인 양육, 소통성, 협력을 결합시킨 새로운 남성성이라고 할 수 있다. 성 중립적이고 개인화된 생활방식이기 때문에 마이니스(My-ness)라고 부르기도 한다. 엠니스 경향은 40대 이후보다는 아무래도 20, 30대에서 많이 나타난다.

• 관련 키워드: 메트로섹슈얼, 크로스섹슈얼, 위버섹슈얼, 이모보이, 뉴 블로크, 마이니스
• 관련 도서: 『남자의 미래』(매리언 살츠먼 · 이라 마타시아 · 앤 오라일리 , 김영사, 2006)

욘족 Yawn族 *

2000년대 들어서 새롭게 등장한 젊은 부자이면서 평범하게 사는 엘리트 계층

2006년 메릴린치-캡제미니가 발표한 세계 부(富) 보고서에 의하면 세계의 백만장자는 870만 명에 이르고, 이들이 소유한 부는 33조 3,000억 달러나 된다. 이들은 어떤 가치관과 어떤 소비행태, 라이프스타일을 지니고 있을까.

부자라면 흥청망청 돈을 쓰고 옷도 명품으로 사입고 자신의 일에 미쳐 사느라 남을 위한 자선활동에 인색하며 가족과 지낼 시간도 부족할 것이라고 생각하기 쉽다. 하지만 2000년대 들어 새로운 엘리트 부자들이 나타났다. 바로 젊은 부자이지만 평범하게 사는 엘리트 계층인 욘족이 그들이다. 욘족은 'Young and Wealthy but Normal'의 약자로서, 영국의 〈선데이 텔레그래프〉가 만든 조어이다. 욘족은 비록 대저택을 소유하고 있지만 평범한 캐주얼복을 입고 다니며, 요트나 자가용 비행기에 돈을 쓰기보다는 자선사업에 힘을 쏟고 가족과 함께 시간을 보내며 조용하고 평범한 삶을 추구하는 라이프스타일을 보인다.

대표적인 욘족으로는 마이크로소프트 회장인 빌 게이츠가 있다. 그는 세계 최고의 부자이지만 수수한 옷차림을 즐기며 가족을 끔찍이도 아낀다. 또 부인 멜린다 게이츠와 함께 많은 재산을 기부하여 빌앤멜린다게이츠 재단을 만들었고 가난한 나라의 질병 퇴치와 빈민구호에 앞장서고 있다. 야후 공동창업자 제리 양, 이베이 공동창업자 피에르 오디미야르도 대표적인 욘족으로 손꼽힌다.

욘족과 비슷한 계층은 이전에도 있었다. 1980년대에는 여피(Yuppies)족, 1990년대에는 보보스(Bobos)족이 부유층의 대명사였다. 여피는 'Young Urban Professional'의 약자로 고등교육을 받고, 도시 근교에 살며, 전문직에 종사하여 고소득을 올리는 자기중심적 젊은이들을 일컬었다. 여피들은 개인의 취향을 무엇보다도 우선시하며, 매사에 성급하지 않고 여유가 있다. 또 그들은 모든 행동거지에 거짓이나 꾸밈이 없으며, 대인관계가 약간 서투르긴 하지만 깨끗하고 세련된 인간관계를 추구하는 특징을 지녔다. 이들은 자신을 드러내기 위해 아르마니 정장과 BMW를 타고 다니며 약간 사치스러운 라이프스타일을 보였다.

1980년대의 여피는 1990년대 디지털 시대에 접어들면서 보보스로 진화발전했다. 보보스(Bobos)는 경제적으로는 부르주아(Bourgeois)처럼 부자이지만 정신적으로는 1960년대 히피의 자유로운 정신을 이어받아 보헤미안(Bohemian)적인 삶과 예술적 고상함을 추구하는 엘리트 계층을 말한다. 이들은 튀지 않는 고급 패션과 유기농 농산물을 소비하고 친환경 자동차를 타는 라이프스타일을 지녔다. 이 말은 미국의 저널리스트 데이비드 브룩스(David Brooks)가 자신의 저서 『보보스: 디지털 시대의 엘리트』에서 처음으로 제시했다.

물론 전 세계 870만 명의 모든 백만장자가 욘족은 아니다. 아직도 많은 부자들은 흥청망청 돈을 쓰며 의식 없이 생활하고 있다. 일부 비평가들은 욘족을 '부자가 아닌 척하는 새로운 부자'라고 평가하면서 약간 비꼬기도 한다. 하지만 앞으로 가치관이나 라이프스타일 면에서 욘족과 같은 부자들이 많이 나오는 것은 사회적으로 매우 좋은 현상임에 분명하다. 한 가지 유의할 점! Yawn이라는 영어 단어는 '하품'을 의미하니 혼동하지 않기 바란다.

• 관련 키워드: 보보스, 여피, 부르주아, 보헤미안, 히피
• 관련 도서: 『보보스: 디지털 시대의 엘리트』(데이비드 브룩스, 동방미디어, 2001)
    『욘스 마인드: 21세기 부의 지도를 바꾼 백만장자 시크릿』(키스 캐머론 스미스, 비전비엔피, 2008)

연상녀와 연하남 간의 커플이 점점 늘고 있다. 그것도 여성이 1~2살 많은 것이 아니라 나이 차이가 더 큰 커플이 크게 늘고 있어 흥미롭다. 물론 커플이 연애 관계일 수도 있고 결혼 관계일 수도 있다. 이처럼 나이 차이가 큰 연하남을 거느리고 있는 연상녀를 쿠거족이라고 부른다. 그렇다면 왜 이들을 쿠거족이라고 부를까.

쿠거는 북미에 서식하는 고양이과의 동물로 먹잇감을 찾을 때까지 어슬렁거리는 특징을 가지고 있다. 캐나다 뱅쿠버 지역은 위도가 높아 여름에는 낮 시간이 길어 카페, 바 등 밤 문화가 잘 발달되어 있다. 사람들의 발길이 뜸해지는 늦은 밤이 되면 바에 홀로 남은 남성을 채가는 여성들이 있다. 마치 쿠거가 먹이를 노리다가 날쌔게 채가듯이 말이다. 이처럼 밤늦게 파트너를 찾아 헤매는 나이 든 여성을 뜻하는 말로 쿠거라는 속어가 뱅쿠버에서 사용되었다.

최근 들어 여성의 경제적, 사회적 지위가 올라가고 남녀 간의 나이 차이가 큰 문제가 되지 않음에 따라 여성 쿠거들이 크게 늘고 있다. 외국의 경우를 보면, 여배우 데미 무어가 열다섯 살 연하인 애쉬튼 커쳐와 결혼했다. 또 다른 쿠거 커플로는 할리 베리와 아홉 살 연하의 가브리엘 오브리, 수잔 서랜든과 열두 살 연하의 팀 로빈슨, 지나 데 이비스와 열다섯 살 연하의 레자 자레이 등 많이 있다. 우리나라에서 도 김보연과 전노민 커플을 포함하여 많이 늘어나는 추세다. 최근 쿠 거 커플 트렌드를 반영하듯 KBS 인기 드라마였던 〈엄마가 뿔났다〉에 서는 김나운과 김정현이 연상녀·연하남 커플로 등장했다.

우리나라에서 결혼적령기의 성인남녀 782명을 대상으로 쿠거 커플 에 대해 어떻게 생각하는지 인식도 조사를 했다. 쿠거 커플의 좋은 점 에 대해서는 남녀 각각 '배려심이 많다'(29퍼센트), '친구 같다'(29.8퍼 센트)를 가장 큰 장점이라고 응답했다. 특히 30대 전문직 여성은 또래 보다 연하남을 결혼상대자로 원하는 경향을 보였는데, 그 이유는 자 신이 경제적으로 독립했기 때문에 권위적인 연상남을 싫어하기 때문 이었다. 또 결혼정보업체 듀오가 남녀 1,462명을 대상으로 조사한 결 과, 연상녀·연하남 커플에 대해 남성 응답자의 절반 가까이(46.1퍼센 트)가 여성의 경제력에 끌린다고 답했다. 반면 여성들은 연하남의 애 교(37.5퍼센트)나 서로 존중해주는 평등한 관계(32.5퍼센트)를 중시했다.

연상녀·연하남 커플의 폭발적 증가 현상인 쿠거혁명은 2003년 미 국은퇴자협회(AARP)의 여론조사 결과로 공론화되기 시작했다. 당시 조사 결과 40~69세의 여성 중 34퍼센트가 연하의 남자와 데이트를 하 거나 결혼했다고 응답했었다. 미국의 연상녀·연하남 커플 붐을 주도한 것은 주로 30대 이상의 여성이다. 이혼 후 싱글이 된 이들은 또래의 남자들이 어린 여자를 좋아하는 탓에 데이트 상대를 구하기가 어려웠었다. 그래서 나이 어린 남자들을 공략하기 시작했고 쿠거 혁명이 발생했다. 우리나라에서도 이혼이 크게 늘어나면서 쿠거 혁명이 퍼지고 있으며 이런 현상은 더욱 가속화될 전망이다.

• 관련 키워드: 연상연하, 커플매니저, 돌싱, 이혼녀, 이혼남

폴 포츠 Paul Roberts Potts

〈브리튼즈 갓 탤런트〉 출신의 영국 오페라 가수

꿈을 갖고 있는 사람은 무수히 많다. 하지만 자신의 꿈이 반드시 이루어질 거라 확신하는 사람이 얼마나 될까. TV드라마 〈베토벤 바이러스〉에 나오는 타고난 천재와 노력하는 천재의 대결구도에서도 볼 수 있듯이 꿈은 방치되었던 재능만으로도 이루어질 수 있지만 '노력'으로도 이루어질 수 있다. 그런 면에서 오페라 가수 폴 포츠는 자신의 이름 앞에 진정으로 자신이 원했던 직업을 가지게 된 노력파라 하겠다. 1970년 생으로 영국에서 태어난 그는 2007년 영국 ITV 〈브리튼즈 갓 탤런트(Britains Got Talent)〉에서 우승을 거머쥐며 일약 전 세계 스타덤에 올랐다. 그 모든 것이 단지 그가 노래를 잘 불렀기 때문만은 아니다. 바로 그 동안의 '과정'에 그 이유가 있다.

인터넷에서 만나는 그의 사진들을 보면 그가 자신의 꿈을 이룬 감격스러움이 얼마나 큰지 느낄 수 있다. 영국의 ITV 〈브리튼즈 갓 탤런트〉는 일반인들이 나와서 노래와 춤 등을 보여주고, 심사위원들이 그들에게 숨겨진 재능을 발굴하는 영국의 유명 리얼리티 TV프로그램이다. 예선과 본선, 결승 등의 과정을 통해 최종 우승자를 가려낸다. 여기에서 우승을 하면 단숨에 유명세와 함께 가수가 될 기회도 얻는다. 일종의 스타발굴 프로그램이다. 이 무대에서 그는 일반적으로 팝송을 부르는 다른 출연자들과는 달리 성악곡 중에서도 가장 어렵다고 알려진 푸치니의 오페라 〈투란도트〉 중, '공주는 잠 못 이루고'를 불러 심사위원과 방청객들을 감동의 도가니로 몰고 갔다.

폴 포츠는 원래 뚱뚱하고 수줍음이 많아 쉽게 놀림감이 되곤 했다. 모든 일에 자신감을 얻지 못했던 그가 교통사고와 종양, 쇄골 골절 등 신체적인 어려움을 겪게 된다. 그는 자신의 재능을 발휘하지 못한 채 휴대전화 외판원으로 일하며 정규 음악 교육은 꿈도 꾸지 못한 채 나이를 먹었다. 하지만 한 가지 그가 잃지 않은 것은 바로 어릴 적부터 가졌던 오페라 가수로서의 꿈이었다. 그리고 그 무대에서 그의 재능은 빛을 발했고, 마흔 줄에 이르는 동안 자신의 목소리로 박수갈채 한 번 받아보지 못했던 그에게 청중들은 유래 없는 환호를 보내주었다. 그리고 그는 달라지기 시작했다. 빛나던 재능에 자신감이 더해져 여유로워진 그의 목소리는 한층 더 성숙하고 감수성 짙은 목소리로 많은 이들의 심금을 울리기 시작한 것이다. 우리의 인생에 무언가 더해지면, 평범할 것 같았던 인생도 변할 수 있음을 몸소 보여준 폴 포츠. 예전에 그에게 휴대폰을 사지 않겠노라고 거절했던 사람들이 그를 알아본다면, 그때 그에게 휴대폰을 사지 않았음을 아쉬워하지 않을까. 그의 데뷔 앨범은 2007년에 나온 'One Chance'였는데 발매되자

마자 영국 음반 차트 1위를 차지했고, 전 세계적으로 300만 장이 팔렸다. 2008년에는 한국에 와서 공연을 하고 공연 수익금의 10퍼센트를 북한 결핵아동을 위해 기부하기도 했다.

• 관련 키워드 : 오페라, 휴대폰 외판원, 원 챈스(One Chance), 브리튼즈 갓 탤런트, 코니 탤벗, 한국의 폴포츠

하키맘 Hockey Mom

아이스하키를 하러 가는 아이들을 차로 태워 데려다주는 미국의 중산층 엄마들을 지칭하는 말. 보통 자녀교육에 억척스러운 엄마를 일컫는다.

미국에는 워킹맘, 헬리콥터맘, 사커맘, 시큐리티맘, 하키맘, 에코맘 등 '~맘'이 많다. 워킹맘은 아이들을 다른 곳에 맡기고 돈을 벌기 위해 일하러 가는 엄마를 말한다. 워킹맘은 돈을 버는 것도 중요하지만 자신의 커리어와 자아실현을 매우 중시한다. 최근에는 우리나라 TV 드라마 제목으로도 쓰였다.

헬리콥터맘은 1990년대 미국에서 쓰인 말로 헬리콥터처럼 아이들의 학교 주변을 맴돌며 자녀를 위해 사사건건 학교 측에 간섭하는 주부를 말한다. 학교에 수시로 전화해 아이들의 숙제와 점심 메뉴를 조언하며, 전문가를 동원해 대학 입학 에세이까지 써주기도 한다. 자녀가 직장에 취직하면 부서 배치 조정이나 경력 관리에 나서기도 한다.

1996년 미국 선거에서는 사커맘이 큰 인기를 끌었다. 축구(soccer)는 남성 위주의 스포츠인 미식축구와는 달리 남녀노소 구분 없이 즐길 수 있는 특징이 있다. 당시 민주당 대통령 후보였던 빌 클린턴의 보좌관인 마크 펜은 전통적으로 공화당을 지지하던 중산층 여성들을 민주당으로 끌어들이기 위해 사커맘이라는 말을 만들어 지지를 호소했다. 사커맘이란 자녀가 방과 후에 축구를 하러 갈 때 데려다주는 교육열 높은 엄마를 말한다. 이러한 선거전략 덕분에 중산층 여성의 마음을 빼앗아 클린턴은 대통령 선거에서 승리했다.

2004년 대통령 선거에서는 2001년 9.11테러의 영향으로 부인들이 안보에 예민해져 있다는 것을 간파하고 시큐리티맘 즉, 안보맘을 강조하여 조지 W. 부시가 선거에 승리하기도 했다.

2008년에는 하키맘이 새롭게 등장했다. 다섯 아이의 엄마이자 알래스카 주지사를 지내고 미국 공화당 부통령 후보로 나온 사라 페일린이 자신을 '알래스카의 평범한 하키맘' 이라고 묘사하며 큰 인기를 끈 바 있다. 하키맘이란 자신의 자녀가 학교 수업을 마친 이후에 아이스하키 경기를 연습하러 갈 때 차로 태워다 주며 다른 엄마들과 친분교류를 하는 중산층 엄마를 말한다. 한 마디로 말해 자녀 교육을 위해 억척스럽게 사는 엄마를 말한다. 아이스하키는 축구나 다른 종목에 비해 장비가 무겁고 아이스링크가 많지 않아 아이들이나 부모 입장에서 이동하는 데 부담이 훨씬 크다. 더구나 사라 페일린은 추운 알래스카에서 살고 있었기 때문에 축구보다는 아이스하키가 더 인기 있는 종목이었다는 점에서 하키맘이라는 용어가 나온 것이다.

최근에는 에코맘이라는 말도 생겨났는데 자연 훼손에 깊은 관심을 갖고, 일상생활과 육아 과정에서 적극적으로 환경보호를 실천하는 주부들을 말한다. 에코맘은 자녀들을 기다릴 때 자동차 공회전을 하지 않고, 현지 식품을 먹고, 쓰레기 없는 도시락을 만든다. 또 절약형 형광전구를 이용하고 사용하지 않는 전자제품의 전원을 차단하는 절전 장치를 이용한다. 또 자원 절약을 위해 장난감과 입던 옷을 나눠 쓰는 것은 물론이다.

• 관련 키워드: 워킹맘, 헬리콥터맘, 사커맘, 시큐리티맘, 하키맘, 에코맘

헝그리어답터 Hungry Adopter *

돈은 없지만, 최신 제품을 항상 남보다 먼저 구입하여 사용하는 사람

오늘도 신제품이 끊임없이 쏟아져 나온다. 더욱 새로운 기능, 더욱 멋진 디자인을 가진 신제품이 나오면 어떤 사람들이 제일 먼저 나서서 이런 제품들을 구입하는 것일까. 바로 얼리어답터이다. 얼리어답터(Early Adopter)는 신제품이 출시될 때마다 최신 제품을 남보다 빨리 사서 사용하는 사람이다. 그런데 얼리어답터의 하위 개념으로 헝그리어답터가 등장했다.

헝그리어답터는 돈은 없지만, 최신 제품을 항상 남보다 먼저 구입하여 사용하는 사람을 말한다. 이들은 돈이 충분하지 않기 때문에 최신 제품을 쓰다가 중고로 팔고 그 돈으로 새로 나온 최신 제품을 또 구매하곤 한다. 돈이 워낙 없으면 최신 제품도 중고로 산다.

어떤 사람은 몇 개월도 안 되어 5개가 넘는 최신형 카메라를 두루 사용해 봤다고 한다. 각 브랜드 제품을 하나씩 골라서 써보니 제조사별로 장단점도 파악할 수 있고, 자신에게 맞는 브랜드가 무엇인지도 알 수 있었다. 하지만 비용은 그렇게 많이 들어가지 않았다. 모두 중고로 사서 중고로 다시 되팔았기 때문이다.

235

이러한 헝그리어답터에게는 특징이 있다. 새 제품을 사더라도 박스나 설명서 등을 절대 버리지 않는다. 나중에 중고로 팔 때 좀 더 가격을 잘 받기 위해서이다. 또한 이들은 소형 가전제품을 쓸 때에도 절대 떨어뜨리지 않고 케이스에 넣어서 사용하며, 액정에는 반드시 액정 보호용 필름을 붙여서 쓴다.

과거에는 헝그리어답터라는 말이 없었기 때문에 이들을 일컬어 늘 더 좋은 제품으로 업그레이드 한다는 의미에서 '업글러'라고 부르곤 했다. 명품을 좋아하지만 돈이 없어 명품 액세서리 정도나 매스티지 제품을 사는 된장녀가 있듯이, 새로운 전자제품 매니아에는 헝그리어답터가 있다.

• 관련 키워드: 얼리어답터, 업글러, 슬로어답터, 중고품
• 관련 도서: 「헝그리 어답터를 활용한 마케팅」(문현석, 이마스, 2005)

호모 콘수무스 Homo Consumus

사회의 진화에 따른 인간을 나타내는 말로 소비하는 사람이라는 의미의 용어

사람을 의미하는 호모(Homo)는 생물을 분류하는 학술적 표기이다. 직립 보행을 시작한 호모 에렉투스, 현재 인류의 시조인 호모 사피엔스처럼 사회의 진화에 따라 인간의 진화된 모습을 설명하고자 할 때 호모라는 말을 함께 붙인다. 도구를 만들어 사용하는 측면을 강조하면 호모 파베르, 유희 본능 측면을 강조하면 호모 루덴스, 유목 측면을 강조하면 호모 노마드, 정치적 측면을 강조하면 호모 폴리티쿠스, 윤리적 측면을 강조하면 호모 에티쿠스, 통신 측면을 강조하면 호모 텔레포니쿠스, 움직이는 측면을 강조하면 호모 모벤스, 지식 측면을 강조하면 호모 날리지언, 상상력 측면을 강조하면 호모 이마기난스, 영적 측면을 강조하면 호모 스피리투스 등 다양한 형태의 분류를 만날 수 있다.

또 인간의 합리적 경제 측면을 강조하면 호모 에코노미쿠스(Homo Economicus)라 부른다. 합리성을 추구하는 경제인은 주어진 자원을 가지고 최고의 혜택을 얻으려 한다. 소비자라면 주어진 소득을 가지고 최대의 효용을 얻으려고 하고, 기업가는 주어진 자원을 가지고 최대

의 이윤을 얻으려고 한다.

그런데 최근에는 인간의 소비 측면을 강조하는 말로 호모 콘수무스 (Homo Consumus)라는 말이 쓰이고 있다. 소비자들의 소비 행태를 합리성만 가지고는 설명하기기가 어렵기 때문이다. 미래학자인 앨빈 토플러(Alvin Toffler)는 자신의 책 『부의 미래』에서 여러 경제주체들의 변화 속도를 비교한 바 있다. 기업이 시속 100마일로 달리고 있다면 시민단체인 NGO(비정부기구)는 90마일, 가족도 비교적 빠른 60마일로 질주하고 있다. 반면 노동조합과 정부는 각각 30마일과 25마일, 학교는 10마일, 국제기구는 5마일, 정치조직은 3마일, 법조직은 1마일의 속도로 따라오고 있다. 그러면 소비자의 변화 속도는 어느 정도일까. 물론 소비자에 따라 편차가 있겠지만 분명한 것은 소비자의 평균 변화속도가 예전에 비해 훨씬 빨라졌다는 사실이다. 예전에는 NGO가 개인을 리드했지만 이제는 NGO도 점차 관료화됨에 따라 각종 기기로 무장한 재빠른 개인들이 오히려 NGO를 추월하고 있다. 필자는 소비자가 기업을 오히려 능가하여 시속 120마일로 질주하고 있다고 본다.

소비자가 왜 이렇게 빠른 속도로 움직이게 되었을까. 찰스 다윈의 진화론을 보면 공진화(co-evolution)라는 말이 있다. 치타와 영양은 둘다 매우 빨리 달린다. 먹고 먹히는 동물들이 서로 경쟁을 하다 보니 서로 속도가 빨라졌기 때문이다. 기업과 소비자의 변화속도가 이렇게 비슷해진 것도 바로 공진화 때문이 아닐까. 예전에 비해 소비자의 파워가 기업을 능가하게 된 이유를 정리해보자.

첫째, 소비자는 상품을 구매하는 주체이다. 예전에는 소비자의 소득이 낮았기 때문에 구매 상품의 개수가 한정되었고 선택의 폭이 좁았다. 하지만 이제는 소비자의 소득이 높아졌기 때문에 소비자의 의지에 따라 구매의 개수나 선택 폭이 훨씬 많아졌다. 선거를 할 때에는 소득 여부와 관계없이 한 사람에게 투표권이 하나밖에 없지만 소비를 할 때에는 소득에 따라 상품을 얼마든지 구입할 수 있다.

둘째, 소비자가 과거에 비해 지적수준이 높아지고 상품과 기업에 대한 정보와 지식을 많이 가지게 되었다. 예전에는 소비자가 기업이 만드는 상품에 대한 정보를 구할 수 없어 상품을 비교할 수 없었다. 하지만 참여, 공유, 개방이라는 3가지 특성을 가진 웹 2.0이 생활 전반으로 크게 확산되면서 소비자의 파워를 더욱 강력하게 만들고 있다.

셋째, 소비자들끼리 힘을 합쳐 단체행동을 한다. 예전의 소비자들은 구매할 때 개별적으로 행동했고, 상품에 대해 불만이 있더라도 참고 지내는 경우가 많았다. 하지만 민주주의와 법치제가 확산되면서 소비자들은 소비자의 권리를 지킬 뿐 아니라 강화하기 위해 개별행동과 단체행동을 하기 시작했다. 상품과 서비스에 대해 기업이 불만과 불평, 고소, 고발, 리콜, 공동구매를 하게 된 것이다. 물론 이렇게 된 데에는 기업의 공정거래나 소비자 권익 보호를 위한 정부 행정과 법의 집행 강화가 크게 기여했다.

넷째, 소비자는 이제 생산자 기능도 겸비하는 프로슈머이다. 이제 상품을 단순히 구매하는 데 그치지 않고 자신이 직접 상품을 부분적으로 고친다. 튜닝(tuning)을 하는 것이다. 휴대폰 튜닝처럼 간단한 것에서부터 자동차나 오토바이처럼 상당한 돈을 들이는 것까지 다양한 튜닝을 한다. 또 소비 체험 과정에서 우러나오는 아이디어를 기업에게 제공하여 신제품을 만드는 데 중요한 기능을 하기도 하고 공모전을 통해 정식으로 아이디어를 제공하기도 한다. 이러한 프로슈머(Prosumer; 생산자와 소비자의 합성어)는 기업에게 대단한 정보원이자 자극제가 되고 있다.

다섯째, 소비자는 갈수록 감성화, 윤리화되고 있다. 이제 소비자들은 상품의 질이나 가격을 보고 합리적으로 판단할 뿐 아니라 상품의 디자인이나 분위기, 체험에서 나오는 느낌을 통해 상품을 판단한다. 패션의 경우 특히 감성적 요인이 크게 작용한다. 그런데 이제 상품 자체도 중요하지만 상품을 만드는 기업의 사회적 측면을 보고 구매를 결정하는 소비자들이 늘고 있다. 기업이 윤리적으로 문제가 있으면 해당 기업의 상품을 구매하지 않는 것이다

이처럼 환경 변화와 소비자 자신의 특성 변화로 소비자는 갈수록 강해지고 있다. 강성 소비자들은 기업이 마음에 들지 않으면 불매운동을 하는 것은 물론이고 본사 건물의 정문을 향해 자동차를 저돌적으로 몰기도 한다. 신문사의 편파적인 보도에 불만을 느끼면 그 신문

에 광고를 하는 기업의 제품을 사지 않겠다고 하면서 광고주들에게 협박을 하기도 한다. 또 해당 기업에 대해 블로그나 카페, 이메일을 통해 나쁜 입소문을 퍼뜨리리는 것을 물론이다.

또 일부 소비자들은 이렇게 커진 소비자의 파워를 악용하기도 한다. 음식을 다 먹은 다음에 이물질을 일부러 넣은 다음 매장 주인에게 항의를 하여 음식값을 내지 않고 뻔뻔하게 매장 문을 나오기도 한다. 이런 얌체족 블랙 컨슈머(Black Consumer)는 갈수록 늘어날 전망이니 기업들은 조심해야 한다.

소비자는 이제 생산자인 기업에 비해 막강한 파워를 지니게 되어 글래디에이터(gladiator) 즉, 검투사가 되어가고 있다.

People

• 관련 키워드: 앨빈 토플러, 프로슈머, 블랙컨슈머, 글래디에이터, 검투사, 튜닝, 공진화, 튜닝, 블로거, 트윈슈머
• 관련 도서: 『세상을 소비하는 인간, 호모 콘수무스』(김민주 지음, 교보문고, 2008)

그루밍족*
Grooming族

대학생 A씨는 일주일에 두 번씩 미용실을 찾는다. 또 직장인 B씨는 최근 피부관리실을 다니기 시작했다. 특수한 몇 명의 이야기가 아닌 많은 남성들에게 불고 있는 새로운 모습이다. 여성의 뷰티에 해당하는 남성의 미용용어를 그루밍이라 한다. 이는 남성의 피부관리·두발·치아는 물론 성형수술까지 포함하는 총체적인 용어로 사용되고 있다. 왜 이런 그루밍족이 생겨나고 있을까? 바로 남성들도 신체자본(외모)을 지녀야만 성공할 수 있다고 생각하기 때문이다. 멋진 외모로 인한 후광효과(Halo Effect)까지 누릴 수 있게 되기에 그루밍족들이 늘어나고 있다. 그런데 왜 하필 마부(Groom)가 말을 빗질하고 목욕을 시켜주는 뜻인 그루밍을 남성에게 접목시켰을까.

나오미족
Not Old Image族

김남주, 김희애, 채시라 등은 30~40대이지만 광고계에서는 활발한 활동을 하고 있는 연예인들이다. 이들은 안정된 결혼생활을 누리고 신세대 못지않은 감각과 라이프스타일을 인정받고 있다는 공통점이 있다. 방송계에선 이들을 나오미족이라고 부른다. 나오미족이란 'Not Old Image' 의 약자로 미시족에서 진화한 형태이다. 미시족은 아이가 있는 주부임에도 미혼여성처럼 자신을 꾸미기를 좋아하는 사람으로 미혼 같은 기혼여성을 말한다.

나이트쿠스족
Nightcus族

1945년부터 1982년까지 밤 12시부터 새벽 4시까지 통행을 금지하는 일명 '통금'(야간통행금지)이라는 것이 있었다. 또 90년대에는 정부가 범죄와의 전쟁을 선포하며 심야영업을 규제하기도 했다. 이러한 조치들 때문에 자정이 넘어서는 돌아다니지 못했었다. 하지만 요즘처럼 밤이 되어도 거리낌 없이 돌아다닐 수 있는 시대를 사는 사람들에게는 그런 날들이 있었다는 것조차 신기하게 느껴질 것이다. 요즘은 12시가 넘어도 길거리에는 사람들이 넘쳐나고 다양한 업종에 종사하는 사람들이 새벽까지 활동하고 있다. 이렇게 주로 밤에 활동을 하는 사람들을 나이트쿠스족이라 부른다. 밤을 뜻하는 나이트와 인간을 뜻하는 접미사(-cus)를 붙여 만든 신조어이다. 오후 10시~오전 2시에 다른 사람들은 단잠에 빠지지만 나이트쿠스는 더욱 활동적이다. 전통적인 심야업종인 술집, 노래방, PC방을 비롯하여 최근 유행하고 있는 심야극장, 찜질방, 패스트푸드, 쌀국수 식당, 분식점, 의류매장, 미용실, 서점, 박물관, 동물병원, 어린이집에도 간다. 아예 24시간 영업을 하는 곳도 늘어나고 있는데 대표적인 패스트푸드점인 맥도날드, 롯데리아, 버거킹 등도 과거와는 달리 이제 24시간 영업을 하고 있다.

노무족*
Nomu族

CF에서 축 처진 어깨를 보이던 중년남성들이 변하고 있다. 과거 경기위축과 조기퇴직 등으로 위축됐던 중년남성들이 이전 '아저씨'의 이미지에서 탈피하여 적극적인 소비주체로 변하고 있다. 이런 성향은 40, 50대 남성들에게 최근 많이 나타나고 있는데 노무족이 바로 그런 사람들이다. 노무족이란 '더 이상 아저씨가 아니다(No More Uncle)'라는 뜻으로 나이에 얽매이지 않는 폭넓은 사고와 행동을 추구하는 40, 50대 중년 남성을 말한다. 이들은 자기관리를 위해 시간과 돈을 아끼지 않는다. 중년 남성이여! 그대들은 더 이상 아저씨가 아니다. 당당한 노무족이다!

니트족*
Neet族

경기 악화와 기업의 고용 구조 변화, 학교 교육의 부적절함, 가정 및 사회의 분위기 때문에 새롭게 생기는 족(族)이 있다. 바로 니트족이다. 니트족이란 'Not In Education, Employment or Training'의 약자로 '일하고 있지 않고 일하려고 하지도 않는 사람'을 의미한다. 하나의 직장에 정착하지 않고 아르바이트로 생계를 꾸려나가는 프리터족과도 완연히 구분되는 니트족은 아예 일하고자 하는 의지가 없다는 점에서 사회경제적으로는 매우 부정적인 영향을 끼친다. 일본에서는 니트족이 이미 만연해 있으며 우리나라도 이러한 현상이 번지고 있다. 최근 중국에도 니트족이 등장해 지엽적인 문제가 아님을 시사하고 있다.

다운시프트족*
Downshift族

최근 인재 파견회사 '보보스'가 20, 30대 직장인 570명을 대상으로 조사한 결과 직장 생활을 통해 '개인 생활과 사회 생활의 적절한 조화'를 얻고 싶다는 대답이 무려 41.9퍼센트를 차지했다. 이것이 바로 다운시프트족이 바라는 생활이다. 다운시프트의 사전적인 의미는 '저속 기어로 바꾼다'이다. 치열한 생존경쟁에서 이탈하여 돈이나 사회적 지위에 연연하지 않고 느긋하고 여유로운 삶을 즐기고자 하는 사람들이 다운시프트족이다.

데미안 허스트
Damien Hirst

1965년생인 데미안 허스트는 현재 영국의 현대 미술을 대표하는 화가로 yBa(young British artists)를 이끌고 있다. 그의 작품은 죽음을 주제로 하고 있는데 너무도 충격적이고 엽기적이어서 '미스터 데드', '악마의 자식', '컬트 조각가', '엽기의 예술가' 등 다양한 별명이 그를 따라다닌다. 1991년 첫 개인전에서 엄청난 반향을 일으킨 작품인 '살아 있는 자의 마음속에 있는 죽음의 육체적 불가능성(The Physical Impossibility of Death in the Mind of Someone Living)'은 죽은 상어를 포름알데히드가 가득 찬 유리 진열장에 매달아 만들었다. '신의 사랑을 위해(For the Love of God)'라는 작품은 실제 인간의 두개골에 백금으로 된 틀을 씌우고 8,601개의 다이아몬드를 박아 만들었다. 그는 런던의 골드스미스 대학 출신으로 재학 당시 같은 대학 학생끼리 열었던 '프리즈(Freeze)' 전을 통해 주목을 받기 시작했으며 유명한 컬렉터인 찰스 사치와 갤러리 화이트 큐브의 주인인 제이 조플링의 후원을 받으며 급성장했다. 그가 만든 작품은 항상 세인의 관심을 이끌며 고가에 팔려 나간다. 2008년 9월 16일에는 런던 소더비 경매장에서 일반인을 대상으로 경매에 붙였는데, '황금송아지', '왕국', '믿기지 않는 여행', '천사의 해골' 등 54개 작품이 1억 1,880만 유로(약 1,930억 원)에 팔려 단일 작가의 작품 경매 사상 최고가를 기록하며 과거 피카소의 기록을 경신했다.

데스크테리어족
Deskterior族

데스크테리어족은 사무실 책상 위를 아이디어 디자인 제품들로 꾸며 자신의 공간을 만드는 사람들을 말한다. 예쁘고 컬러풀한 마우스, 과일 모양 스피커, 예쁜 펜, 펜홀더, 악어 모양의 스테이플러, 다양한 디자인의 포스트잇, 책상용 미니청소기 등 책상용 사무용품은 정말 다양하다. 자기표현을 즐기는 여성 직장인이 크게 늘어나면서 데스크테리어족은 더욱 늘어날 전망이다.

드미트리 메드베데프
Dmitry Anatolyevich Medvedev

드미트리 메드베데프는 푸틴 대통령에 이어 2008년에 취임한 러시아의 제3대 대통령이다. 푸틴 대통령의 정치적 후계자인 그는 푸틴 대통령처럼 레닌그라드 대학 법학부 출신으로 푸틴 대통령 시절 러시아 최대 국영가스회사인 가스프롬 회장을 지냈으며 제1부총리를 역임했다. 푸틴은 대통령직을 두 번 했기 때문에 3선을 할 수 없으므로 심복인 메드베데프가 대통령을 한 후에 다시 대통령으로 복귀할 것이라는 견해가 유력하다. 현재 총리인 푸틴보다 서열이 높은 대통령직을 수행중인 메드베데프가 얼마나 독립적으로 대통령직을 수행할지가 관전 포인트이다.

딩펫족*
Dinkpet族

같은 아파트에 사는 젊은 부부와 대화를 나누던 중 놀랐던 적이 있다. 그들 부부가 아들처럼 말하던 존재가 바로 애완동물이었기 때문이다. 바로 이들이 딩펫족이다. 정상적인 부부생활을 하면서도 의도적으로 자녀를 갖지 않는 맞벌이 부부를 지칭하는 딩크족에, 애완동물을 뜻하는 펫(Pet)이 합쳐져서 생긴 단어이다. 즉, 아이 대신에 애완동물을 기르며 사는 맞벌이 부부를 뜻한다. 딩펫족이 더욱 확산된다면 출근할 때 아이를 맡기는 육아시설처럼 애완동물을 맡기는 시설도 생겨날 것이다.

리본족
Re-born族

최근 막을 내린 KBS 드라마 〈연애결혼〉에서는 '재혼전문 커플매니저'란 직업을 선보였다. 일반적인 커플매니저와 하는 일은 동일하지만 단지 차이가 있다면 의뢰인이 재혼자라는 것이다. 리본족은 바로 이 드라마 속의 직업을 만들어낸 장본인들이다. 리본족은 '돌싱(돌아온 싱글)'처럼 경제력을 갖추고 재혼을 희망하는 매력적인 남성들을 말한다. 이 말은 초혼 실패를 기점으로 새롭게 다시(re) 태어난다(bom)는 의미와 더불어 초혼 때보다 경제적으로 안정되고 여성에 대한 배려심도 늘어나 예비 배우자에게 훌륭한 선물이 될 수 있다는 의미이기도 하다. 점차 변화하고 있는 우리나라의 결혼 문화를 살펴볼 수 있는 신조어이다.

마이클 크라이튼
Michael Crichton

영화 〈쥬라기공원〉을 모르는 사람은 거의 없을 것이다. 중생대에 살았던 공룡의 피를 빨은 모기의 화석에서 피를 추출하여 공룡을 복원시키려는 사업가와 이를 막으려는 사람들 간의 갈등을 다룬 영화다. 대단한 상상력의 결과물인 이 영화는 마이클 크라이튼의 소설을 기반으로 만들었다. 그는 1942년 미국 시카고에서 태어났고 어려서부터 글쓰기에 능숙했다. 하버드대 영문학과와 인류학과를 졸업하고 하버드대에서 의학박사를 받았지만 의사직에 전혀 매력을 느끼지 못한 그는 소설 쓰기와 영화 제작에 푹 빠졌다. 그는 인류학과 의학 지식이 많았기 때문에 SF 소설, SF 영화 같은 지식소설(Knowledge Fiction)에서 큰 두각을 나타내었다. 1969년 그의 첫 베스트셀러 소설인 『안드로메다의 위기』로부터 시작하여, 유전공학을 다룬 『쥬라기공원』과 먹이, 양자역학을 다룬 『타임라인』, 지구온난화 이슈를 다룬 『공포의 제국』, 『트위스터』, 『터미널 맨』, 『콩고』, 『폭로』, 『13번째 전사』, 『대열차강도』, 『라이징 선』, 『스피어』, 그리고 마지막 작품 『넥스트』까지 모두 마이클 크라이튼의 지적 산출물이다. 1990년대에 시카고의 쿡 카운티 병원 응급실을 무대로 한 인기 의학 TV 드라마 〈E.R〉 또한 그의 작품이다.

지난 2008년 11월, 오바마가 대통령 선거에서 당선된 직후 그는 오랫동안 싸워왔던 암으로 죽었다. 향년 66세. 정말 아까운 작가가 세상을 마감했다. 그에 대해 많이 알고 싶은 분들은 『마이클 크라이튼의 여행』이라는 책을 읽어보기를 적극 추천한다. 앞으로 마이클 크라이튼을 추모하는 소설과 영화들이 많이 선보일 것으로 보인다.

마이클 펠프스
Michael Phelps

1985년 미국 태생의 걸출한 수영 선수, 마이클 펠프스. 2008년 제29회 베이징 올림픽 수영 8관왕에 오르면서 마크 스피츠 이후 불세출의 스타임을 다시 한 번 확인했다. 하지만 이 선수가 수영 세계 기록을 세웠다는 사실보다 더 눈길을 끄는 것은 다름 아닌 그의 노력이다. 자기가 정말 사랑하고 잘할 수 있는 걸 찾아서 행운이라고 말하는 마이클 펠프스는 1년 365일 하루도 빠짐없이 다섯 시간씩 16킬로미터를 수영한다. '물을 가르는 사나이' 펠프스는 타고난 신체조건을 갖고는 있다지만, 허리에 8킬로그램짜리 벨트를 차고, 손은 움직이지 않는 돌핀킥을 연습하고, 올림픽 전에는 산소가 20퍼센트나 부족한 고원지대에서 평지와 똑같은 수영 훈련을 했다고 전해진다.

천재는 타고난다. 하지만, 타고난 천재적 배경 뒤에 혹독한 훈련이 없었다면 가능했을까. 펠프스는 오늘의 날짜, 시간 따위에 아무런 신경도 쓰지 않는다. 오직 훈련에만 몰입하고, 다른 때는 움직이는 것조차 하지 않는다. '주의력결핍 과다행동장애(ADHD)'를 앓았던 그에게 '몰입'이란 그 자체만으로도 사실 놀랍지만 장애를 극복하고 수영으로 세계를 제패한 그의 노력에 박수를 보낸다.

미스맘* Miss Mom

요즘 결혼을 하지 않은 상태에서 아이를 낳으려는 여성이 점차 늘고 있다. 이렇게 배우자 없이 아이 낳기를 선택하는 여성을 '미스맘'이라고 부른다. 싱글맘(Single Mom)은 이혼이나 사별 때문에 할 수 없이 아이를 혼자 키우는 여성인데 반해, 미스맘은 여성 스스로 아이를 가지고자 적극적으로 선택한다는 점이 다르다. 여성의 경제력이 커짐에 따라 생기는 자연스러운 현상이다. 현재 입법 예고된 '생식세포 관리 및 보호에 관한 법률제정안'에서는 배우자의 동의를 얻어야만 여성이 타인의 생식세포를 받을 수 있다. 여성에게 배우자가 없는 경우에 대해서는 별다른 언급이 없어 논란이 예상된다.

바링하우
八零後

바링하우는 1980년대 이후 태어난 중국의 20대를 이르는 말로 이들은 등소평의 산아제한 정책, 즉 독생자녀제(1가구 1자녀)이후 태어나 금지옥엽과 같이 자라났다. 바링하우들은 자신의 경제적 상황에 아랑곳없이 돈을 물 쓰듯 쓰며, 화려한 문화와 쇼핑을 즐겨 한국의 오렌지족과 비교되기도 한다. 이는 바링하우들이 문화 혁명을 겪지 않았을 뿐만 아니라 개혁개방 이후 도입된 시장경제 체제하에서 급속한 경제성장의 혜택을 누렸기 때문이다. 과소비와 개인주의로 비판을 받던 바링하우들에 대한 중국인들의 인식이 변화한 것은 쓰촨 대지진과 베이징 올림픽이 계기가 되었다. 이들은 쓰촨 대지진 현장 최일선에서 구조활동을 펼쳤으며, 베이징 올림픽의 국제적 참가 거부 운동이 일어나자 중국 민족의 자존심을 살리자며 뭉치기 시작했다. 올림픽에 동원되었던 자원봉사단, 테러 진압에 차출된 공안 경찰 대부분이 바링하우들이었다.

스나이퍼
Sniper

스나이퍼는 저격수를 의미한다. 영화 〈에너미 앳 더 게이트〉를 보면 소련과 독일 저격수 간의 팽팽한 긴장감을 엿볼 수 있고, 영화 〈밴티지 포인트〉를 보면 스페인 광장에서 모바일 기기로 총을 원격 조정해 미국 대통령을 저격하는 모습을 볼 수 있다. 이스라엘의 한 총기 회사는 시가전을 대비하여 자신의 신체를 상대편에게 노출시키지 않은 채 저격할 수 있는 총기를 개발했다. 휘어진 총기에 부착된 모니터 화면을 보고 방아쇠를 당길 수 있게 제작한 것이다. 이처럼, 최근 들어 저격 기술은 크게 발전되어 마음만 먹으면 얼마든지 저격이 가능하다. 한 사람을 죽인다고 세상이 크게 바뀌지는 않지만 저격수에게 살인을 의뢰하는 사람은 저격을 통해 상대방에 대한 자신의 분노를 삭힐 수 있고 세상을 바꿀 수 있다고 믿는다. 2009년 미국의 건국 이래 첫 흑인 대통령인 오바마에 반대하는 보수파들의 위협이 커지자 대통령에 대한 보안 조치가 크게 강화되고 있다. 만약 대통령 저격 시도가 정말 이루어지면 미국 사회는 커다란 혼란에 빠질 것이다.

승냥이

승냥이라는 동물을 알고 있는가. 일반적으로 알려진 개과에 속하는 야생 육식동물인 승냥이가 있고, 또 하나 피겨요정 김연아 선수의 팬클럽을 지칭하는 승냥이가 있다. 이 '승냥이' 들은 김연아가 출전하는 대회나 공연이 있는 곳이라면 어김없이 등장한다. 2008년 10월 시니어 그랑프리 1차 대회를 응원하러 미국 워싱턴 주의 에버렛에도 승냥이가 등장해 '승냥이 왔다' 라는 독특한 플래카드를 내걸고 김연아를 응원했다. 그런데 그들이 안고 있는 한 가지 위험성은 김연아의 팬클럽이 팬덤(Fandom)의 제1덕목인 '무조건 좋아해야 한다' 는 메커니즘을 내포하고 있다는 것이다. 이를 통해 단순히 피겨요정이라는 수식어를 넘어 '피겨의 여왕' 이라는 인식을 하게 된 것이다. 이들은 피겨라는 스포츠의 룰이나 경기진행 방식의 이해를 통한 스포츠 관람이 아니라 김연아라는 선수 자체만으로 만족한다. 그녀의 연기에 무조건 '감동' 하고 세계최고라는 수식어를 붙이며 최고의 스포츠 스타로 만든다. 이는 마치 김연아 선수의 사진을 보면서 위대한 화가의 명화를 감상하는 것처럼 치켜세우는 것과 비슷하다.

| 신상녀 자신의 경제력이 부족함에도 명품을 선호하는 여성을 비꼬아서 부르는 말로 한동안 인기를 끌었던 된장녀라는 말이 있다. 된장녀는 부정적인 이미지가 강했던 반면 최근 급부상하고 있는 신상녀는 신상품에 열광하는 여성을 부르는 말로 비싼 명품이든 아니든 최신상품을 선호한다는 면에서 일반인으로부터 거부감이 적다. 미국드라마와 영화 〈섹스앤더시티〉에서 여주인공 캐리는 신상품에 열광하는 모습을 보여주고 있고, 리얼리티 프로

그램 〈우리 결혼했어요〉에서 서인영은 신상녀 이미지를 굳혔다. 서인영은 〈야심만만〉, 〈카이스트〉 같은 다른 프로그램에서도 신상녀 모습을 지속적으로 보여주어 우리 사회에 신상녀 신드롬을 불러일으켰다. 신상품에 대한 과도한 집착은 과소비로 이어져 저축률을 낮추게 하여 사회적으로 문제를 일으키는 것은 분명하지만 새로운 것을 원하는 소비자의 경쟁적 심리 때문에 신상녀 현상은 쉽게 수그러들 것 같지 않다.

▌엄친아 / 엄친딸

엄마들은 자식들에게 '엄마친구의 아들(딸)은 이렇게 잘한다더라' 라고 말하며 다른 대상과 자기 자식을 비교하곤 한다.

"엄마친구 아들은 이번에 사법고시에도 합격했다더라."

"엄마친구 딸은 해외여행도 시켜준다더라."

신기하게도 엄마친구의 아들과 딸들은 하나같이 잘 생긴 얼굴에 공부도 잘하며 능력도 좋고 결혼도 최상의 조건에서 한다. 이렇게 엄친아(엄마친구의 아들), 엄친딸(엄마친구의 딸)은 외모, 학벌, 성격, 놀이 등 모든 면에서 완벽하게 잘나가는 사람을 가리킨다. 엄친아의 원조격이라 할 수 있는 연예계 스타로는 그룹 UN의 김정훈이 있다. 그는 서울대 치의대를 중퇴하긴 했지만 귀여운 얼굴에 한때 인기까지 많아 대표적인 엄친아로 불리었다. 부모가 자식이 잘 되기를 바라는 마음에서 하는 말이겠지만 최고와의 비교 때문에 정작 자식들은 엄청난 스트레스에 시달린다.

옐레나 이신바예바
Yelena Isinbayeva

옐레나 이신바예바. 미녀새란 별명을 가지고 있는 그녀는 이번 2008 베이징 올림픽에서 세계신기록을 세우며, 다시 한 번 세계에 그녀의 이름을 알렸다. 장대높이뛰기(Pole Vault) 선수 이신바예바는 1999년부터 우승을 놓치지 않았다. 장대높이뛰기는 육상경기의 도약종목으로 19세기에 스포츠화되었다. 장대(Pole)를 들고 도움닫기를 하여 장대를 박스에 꽂아 받친 후 장대에 몸을 실어 공중으로 뛰어올라 바(bar)를 넘는 경기로, 그 높이를 겨루는 것이다.

이신바예바 선수는 큰 키와 미모 때문인지 몰라도 장대높이뛰기 종목과 잘 어울린다. 더구나 장대높이뛰기 종목은 유독 미인 선수들이 많은 것으로도 유명하다. 장대높이뛰기 종목은 팔과 복근의 근력이 강해야 장대를 미는 힘과 몸을 접었다 펼 때 미는 힘이 좋아진다. 그래서 장대높이뛰기 선수들을 보면, 팔 근육과 복근이 매우 잘 발달되어 있다. 물론 도약하기 전에 달려야 하므로 하체 근육 역시 발달하기 때문에 무엇보다도 조화롭게 근육을 발달시키는 것이 필수다. 훌륭한 신체조건과 미모까지 겸비한 이신바예바의 최대 적은 단지 자신뿐일 것이다.

255

오피스 와이프
Office Wife

직장인이라면 한 번 생각해보라. 출근 후 모닝커피 한 잔 마시면서 간밤에 본 드라마 이야기를 하고, 점심을 뭘 먹을지 같이 고민하고, 업무시간에는 함께 일을 하다가 퇴근 후 회식자리에선 함께 스트레스를 풀거나 일에 대한 조언도 주고받는 사람이 있을 것이다. 그 사람이 이성은 아닌가? 사랑하는 사이는 아니지만 함께 보내는 시간과 친밀도는 결혼한 사람 이상이지 않은가? 그런 사람을 두고 오피스 와이프, 오피스 허즈번드라고 한다. 마치 아내처럼, 남편처럼 친한 회사 동료를 말한다. 직장에서 보내는 시간이 집에서 보내는 시간보다 많아짐에 따라 회사에서 친하게 지내는 이성 동료가 생기고 시시콜콜 개인적 이야기를 하는 관계로 발전하면서 생기는 신풍속도이다. 그렇다고 신체적 접촉을 할 정도로 너무 가까운 것은 아니다. 오피스 와이프라는 말은 원래 여비서 혹은 남성 상사에게 복종하는 여직원을 의미했다. 하지만 최근 들어 여자친구 같은 친근함을 강조하는 말로 의미가 바뀌었다. 배우자처럼 친한 회사 동료라는 뜻의 '오피스 스파우즈(Spouse)'라는 말도 파생적으로 생겨났다. 2006년 미국의 한 직업컨설팅 회사의 조사에 따르면, 32퍼센트 이상의 직장인들이 오피스 와이프 혹은 오피스 허즈번드를 갖고 있다. 이런 관계는 직장에서 일을 하는데 생산성 향상과 스트레스 관리 면에서 좋은 영향을 미칠 수도 있다. 하지만 이러한 관계가 지나치게 발전되면 회사 내 다른 동료나 집안의 배우자에게 안 좋게 비춰지거나 심지어는 관계가 나빠질 수 있으므로 조심해야 한다.

와이프로거
Wifeloger

쌍둥이 엄마 문성실 씨, 그녀는 개인의 일상을 담은 이야기와 요리를 하는 법, 요리를 배우는 과정 등을 소개하는 문성실닷컴을 운영하는 대표적인 와이프로거이다. 와이프로거란 아내를 뜻하는 와이프(Wife)와 블로거(Bloger)의 합성어로, 주부이면서 블로그를 만들어 운영하는 사람을 말한다. 2008년 이러한 주부 블로거들은 28만 명에 달하는 것으로 집계되고 있다. 와이프로거들은 자신만의 생활 노하우를 나누기 위한 것으로 시작되었으나 이제는 1인 기업이라 해도 손색이 없을 정도로 상당한 수입을 올리는 이들도 점차 늘고 있다. 또한 이들 블로그의 높은 인기를 반영하듯 책으로 출판되기도 하고, 블로그에 올리는 사진에 관련 회사의 로고를 넣어 주고 광고비를 받는 등 여러 형태로 이용된다. 또한 와이프로거들은 자신들의 분야에서 준전문가로 인정받게 되어 그 파워가 점점 거세지고 있다. 이렇게 와이프로거의 영향력이 커지다 보니 기업들의 입장에서도 이들을 활용하여 주부 모니터 요원들로 초청하여 이들의 입김을 활용한 마케팅을 전개하고 있다.

우샤인 볼트
Usain Bolt

세상에서 가장 **빠른** 남자, 그리고 가장 유머스럽고 독특한 세리모니를 통해 팬들에게 웃음을 선사하는 선수, 달리기 하나로 세상을 평정하고, 자메이카의 영웅이 된 우샤인 볼트는 17세에 첫 출전한 세계육상선수권대회에서 200미터 금메달을 시작으로 2008 베이징 올림픽에서 너무도 여유롭게 금메달을 거머쥐었다. 볼트는 이번 올림픽에서 100미터 결승선을 10미터 정도 앞둔 상황에서 관중석을 향해 세리모니를 하며 우승했다. 더욱 놀라운 것은 세계신기록(9초 69)까지 세웠다는 것이다. 하지만 세계 언론은 그가 끝까지 진지한 자세로 달렸다면, 운동화 끈이 풀어지지만 않았다면 더 좋은 기록이 나오지 않았겠느냐고 비난하기도 했다.

남미의 아이들이 가난을 벗기 위해 축구를 하는 것처럼 자메이카 아이들 역시 가난을 벗어나기 위해 달린다. 자메이카에서는 19세 이하 청소년육상대회인 챔프스에서 우승하는 것을 목표로 달리는 육상 꿈나무들이 많다. 이러한 육상선수들을 자메이카 국가대표로 키우는 곳이 바로 자메이카 공대이다. 자메이카 공대는 1960년 미국 유학파인 데니스 존슨이 미국 대학의 육상 프로그램을 그대로 들여와 지금의 육상 메카가 되는 데 한몫했다. 볼트 역시 이곳에서 올림픽을 준비했다.

원더걸스
Wonder Girls

원더걸스는 2007년에 혜성처럼 등장한 5인조 여성음악그룹이다. 이들은 가수이자 프로듀서로 성공한 박진영이 설립자로 있는 JYP엔터테인먼트 소속이다. 원더걸스의 리더 선예는 2001년 7월 SBS 〈초특급 일요일만세〉의 '박진영의 영재육성프로젝트 99%의 도전' 코너에서 선발되었고, 이후 박진영은 그녀를 주축으로 그룹을 결성했다. 이들은 아주 철저한 훈련을 받으면서 기량을 다진 것으로 유명하다. 원더걸스의 노래 '텔미'를 부르면서 춤을 추는 장면을 UCC로 만들어 올리는 신드롬으로도 크게 성공을 거두었다. 대표적 노래로는 '아이러니', '이바보', '쏘핫', '쪼요쪼요', '뭐어때', '미안한 마음', '노바디' 등이 있다. 원더걸스와 함께 남성들의 인기를 받고 있는 소녀시대와도 인기경합을 벌이고 있다.

웹시족
Websy族

미시(Missy)족이란 말이 유행한 지 얼마 되지 않았는데 벌써 미시를 변형한 새로운 족(族)들이 생겨나고 있다. 인터넷의 발달로 웹(Web)과 결합한 새로운 신조어 웹시족도 그 중 하나이다. 웹시족은 인터넷을 통해 대부분의 생활 정보를 얻는 20대 후반에서 30대 초반의 젊은 주부로서, 아기용품 구입이나 여가생활 관련정보 등은 물론 온라인 동호회에 가입하여 인터넷을 활발하게 활용하는 정보지향적 특성을 갖고 있다.

이들이 나오게 된 배경은 인터넷 쇼핑몰이 많이 등장하여 주부들의 관심을 받게 되면서부터다. 이와 같은 반응을 겨냥하여 온라인에서는 웹사이트의 이름에 '아줌마', '주부', '~맘' 등을 넣어 주부들을 적극 공략하고 있다.

이소연

대한민국 최초의 우주인이 누구인지 알고 있는가? 바로 이소연이다. 이소연은 현재 한국항공우주연구원 우주인으로 과학고를 거쳐 KAIST에서 박사 학위를 받은 여성 과학도이다. 2008년 4월 8일 소유즈 우주선에 탑승하여 국제우주정거장에서 약 일주일간 체류하면서 18개의 과학실험 등 다양한 우주인 임무를 수행하였고, 이후 유인우주개발기술의 연구업무를 담당하고 있다.

우주인 선발 기준은 크게 4가지로 분류된다. 일반 적합성(범죄경력, 약물중독 등 임무수행에 제약 요소가 없는 품행 및 성품 보유), 행동 적합성(효율적 임무수행을 위한 인지능력, 상황 적응 능력 및 유연성을 갖추고 스트레스 등 제약 조건을 극복할 수 있는 능력 보유), 의학 적합성(우주비행 훈련 및 우주공간에서 활동할 수 있는 의학기준 만족), 언어 능력(영어로 읽고 대화할 수 있는 능력 보유 및 러시아어를 배우려는 의지)이다. 4차례에 걸친 선발 과정에 의해 최종 선발되면 이론교육, 시뮬레이션 교육 및 실습, 의학생리학 훈련, 기타 훈련 등 총 1년여 간의 교육 및 훈련기간을 거치게 된다. 그 후 우주정거장에서의 과학임무를 수행한다. 이소연 역시 이러한 절차를 거쳐 선발되었고, 1년 동안 충실히 훈련에 임했으며, 러시아 가가린 우주정거장에서 다양한 과학실험들을 성공리에 마치고 무사히 귀환했다.

이외수

1946년 8월 15일 광복절에 태어난 이외수는 춘천교육대학교를 중퇴하였다. 그의 트레이드마크인 댕기머리 스타일과 콧수염 그리고 작고 마른데다 약간 구부정한 그의 모습은 과연 괴짜 예술가답다는 생각을 하게 만든다. 그는 마니아적 독자층을 형성하고 있는 21세기의 소설가이자 '기인'이란 수식어가 함께 따라다녀도 전혀 낯설지 않는 인물이다. 첫 장편소설 『꿈꾸는 식물』로 독특한 작품 세계를 보여주며 소설계에 이름을 알리기 시작했다. 이때부터 신문사와 학원 등을 전전하던 모든 일을 포기하고 창작에만 몰두하게 되는데, 전업작가의 길을 택한 후 일상의 편안함을 거부하는 작가정신을 고수하기 시작했다. 화가지망생이었던 그는 그림에도 조예가 깊어 〈4인의 에로틱 아트전〉 등 개인전을 열기도 하였다. 최근에는 이외수의 생존법이라는 부제목 아래 『하악하악』이라는 책을 냈으며, 그 밖에도 『여자도 여자를 모른다』, 『그대 이름 내 가슴에 숨 쉴 때까지』, 『숨결』, 『장외인간』, 『내가 너를 향해 흔들리는 순간』 등 수많은 책을 냈다. TV 시트콤에도 출연하고 〈이외수의 언중유쾌〉라는 라디오 방송을 시작하기도 했다. 방송에 대한 시청자들의

261

댓글에 매우 큰 관심을 갖고 귀를 기울인다고 하니 라디오 방송을 향한 그의 기대가 얼마나 큰지 알 수 있다.

　현재 그는 강원도 화천의 '감성마을' 이란 곳에서 아내와 문하생들과 함께 글을 쓰며 살고 있다. 이 집은 작가가 2003년 옮겨갈 집을 찾고 있다는 소문을 들은 화천군이 문학 테마마을을 조성할 계획의 일환으로 이외수에게 제공한 것이다. 이외수는 이곳을 자연이 주인인 마을, 감성이 살아나는 마을이란 뜻으로 '다목 감성마을' 이라 이름 붙였다. 이곳, 강원도 화천군 성산면 다목리 마을 주민들도 감성마을 소식이 알려지면서 인근의 벌떡약수를 찾는 외지인이 두 배 이상 늘어, 감성마을에 거는 기대가 크다.

잉그리드 베탕쿠르
Ingrid Betancourt

잉그리드 베탕쿠르가 래리 킹 쇼(Larry King Show)에 나와 인터뷰한 것을 본 기억이 있다. 아직도 두려움과 감동이 교차되는 듯 인터뷰 내내 그녀의 표정은 상기돼 있었다. 1961년에 콜롬비아에서 태어나 재무부 근무를 시작으로 1998년 콜롬비아 녹색산소당을 창당하고, 최다득표 상원의원으로 활동했다. 하지만 2002년 대선에 뛰어들어 콜롬비아 좌익 게릴라 족인 무장혁명군 FARC(Fuerzas Armada Revolucionarias)의 활동지역에서 유세하다가 FARC에 납치되었다. 그 후 그녀는 콜롬비아 정글에서 무려 6년간의 피랍생활을 하다가 2008년 7월 2일에 풀려났다. 한 편의 드라마와 같았던 구출작전은 비정부기구(NGO) 관계자로 신분을 속인 군 정보요원들이 FARC에 접근, FARC의 다른 조직이 이들 인질들을 남부의 한 밀림지역에서 인계받아 헬리콥터로 이송하는 것처럼 속이는 대담한 작전으로 총알 한 방 쏘지 않고 무사히 그녀를 구조했다.

콜롬비아 무장혁명군은 무장 농민군 지도자 출신들로 구성되었다. 1964년 콜롬비아 공산당 산하 무력부로 설립된 남미 최대의 좌익 반군조직으로 콜롬비아 및 남미 전체의 반군 단체 중 가장 큰 규모로 장비와 훈련 상태가 뛰어난 것으로 알려져 있다. 기존 정부와 기득권층을 타파하고 좌익정부 수립을 목적으로 하며 초창기부터 반미주의를 표방해 왔다. 콜롬비아 내전은 대토지 소유자들 그리고 이들과 손잡은 군부정권의 탄압에 농민들이 반기를 들면서 시작되었다.

자하 하디드
Zaha Hadid

자하 하디드는 영국 국적을 가진 이라크 출신의 세계적인 여성 건축가이다. 그녀는 2004년 여성 최초로 건축계의 노벨상이라 불리는 프리츠커상(The Pritzker Architecture Award)을 받았다. 특히, 미래지향적인 실험성 짙은 건축 디자인으로 유명하다. 영국의 카디프베이 오페라하우스와 올림픽수영센터, 독일의 비트라소방서, 두바이의 오페라하우스를 디자인했다. 서울시 동대문운동장을 철거하고 새롭게 동대문디자인플라자&파크를 짓는 계획에도 참여하게 되어 우리나라에서 많은 관심을 받고 있다.

장기하와 얼굴들

흐느적거리는 팔놀림, 랩인지 노래인지 알 수 없는 중얼거림.

'장기하와 얼굴들'은 2008년 데뷔해 젊은 층에게 선풍적인 인기를 모으고 있는 그룹으로 리더인 장기하가 팀을 이끌고 있다. '장기하와 얼굴들'이 인기를 끈 것은 팀의 공연 모습을 담은 동영상이 인터넷에 퍼지면서부터이다. 두 팔을 풍선처럼 흐느적거리는 촉수춤은 보는 사람의 웃음을 유발하며 그를 일약 스타로 만들었다.

'장기하와 얼굴들'이 인기를 끄는 이유는 대중 가요계를 지배하고 있는 아이돌 스타들과 다르다는 것이다. 이들은 화려한 춤보다 웃음을 유발하는 촉수춤을, 최신의 전자음보다 70, 80년대 포크 가요를 연상시키는 음악을 내세워 청중을 사로잡는다. 대규모 광고나 멋진 뮤직비디오 하나 없지만, 인터넷 세계에서 '장교주'로까지 불리며 인기몰이중이다. 국내 최대 커뮤니티인 디씨인사이드(www.dcinside.com)에는 그를 패러디한 사진과 동영상이 넘쳐난다. 그의 음악은 70, 80년대를 달궜던 '산울림'의 음악을 모태로 한 것으로 귀에 착착 달라붙는 맛이 있어 평단에서도 '한국형 포크록의 부활'이라며 극찬을 아끼지 않고 있다.

장기하의 앨범을 발매한 음반사 '붕가붕가레코드' 는 직원, 가수가 직접 CD를 제작하여 라벨을 붙이고 케이스에 넣는 등 수공업으로 앨범을 생산해 가격을 크게 낮췄다. '장기하와 얼굴들' 의 싱글 앨범 〈싸구려 커피〉의 가격은 4,000원으로 다른 앨범의 절반에 불과하다. 음반사와 소비자에게 모두 이익이 되는 것이다. 그의 앨범은 홍대와 신촌의 음반점에서 품절 사태를 빚고 있다. 복고에 대한 장기하의 애정과 소비자와 공생하려는 음반사의 전략이 큰 성공을 거둔 셈이다.

▎장미란

역도는 1928년 우리나라에 처음 들어왔다. 그러나 역도가 인기 종목이 된 것은 최근 올림픽에서 사재혁, 이배영, 장미란 같은 선수들이 활약하면서부터라고 해도 과언은 아니다. 역도경기는 인상과 용상의 두 가지 방식으로 각각 3차시기까지 진행된다. 인상(Snatch)은 바벨을 거머쥔 두 팔을 지면으로부터 곧장 뻗은 상태까지 들어 올린 상태에서 무릎을 곧게 뻗어 일어나는 경기이다. 한편 용상(Clean and Jerk)은 바벨을 일단 가슴 위까지 올렸다가 머리 위로 들어 올리는 경기를 말한다. 그리고 3차시기까지 도전하여 실패할 경우 탈락하게 되는데, 안전한 자세로 바를 잡은 후에 바벨을 들어서 머리 위로 올리고 3초가량 버티면 성공이다. 메달을 결정지을 때는 선수가 들었던 총 무게를 모두 합하여 가장 많은 무게를 들어 올린 선수가 금메달을 얻게 된다. 만약 동점자가 있다면, 선수의 몸무게가 가벼울수록 높은 순위가 된다.

1983년 강원도에서 태어난 여자역도선수 장미란은 역도선수 출신인 아버지의 강압에 못 이겨 지독히도 하기 싫었던 역도를 시작했지만 항상 '최고'의 타이틀을 거머쥐었다. 하지만 이번 2008 베이징 올림픽에서 금메달은 물론 세계신기록을 갈아치우기까지 그녀가 해야만 했던 노력은 실로 상상을 초월한다. 한때 그녀의 홈페이지 제목은 '낮아지기'였다. '끝나지 않을 것 같았던 올림픽, 하지만 눈 깜짝 할 새 끝나버린 올림픽. 보이지 않는 불확실함 앞에서 소망의 끈을 놓지 않고 기다렸다'고 말하는 대목에서 그녀의 올림픽에 대한 염원이 느껴지는 듯하다.

장미족*

대학생들에게 가장 큰 고민이 무엇인지 물어 보면 예전에는 연애, 학비, 군대문제가 많았지만 이제는 단연 취업이다. 지속적인 취업난으로 이제는 장기간 미취업 졸업생을 지칭하는 장미족이라는 말까지 생겼다. 장미처럼 화려한 겉모습(학력, 학점, 토익 등)을 지녔지만 가시를 품고 있어서 기업에서 꺾지(채용)못한다는 뜻도 있다. 이런 장미족은 미취업 콤플렉스 때문에 방에 틀어박혀 사는 칩거족이 될 수도 있다. 장미족을 벗어나려면 학점, 토익보다 일에 대한 열정을 키우고 다양한 경험(인턴, 봉사활동)을 쌓아 날카로운 가시를 무디게 만들라고 인사담당자들은 조언한다.

젯셋족*
Jet-Set族

1년 내내 여행중이거나, 여행을 꿈꾸는 사람을 '젯셋족'이라 부른다. 원래는 전용 제트기나 호화 유람선을 타고 세계 여행을 다니는 상류층을 가리키던 말이었으나, 이제는 비행기로 여유 있게 여행 다니는 라이프스타일을 지닌 사람을 의미한다. 젯셋족은 그들의 롤모델인 패리스 힐튼만큼 엄청난 부자는 아니어도, 여행지 자체보다 여행 과정과 여행지에서 '내'가 무엇을 하고 느끼며 어떻게 보이느냐가 더 중요하다. 이들은 세대와 나이를 초월해 '여행'이라는 취향 하나로 떠오른 독특한 소비층으로 부상했다.

추성훈

어느날 갑자기 〈무릎팍도사〉에 출연해 노래 한 자락을 멋들어지게 부르더니, 어느샌가 다부진 몸에 귀여운 미소로 바나나 우유를 마시며 춤을 추고 있고, 진지하고 열정적인 눈빛으로 맥주를 마시더니, 살짝살짝 춤추면서 자동차 광고를 하기 시작했다. 부드럽지만 동시에 강한 남성의 이미지를 어필하고 있는 이 남자, 추성훈. 어색한 발음으로 한국가요를 부르지만, 그 감성만은 고스란히 전해져 이미 수많은 여성 팬을 확보한 그의 매력은 무엇일까. 재일교포로서 끌어안은 고통마저 수련의 과정으로 삼고, 가슴에는 비록 일장기를 달았었지만, 이제는 다시 고국으로 돌아와 한국인의 가슴을 보여주고 있어서일까. 아니면 짙은 갈색 빛의 다부

267

진 몸과 얼핏 잘 어울리지 않을 것 같은 그의 천진난만한 미소 때문일까. 추성훈의 페르소나는 유도선수, K1선수로서의 거친 모습 이외에도 어눌한 말투에서 나오는 천진한 아이의 모습과 일반적으로 '남성'을 대표하는 모습들이 잘 어우러져 이토록 인기를 한 몸에 받는 것이라 생각된다.

카를라 브루니
Carla Gilberta Bruni Tedeschi

카를라 브루니는 프랑스 대통령 사르코지의 영부인이다. 1967년 이탈리아 태생인 그녀는 프랑스로 이주한 후 성공적인 모델 생활에 이어 가수 생활을 하면서 앨범을 3집까지 냈다. 그녀는 뛰어난 미모와 지성, 재치로 많은 사람들에게 인기를 얻었다. 에릭 클랩튼, 믹 재거와도 염문을 뿌렸고, 누드 화보를 찍어 사람들의 이목을 집중시키기도 했다. 사르코지는 2007년 대통령 취임하고 얼마 후 세실리아와 이혼하고서 곧바로 카를라 브루니와 결혼했다. 브루니는 여러 나라 말을 잘 구사하고 매력적이고 사교성이 좋기 때문에 사르코지의 인기를 올리는 데 한몫하고 있다. 더구나 그녀의 움직임은 항상 미디어의 관심거리이기도 하여 PR 효과가 높다.

캐슬린 스티븐스
D. Kathleen Stephens

심은경이라는 한국이름을 가진 캐슬린 스티븐스는 알렉산더 버시바우에 이어 2008년 9월에 새로 부임한 주한 미국대사이다. 한국 정부 수립 이후 부임한 총 21명의 미 대사 가운데 최초의 여성으로 이목을 끌었다. 한국에 평화봉사단으로 파견되어 1975년부터 77년까지 충남 예산중학교에서 영어를 가르쳤으며 한국인 남편과의 사이에 아들도 하나 두고 있다. 1984년부터 1987년까지 주한미국대사관 정무팀장을 지냈고 1987년부터 1989년까지 부산 미국 영사관 선임영사를 지낸 바 있다. 주한 미국 대사로 부임하기 전에는 미국에서 유럽ㆍ유라시아 담당 부차관보(2003~2005)와 미 국무부 동아시아태평양 담당 선임고문(2005~2007)을 지냈다. 캐슬린 스티븐스 대사는 한국을 잘 알고 애착을 가지고 있기 때문에 미국과 한국을 연결하는 멋진 다리가 되리라 본다.

코스모크래츠*
Cosmocrats

존 미클스웨이트와 에이드리언 올드리지의 공저인 『미래의 완성』이란 책에서 처음으로 사용된 코스모크래츠는 이민자의 후손으로 여러 나라를 옮겨 다니며 전문직업에 종사하는 신엘리트 집단을 말한다. 이들은 몇 개 언어를 구사하고 여러 나라를 드나들며 미디어, 정보기술(IT), 컨설팅, 법률회사, 비정부기구 등 다양한 분야에서 두각을 나타내고 있다. 이들은 다국적기업의 전사로서 매우 각광을 받고 있다. 하지만 영광 뒤에는 언제나 말

못할 고통도 숨어 있는 법. 이들은 문화적, 인종적으로 정체성의 혼란 속에서 안락한 가정이나 생활의 안정감을 잘 느끼지 못하고 있다.

콘트라리더
Contra-Leader

2000년 개봉했던 영화 〈왓 위민 원트(What women want)〉에는 남자다운 매력을 자랑스럽게 생각하고 광고 제작에서도 남성 위주의 콘셉트만을 지향하는 광고 기획자(멜 깁슨)가 등장한다. 하지만 그에게 여성용품들을 사용한 후에 콘셉트를 잡아오라는 신임 여성 상사의 지시가 내려지고 집에서 몰래 여성용품들을 사용하는 장면에서는 웃음을 멈출 수 없다. 이처럼 '자신과 반대(Contra)의 성(性)'들이 사용하는 제품들을 직접 사용하여 이성을 연구하고 그 유행을 만드는 '선구자(Leader)'들을 '콘트라리더'라고 말한다. 여성 중에는 기름 냄새를 향긋하게 느끼며 중장비를 설계하기도 하고 발기부전 치료제를 직접 먹어보기도 하고 남성 전기면도기를 만드는 여성들이 있다. 또 일부 남성들은 생리대를 개발하기 위해 직접 생리대를 차는 경우도 있고 밥솥 연구를 위해 하루 80킬로그램 이상의 밥을 짓고 여성들의 헤어스타일만 연구하기도 한다. 이들 대부분은 '자원자' 성격을 띠며 업무에서도 매우 적극적이다. 이렇듯 콘트라리더가 우리 주위에 많이 나타나는 이유는 여성의 섬세함, 남성의 추진력이 모든 분야에서 요구되는 사회 분위기 때문이다. '이성'보다 '감성'의 발달이 더욱 요구되는 현대사회에서 앞으로 콘트라리더들의 활약은 점점 더 많아질 것이다.

키보드 워리어
Keyboard Warrior

인터넷 게시판이나 뉴스의 댓글에서 벌어지는 설전을 보고 있으면 무기만 들지 않았을 뿐 첨예한 갈등의 현장임을 느낄 수 있다. 이들 네티즌들에게는 키보드가 곧 자신들의 무기인 것이다. 이렇게 키보드 앞에서만 용감한 네티즌들을 키보드 워리어라고 한다. 키보드 워리어들은 온라인 상에서는 키보드로 자신의 의사를 거침없이 주장하며 마치 용감한 전사 같지만 실제 오프라인 생활에서는 소심하고 무기력한 모습으로 전혀 힘을 쓰지 못한다. 키보드 워리어가 문제가 되는 것은 이들이 익명을 방패삼아 작성하는 댓글과 게시물이 개인에게 심각한 피해를 입힐 정도로 폭력적이고 반사회적인 경우가 많기 때문이다. 최근에는 키보드 워리어들이 남긴 악성댓글 때문에 피해자들이 고통을 견디다 못해 자살하는 최악의 경우까지 생기고 있다. 정부는 이러한 악성 댓글을 사이버 모욕 행위로 간주하여 사이버 모욕죄를 입안하려고 하고 있고, 야당은 개인 사생활 침해를 우려하여 반대하고 있다.

통크족*
Tonk族

한때 부모님을 모시기 싫어 부모님을 해외에 버리고 온다거나 길거리에 버리는 등의 신종 고려장이 사회적으로 문제가 되었다. 이에 어르신들이 노발대발하며 독립을 요구하고 있다. 요즈음 할아버지, 할머니는 자녀에게 부양받기를 거부하고 부부끼리 독립적인 삶을 살고자 한다. 경제 수준의 향상과 각종 연금제도의 발달 덕분이다. 이와 같이 자녀의 효도(?)를 손사래 치시는 어르신들을 통크족이라고 한다. 'Two Only No Kids'의 약자이다. 이들은 고령화 사회로 접어드는 21세기에 큰 사회적인 세력을 형성할 것이다. 이들을 주 타깃으로 겨냥한 기업의 마케팅이 바로 실버 마케팅이다.

트로피 와이프
Trophy Wife

트로피 와이프는 서양 사람들이 남들에게 자랑할 만큼 젊고 예쁜 아내를 가리키는 말이다. 하지만 이러한 아내를 얻기 전에 한 가지 갖춰야 할 덕목은 '사회적으로 성공한 남성'이라는 타이틀이다. 알다시피 '트로피'는 전쟁에서 승리한 장수에게 주어지는 기념품을 뜻하는 말이었다. 그러다 젊고 아름다운 여성을 최초로 트로피에 비유한 것은 미국 경제잡지 〈포춘〉의 1989년 8월 28일자 커버스토리였다. 중·장년의 백만장자들이 나이 든 조강지처와 이혼하고 새로 얻은 젊고 아름다운 부인을 '트로피 와이프'라고 부른 것이다. 대표적으로 사르코지 대통령의 부인인 브루니를 들 수 있다. 현대 사회의 권력가들에게 젊고 예쁜 와이프는 단지 과시와 본능을 넘어 다른 의미를 부여하기도 한다. 브루니의 내조가 불 같은 성격의 사르코지 대통령에게 부드러운 이미지를 부여하고 있는 것을 보면 알 수 있다. 트로피 허스번드(Trophy Husband)라는 말도 최근 등장 했다. 트로피 허스번드는 여성의 사회참여가 증가하면서 성공한 아 내를 위해 가사와 육아를 대신 책임지는 남편을 뜻한다.

패러싱글족*
Parasite Single族

싱글족이라 하면 탄탄한 직업과 경제력을 갖추고 자신들만의 삶을 만끽하며 홀로 사는 신세대 남녀를 말한다. 이들은 결혼이라는 틀을 벗어나서 자유와 이상과 일을 더 중요시하며 자유롭고 당당하게 살려는 욕구가 강하다. 높은 소비로 기업의 주요한 마케팅 타깃군이기도 하다. 그런데 요즈음 돌연변이 싱글족이 생겼다. 바로 패러싱글족이다. 기생충이라는 뜻의 'parasite'에서 유래한 말이다. 이들은 단순한 싱글족과는 다른 종족(?)이다. 주로 결혼하여 독립할 나이가 되었는데도 경제적 이유 때문에 미혼 상태로 부모에게 얹혀사는 사람들을 말한다. 싱글족과 소비력에서도 현저한 차이를 보이기 때문에 기업에서는 주목하지 않는 안타까운 종족으로 살고 있다.

폴 뉴먼
Paul Leonard Newman

폴 뉴먼은 미국의 명배우이자 영화감독이다. 또한 뉴먼스오운(Newman's own)이라는 식품기업을 세워 자선사업가가 되었으며 1970년대부터 카레이서로도 활동하며 자동차 경주에서 열차례 우승하기도 했다. 그는 2008년 83세에 암으로 사망했다. 연기 생활 56년에 걸쳐 그가 출연했던 영화로는 〈내일을 향해 쏴라〉, 〈스팅〉, 〈뜨거운 양철 지붕 위의 고양이〉, 〈허슬러〉, 〈타워링〉, 〈컬러 오브 머니〉, 〈영광의 탈출〉, 〈허드서커 대리인〉 등 51편에 이르렀고, 아카데미상을 3번이나 수상했다. 그는 1982년에 식품 회사 뉴먼스오운을 설립하여 수익금 2억 2천만 달러 전액을 의료연구, 교육, 환경운동에 기부하기도 했다. 헐리우드 배우답지 않게 그는 영화 〈길고 긴 여름날〉(1958)에서 함께 출연했던 배우 조앤 우드워드와 평생 해로했다.

프라브족*
PRAV族

이제 명품 열풍은 더 이상 신조어가 아니다. 하지만 명품 열풍에서 곁가지로 나온 프라브족이 새로이 떠오르고 있다. '부가가치를 자랑스럽게 깨달은 사람들(Proud Realizers of Added Value)'을 뜻하는 조어로 비싸진 않아도 희귀한 (패션) 아이템을 갖고 있다는 것에서 생기는 뿌듯함과 멋을 추구하는 사람들이라고 이해하면 된다. 이들은 돈보다는 안목이 우수함을 그들의 자부심으로 여기고 있다. 헐리우드의 패션 아이콘인 키얼스틴 던스트, 시에나 밀러가 프라브족에 해당된다고 보면 될 것이다. 우리나라에는 누가 있을까?

플리퍼족*
Flipper族

TV를 볼 때 채널을 1분에 두세 번씩 바꾸며 재미있는 것만 골라보는 사람들을 본 적이 있는가? 바로 플리퍼족이다. 이런 경향은 MP3 플레이어, 온라인 게임, 휴대형 멀티미디어 재생기 등 디지털 기기를 이용해 대중문화 콘텐츠를 '살짝 맛보기' 하는 디지털 플리퍼 현상으로 확산되고 있다. 정보의 바다에서 특정 부분에만 빠져 있으면 경쟁에서 뒤질 것이라는 불안감이 이들을 탄생시켰다.

피카소족
Picasso族

피카소가 누구인지 모르는 사람은 없을 것이다. 만약 피카소가 서울에서 살았다면 어떤 마을에서 활동했을까. 바로 지금의 홍대앞이 아닐까. 한동안 젊은 오렌지족은 압구정동에서 활동했고, 세련된 명품을 추구하는 사람들은 청담동에서 활동했지만 자유분방하고 개성파인 피카소족은 홍대 앞에서의 활동을 즐긴다. 홍대 거리에는 개성이 톡톡 넘치는 카페골목이 넘쳐나고 자유분방한 클럽들이 많다. 인종, 국가, 나이, 성, 학력에 관계없이 어떤 의상을 입고서도 이곳에서는 환영을 받는다. 매월 마지막 주 금요일은 클럽데이로, 하나의 클럽에

들어가는 비용을 내면 어떤 클럽에도 들어갈 수 있다. 피카소족의 골수 멤버인 클러버(Clubber)들에게는 최고의 날이다. 자유분방함과 개성, 다양성이 이들 피카소족들의 핵심 세계관이다.

호모 나랜스
Homo Narrans

사람들은 태어나서 말을 배우고 다른 사람들과 이야기 나누기를 즐겨한다. 인간의 기본적인 욕구이고 행태이다. 이처럼 이야기를 하는 사람을 가리켜 호모 나랜스라고 부른다. 더구나 디지털 시대에 들어서면서 단순한 정보와 밋밋한 사실이 아니라 감성이 깃든 이야기에 대한 인기가 치솟고 있다. 호모 나랜스들은 적극적으로 새로운 이야기를 찾아다니며, 자신과 같은 소비자를 다룬 이야기를 신뢰하고, 기존 콘텐츠를 재구성하는 것을 즐기며, 이야기 중심에 항상 '나'를 두고 있다. 사람들은 이런 이야기를 통해 자신의 존재가치를 확인하고 즐거움을 찾는다. 이야기를 좋아하는 호모 나랜스들은 당연히 기업들의 공략대상이 되었다. 기업들은 자사 제품이나 이미지에 맞는 이야기를 계속 내놓고 있지만 소비자들은 이제 크게 흥미를 느끼지 않는다. 이야기의 소재가 한정되어 있고, 자신들이 그 이야기에 개입할 여지가 별로 없기 때문이다. 소비자들은 단방향이 아니라 인터넷카페나 미니홈피, 블로그 같은 위 미디어(We media)를 통해 자신의 이야기를 남에게 들려주고 또 상대편의 이야기에 깊숙이 개입하기를 원한다. 소비자들은 기업 광고나 홈피에 나오는 정보나 이야기를 신뢰하기 않고 제품리뷰사이트에서 사용자들이 말하는 체험형 이야기를 훨씬 신뢰한다. 그래서 기업들은 디지털 수다쟁이들을 공략하기 위해 쌍방향성의 디지털 스토리텔링을 마케팅에 본격적으로 구사하기 시작했다. 하지만 소비자들이 끈끈하게 만든 공간에서 기업들은 매우 어려운 게임을 하고 있다.

환경컨설턴트
Eco Consultant

지구온난화로 만년설이나 밀림이 놀라운 속도로 사라지고 있지만 개인 차원에서 더 중요한 것은 각자 살고 있는 집안의 공기 문제이다. 집 안에는 곰팡이, 석면, 납, 페인트 같은 위험물질로 가득하다. 이런 유해 물질 때문에 사람들은 아토피와 알레르기에 시달린다. 물론 이런 부유입자들의 양과 사람의 자극감수성에 따라 부유물질들의 효과는 다르지만 다량의 유해물질에 오랫동안 노출되면 호흡기 장애가 발생하기 마련이다. 미국에는 환경컨설턴트가 있어 고객의 집을 방문하여 육안 검사나 무작위 공기 샘플을 채취하여 어디에서 무엇 때문에 고객의 건강에 문제가 생기는지를 발견하고 처리해준다. 아토피, 알레르기로 고생하는 사람들이 늘고 있는 우리나라에서도 이런 환경컨설턴트 직업이 필요해지고 있다. 문제는 어떤 식으로 정부가 자격증을 줄까 하는 것이다.

277

A세대
Generation A

A세대라고? 늘 이니셜 A가 적힌 모자를 쓰고 다니며 "A~!"를 외치는 가수 크라운제이를 말하는 것일까? 아니다. A세대란 아시아와 아프리카, 중남미 등 신흥시장(Emerging Market)의 대도시에 살면서 연간 소득이 3천~5천 달러인 30~40대의 젊은 중산층을 말한다. 여기에서 A는 'Aspiration', 즉 욕구를 말한다. A세대에 속하는 사람은 현재 약 4억 명으로 추산되고 있는데 향후 20년 안에 10억 명을 돌파할 전망이다. 이들은 1인당 소득 증가와 그로 인한 라이프스타일의 변화로 세계경제를 이끌어나가는 중요한 축이 될 것이다. 이들은 이제 막 자동차, 가전, 휴대폰을 구입했으며 자녀교육, 건강, 금융상품에 대해 관심을 가지기 시작했다. 호주 투자 은행인 맥쿼리 그룹의 경제분석팀인 맥쿼리 리서치가 신흥 시장의 대형 기간산업 관련 기업들의 주가를 반영하는 MEMIDI(맥쿼리 이머징마켓 인프라스트럭처 개발지수) 보고서를 발표하면서 A세대라는 말이 퍼지게 되었다.

B-제너레이션*

X세대, Y세대 등은 들어봤어도 B세대라는 말은 아직 익숙하지 않을 것이다. 이제 생명공학(Biology) 세대를 의미하는 B-제너레이션, 즉 B세대가 뜨고 있다. B-제너레이션은 친환경적이면서도 과학적 근거를 바탕으로 한 상품을 선호하는 계층을 뜻한다. 이 세대는 적극적으

로 과학 기술을 수용하는 한편, 최대한 자연 친화적인 의식주를 고집하여 효율적인 삶을 추구한다. 즉, 미래지향적인 삶을 몸소 실천하는 세대다.

2012년 종말서 마춤유전의학
분자효리 신재생에너지
자연모사공학 친환경종이
4G 나로우주센터 넷북 다우너소
매시어 멜라민 바이오인식기술

Science

스마트폴 슬로 메디신 시맨틱웹
연색호 여유증 옵트 아웃 와이브로
위젯 크래시 증후군 클리코크라시
태깅/태그 클라우드 텔레매틱스
패시브 하우스 유브라우징 파싱/비싱
희토류 ADHD CCD IP-TV MEG
NBIC RFID SoIP USIM

2012년 종말설

많은 예언가들과 미래학자들이 지구상에 큰 변화가 올 것이라고 주장하는 2012년을 둘러싼 각종 예언들

온갖 자연재해, 전쟁, 테러……. 이 모든 것들이 동시에 일어난다면 어떻게 될까? 그것도 구체적으로 2012년 12월 21일, 예언된 '사건'이라면 어떻게 될까. 왜 2012년에는 인류가 그동안 겪은 바 없는 가장 강력한 폭풍, 북극과 남극의 자기장 역전으로 인한 신(新)빙하기 도래, 미국의 파산과 세계경제의 붕괴, 전염병 창궐, 석유전쟁 발발 등 전 세계를 대변혁으로 몰고 갈 '빅뱅의 신호'가 몰려 있는 것일까. 2012년을 언급한 대표적 예언들을 살펴보자.

고대 마야인들은 '지구 정화설'이라는 것을 믿었다. 이 지구 정화설은 인류가 더러워진 물을 정화하여 생수로 쓰듯, 신 또한 더러워진 지구를 정화하기 위해 그 주범인 인류를 없앤다는 내용이다. 첫 번째 지구 정화설은 인간들이 서로를 해치거나 잡아먹는 것, 두 번째 지구 정화설은 인간들이 동물들에 의해 죽임을 당하는 것, 그리고 세 번째 지구 정화는 바로 지구의 자연파괴에 의해 이뤄지는 것이다. 앞으로 남은 세 번째 지구 정화의 날이 바로 2012년 12월 21일이다. 세 번째 지구 정화는 바로 '문명의 이기'로 퇴폐해져 버린 인류에 대한 각성

의 부재에서 비롯한다. 현재 세계의 최대 이슈는 지구 온난화, 저탄소 녹색성장, 친환경 등 문명의 이기로 인류가 망쳐놓은 지구를 회복시키자는 이야기뿐이다. 이 시점에서 마야인들이 남긴 메시지는 분명 현재를 각성하라는 의미일 것이다.

2012년 종말설의 또 다른 예언에서는 태양계의 행성들이 모두 한 방향으로 위치하는 날이 2012년 12월 21일이라고 한다. 실제 스타리 나잇(Starry Night)이라는 천체 관측 사이트의 프로그램에 날짜를 입력하면 2012년 12월 21일 태양계의 행성이 일직선에 놓인다고 한다. 1982년에도 태양계 행성들의 그랜드 얼라인먼트(Grand Alignment)로 인해 지구에 변괴가 닥칠 것이라는 설이 돌기도 했다. 그리고 노스트라다무스의 예언에서도 1999년 우주 공간에서 행성들이 십자가 모양으로 배열된다는 '그랜드크로스(Grand Cross)'가 언급된 바 있다. 이런 현상이 생기면 지구의 극이 뒤바뀌고 뒤틀어져서 지각의 맨틀이 움직이고 이에 따라 태양의 온도가 높아져서 지구를 태울 수 있을 정도가 되며 자기장의 변화로 인간을 포함한 생물의 뇌구조와 신경계, 면역체계, 인지능력에 큰 영향을 미친다고 한다. 그런데 2000년 5월 다섯 개의 행성이 거의 한 곳에 모이는 그랜드 얼라인먼트 현상이 일어났었지만 지구에 아무런 변괴가 발생하지 않았었다. 하지만 미항공우주국(NASA)이 거의 확실하다고 예측한 이번 예언은 과연 현실로 이루어질까?

이 외에도 여러 종말설이 있다. 오는 2012년 개최될 예정인 런던 올림픽의 로고가 상당히 파격적이라는 평가를 받고 있다. 2012년을 뜻하는 로고가 지닌 의미 때문인데 바로 '2012년=ZOIZ' 이다. 이 ZOIZ의 비밀암호를 풀이하면 ZION이 된다. ZION은 시온산과 고대 유대의 신정(神政)의 의미를 가지고 있다. 유대인의 비밀도시가 런던이라면 런던에서 2012년에 올림픽이 치러진다는 것은 무엇을 의미하는 걸까.

그 밖에도 쥬세리노라는 한 예언가는 2012년 검은 연기의 시대가 초래한다고 했으며, 이미 1999년 지구 멸망을 예언했던 노스트라다무스도 2012년 진짜 지구의 멸망을 예언했다. 이 밖에도 3차세계대전설, 슈퍼태양폭풍의 발발 등 2012년 종말설은 지금까지와는 다른 과학적 근거를 제시하며 정점에 이르고 있다고 해도 과언이 아니다. 2012년 종말설을 두고 난무한 예언서와 2009년 개봉할 롤랜드 에머리히의 초대형 재난영화 〈2012〉, 그리고 대중교양서 『아포칼립토 2012』, 『월드 쇼크: 임박한 세계 대변혁 시나리오』 등 각종 매스컴에서도 2012년 지구 종말설을 이슈로 다루고 있다.

하지만 이 모든 예언을 액면 그대로 받아들이기는 어렵다. '지나고 보니 그렇더라' 식의 예언이 된다거나 과학적 지식이 동원된 주장들 또한 결론을 미리 만들어 놓은 상태에서 과학적 근거를 끼워 맞춘 것일 수도 있기 때문이다. 그런데 왜 군이 2012년이냐 하는 물음에 대한 답은 그저 가까운 시기에 급격한 변화가 있을 것이라는 미래학자들의 의견이 다분하기 때문이다. 우리 주변을 돌아보아도 지구온난화, 기근, 자원고갈 등 변화의 요인들은 무궁무진하기 때문이다. 2012년 종말설이 지나친 비약이라는 것 또한 변화가 곧 종말로 이어지지는 않기 때문이다. 어쩌면 우리는 불확실한 미래에 대한 두려움 때문에 이러한 위기설에 흔들리는 것인지도 모른다. 그러나 그만큼 인류의 미래에 대한 고민도 깊어지고 있다는 반증이라고도 생각한다.

- 관련 키워드: 지구정화설, 노스트라다무스, 그랜드 얼라이먼트, 미래학자
- 관련 도서: 『월드 쇼크 2012: 임박한 세계 대변혁 시나리오』(그렉 브레이든 외, 쌤앤파커스, 2008)

맞춤유전의학

DNA에 들어 있는 청사진을 해독하여 각종 질병을 예측하고 예방하며 효율적으로 관리하는 것

현대인은 암으로 매우 고생하고 있다. 국제보건기구(WHO)에 따르면 세계 인구의 사망원인 중 12.6퍼센트는 암이다. 심혈관 질환(29퍼센트), 감염성 질병(16.2퍼센트)에 이어 3위를 차지하고 있다. 하지만 암의 발생 비율은 점점 늘어나는 경향을 보여 향후 인간의 수명이 연장될 경우 암 발생률이 100퍼센트에 이를 수도 있다고 한다. 암이 이토록 인류를 괴롭히고 있음에도 불구하고, 아직 암은 미지의 영역이다. 지난 2008년 9월, 〈뉴스위크〉는 'We Fought Cancer… And Cancer Won(우리는 암과 싸웠다. 그리고 암이 이겼다)'라는 제목의 기사를 실었다. 인류 스스로 암에 대한 무지를 인정한 것이다. 실제로 지난 50년간 심장병으로 인한 사망률은 꾸준히 감소한 반면, 암으로 인한 사망률은 전혀 감소하지 않았다. 이는 현재 암에 대한 치료가 예방보다 사후 제거에 초점을 맞추고 있기 때문이다. 암은 그 줄기세포까지 제거하기가 쉽지 않아, 완치 판정을 받은 후에도 재발하는 경우가 많다. 따라서 암의 정복을 위해서는 발생 전에 예방을 하는 것이 중요하다고 할 수 있다.

어떻게 해야 암을 예방할 수 있을까? 유전의학/DNA의학, 즉 맞춤

유전의학(DNA Medicine)이 바로 그 해답을 쥐고 있다. 맞춤유전의학이란 DNA에 들어 있는 우리 몸의 청사진을 해독하여 각종 질병을 예측하고 예방하며 효율적으로 관리하는 것이다. 다시 말해, 우리가 어떤 외모를 가질지, 어떤 문제가 생길 가능성이 있는지 미리 알 수 있다는 것이다. 이를 이용하면 질병을 예측할 수 있을 뿐만 아니라 이에 따른 예방적 조치와 개개인에 맞춘 맞춤치료를 할 수 있다.

DNA에 담겨 있는 청사진의 해독은 2003년 미국, 영국, 일본, 중국 등 16개 연구소가 참여한 휴먼 게놈 프로젝트(Human Genome Project)에서 최초로 시도되었다. 이 프로젝트에는 2조 7,000억 원의 돈과 13년이라는 긴 시간이 소요됐지만 이후 청사진의 해독에 걸리는 시간과 비용은 급속도로 줄어들었다. 2007년 크레이그 벤터(J. Craig Venter)는 4년간 1,000억 원을 들여 청사진을 해독해냈고, 2008년에는 과거 DNA 구조 발견으로 노벨상을 수상한 제임스 왓슨이 4개월간 15억 원을 들여 청사진 해독에 성공했다. 이길여 암당뇨연구원의 김성진 박사는 2008년 우리나라 사람의 유전체 서열을 해석하는 데 성공했다.

개인의 청사진을 해독해주는 서비스도 이미 등장했다. 일본의 제노마커(GenoMarker)는 500만 원의 비용으로 개인의 질병을 예측하는 서비스를 제공하고 있다. 이 서비스는 개인의 발병 확률을 예측해줄 뿐만 아니라 이에 맞춰 건강, 식사, 운동 가이드까지 제공해주고 있다. 또 미국의 퍼시픽 바이오사이언스(Pacific Biosciences)는 100~1,000달러의 저렴한 비용으로 15분 만에 개인의 청사진을 해독해주는 서비스를 2010년부터 실시한다고 발표하기도 했다.

현재 맞춤의료는 질병을 조기진단 후, 최적의 약물을 사용하고 이에 따른 경과를 모니터링하는 과정으로 이루어진다. 하지만 맞춤유전의학이 더욱 발전해 진정한 예방의학이 실현된다면 질병이 발생하기 전에 예방할 수 있다. 따라서 DNA를 분석해 질병의 가능성을 판단하여 이에 따른 예방적 조치를 취하는 것만으로 질병에 대한 공포에서 벗어날 수 있게 된다.

그런데 혹시 아무리 기술이 발전해도 돈 많은 부자들만 이용할 수 있는 것은 아닐까. 다행스럽게도 이러한 문제에 대한 전망은 낙관적이다. 미국의 민간 보험사들은 이러한 질병 예방 비용을 보험 적용 범위에 포함시킬 수 있는지 검토중이며, 한국의 보험사에서도 관련 논의가 진행중이다. 질병을 예방하면 질병을 치료하는 일에 소요되는 막대한 비용을 아낄 수 있기 때문이다. 게다가 의료 기술의 진보로 소요되는 비용과 시간이 획기적으로 줄어들고 있어 돈이 많은 일부 계층만이 아닌 모든 사람이 혜택을 받을 것으로 예상된다.

• 관련 키워드: 휴먼게놈프로젝트, 제노마커, DNA, 줄기세포, 암
• 관련 도서: 「미래의학, 맞춤의학 시대를 열다」(김성진, 환경재단 136환경포럼 발표자료, 2008. 11)

Science

분자요리 Molecular Cuisine, Molecular Gastronomy ★

음식 재료의 질감이나 조직을 물리·화학적으로 분석해 새로운 맛을 창조하는 요리법

최근 들어 우리 주위에서 '몰리큘라' 라는 말을 자주 들을 수 있다. 몰리큘라(Molecular)는 분자를 말한다. 또 생물학의 한 분파인 분자생물학이 있다. 그런데 우리 주위의 일상생활에서도 몰리큘라를 자주 접할 수 있게 되었다. 천연 물분자를 이용한 화장품, 분자를 이용한 전지, 분자기술을 이용한 잉크가 바로 그런 예이다. 그런데 최근 들어 분자 기술을 요리에 접목시킨 분자요리가 최첨단 요리 방식으로 부상하고 있다.

2007년 영국 음식전문지 〈레스토랑 매거진(Restaurant Magazine)〉은 세계 50대 레스토랑을 선정했는데, 이 50개 레스토랑 중 상당수가 분자요리를 추구하거나 표방하고 있다. 2년 연속 세계 1위로 뽑힌 스페인의 엘 불리(El Bulli)뿐만 아니라 2위에 오른 팻 덕(The Fat Duck, 영국), 3위 피에르 가녜르(Pierre Gagnaire, 프랑스), 4위 프렌치 론드리(French Laundry, 미국), 9위 퍼 세(Per Se, 미국), 10위 아르작(Arzak, 스페인)이 모두 분자요리를 선보이고 있다.

분자요리란 음식 재료의 질감이나 조직을 물리·화학적 방법으로

분석해서 전혀 어울리지 않을 것 같은 재료들을 조합시켜서 새로운 맛을 창조하는 요리법이다. 재료를 자르고 굽고 끓이고 튀기는 과정에서 일어나는 분자의 물리·화학적 반응을 연구해 음식을 만드는 것이다. '음식을 분자 단위까지 철저하게 연구하고 분석한다'고 해서 분자요리라는 이름이 붙었고, 미국에서는 '음식과학(Food Science)'이라고 부르기도 한다. 대표적인 예인 '애플 캐비어(Apple Caviar)'는 애플 주스를 재료로 하여 캐비어 모양으로 만들었는데 씹으면 진짜 캐비어처럼 톡톡 터지는 느낌을 준다.

분자요리는 오감 차원에서 봤을 때 예술의 경지에 가깝다. 아쿠아(Aqua) 요리는 물소리를 들려주어 물속에서 먹는다는 느낌이 들도록 하며, 색상이 붉은 요리는 조명을 붉은 빛으로 해서 모든 감각을 이용할 수 있도록 하고 있다. 영국의 레스토랑 팻 덕에서는 요리마다 아이팟이 같이 나오는데, 각 요리마다 가장 어울릴 만한 음악을 추천해서 음악을 들으면서 먹을 수 있다.

분자요리 방식은 1980년대 후반에 프랑스의 화학자 에르베 티스(Herve This)와 천재 요리사 피에르 가녜르가 만나면서 시작되었다. 이들은 새로운 조리법과 조리기구를 개발하여 액체 질소(액체 질소는 -196°까지 내려간다), 당도를 측정할 목적으로 블로 토르쉐(Blow Torche), 그리고 굴절계(Refractometer), Ph미터 등을 요리에 접목시켰다. 스페인의 다니 가르시아는 분자요리 방식을 2000년 요리에 처음으로 직접 적용하였고, 그 이후 분자조리가 요리 세계의 새로운 최첨단 트렌드로 자리 잡고 있다. 특히 관광대국 스페인은 국가적으로 분자조리학을 크게 지원하고 있다. 인접국인 이탈리아와 프랑스에 대항해서 관광객을 더욱 유치하겠다는 정책의 일환이다. 세계 10대 레스토랑 중 3곳이나 스페인에서 차지한 것은 이런 성과물로 평가할 수 있다.

　세계 최고의 요리사들은 하나같이 '먹기 위한' 요리에서 이제는 '즐기기 위한' 요리로 변해가는 추세가 불가피하다고 보고 있다. 분자요리가 앞으로도 계속 인기를 끌 것인지에 대해서는 찬반이 엇갈리고 있지만, 과학과 미학을 음식에 본격 접목하려는 시도는 계속 지속될 것으로 보인다.

• 관련 키워드: 분자조리, 음식과학, 엘 불리, 몰리큘라, 애플 캐비어
• 관련 도서: 『Molecular Gastronomy: Exploring the Science of Flavor』
　　　　　　　(Hervé This and Malcolm DeBevoise, Columbia Univ. Press, 2008)

신재생에너지*

화석연료의 제한된 생산량과 환경오염을 줄이기 위해 개발한 대안 에너지

인류가 사용할 수 있는 에너지는 화석연료와 대체에너지 혹은 신재생에너지의 두 종류로 나눌 수 있다. 우리가 주로 사용하고 있는 화석연료는 석유와 석탄, 천연가스, 오일샌드 등이 있다. 이러한 화석연료는 생산량이 한정되어 있을 뿐만 아니라, 화석연료를 사용하면서 발생하는 이산화탄소와 각종 환경오염물질 등 때문에 지구온난화가 가중되고 있다. 이에 많은 선진국가들을 중심으로 화석연료 사용을 자제하는 움직임이 늘어나고 있다.

화석연료의 대안으로 부상하는 에너지가 바로 '대체에너지' 혹은 '신재생에너지'이다. 둘 다 비슷한 의미로 쓰이고 있지만, 사실 대체에너지와 신재생에너지의 의미는 약간 다르다. 대체에너지는 화석연료를 대체할 수 있는 에너지원을 의미하는 반면, 신재생에너지는 신에너지와 재생에너지를 모두 일컫는 단어로서 기존의 대체에너지뿐만 아니라 미래에너지원까지 포함하고 있다. 즉, 대체에너지는 화석연료 고갈 문제를 해결하기 위한 관점에서 탄생한 에너지원이고 신재생에너지는 지구온난화 문제를 해결하기 위한 관점에서 탄생한 에

너지원이라고 볼 수 있다. 최근에는 지구온난화의 심화와 위기의식 공감으로 대체에너지라는 표현보다 점차 신재생에너지라는 표현을 더 많이 사용하고 있다.

현재 우리 정부에서 지정하고 있는 신재생에너지 분야는 연료전지, 석탄액화가스, 수소에너지 등의 신에너지 3개 분야와 태양열, 태양광발전, 바이오매스, 풍력, 소수력, 지열, 해양에너지, 폐기물에너지 등의 재생에너지 8개 분야를 포함하여 총 11개 분야가 있다. 이 중 연료전지와 수소에너지, 태양열, 태양광발전, 풍력, 소수력, 지열, 해양에너지는 이산화탄소 발생이 전혀 없는 청정에너지로 손꼽히고 연료전지와 수소에너지는 차세대 주요 에너지원으로 주목 받고 있다.

연료전지는 연료의 산화(酸化)에 의해서 생기는 화학에너지를 직접 전기에너지로 변환시키는 일종의 발전장치로서, 대표적인 연료로는 산소와 수소가 사용된다. 즉, 외부에서 산소와 수소를 지속적으로 공급받아 두 원소를 화학반응시켜 전기를 생산해내는 방식으로 차량용 소형 전지부터 중대형 발전까지도 가능하다.

연료전지에 공급되는 순수한 수소를 수소에너지라고 한다. 순수한 수소는 자연에 존재하지 않는다. 대부분의 수소는 다른 분자와 결합한 상태로 존재하기 때문에 수소연료를 얻으려면 다른 분자와의 분리가 반드시 필요하다. 수소를 얻을 수 있는 물질로는 주로 공기와 물, 천연가스, 석탄, 석유 등이 있지만, 대부분 물을 중점적으로 연구하고 있다. 심지어 최근에는 수소를 생산하는 미생물을 이용해 생활하수에서 수소를 분리시키는 기술까지 발표되는 등 발전가능성이 무궁무진하다. 이렇게 생산된 수소에너지는 연료전지의 연료로 사용되기도 하지만, 핵융합반응을 하게 될 경우 엄청난 에너지원이 되기도 한다. 바로 인공태양이다.

인공태양을 만드는 것이 가능할까? 이론적으로는 가능하다. 진공 상태에서 중수소와 삼중수소에 특수전기를 공급해 섭씨 1억 도의 상태로 만들어 전자를 원자핵에서 분리한다. 이렇게 분리된 전자와 원자핵을 다량, 고밀도의 상태에서 서로 폭발시킬 때 발생하는 열로 발전을 하는 원리이다. 수소 1그램을 발전시킬 경우 석유 8톤과 맞먹는 규모의 에너지를 생산해낼 수 있다. 수소를 이용한다는 면에서는 태양과 같은 원리이지만, 인공태양의 경우 전자와 원자핵을 분리하기 위해 약 1억 도 정도까지 온도를 높여야 한다는 점이 다르다. 영국은 JET 프로젝트를 통해 실제로 인공태양을 통한 발전에 성공했다. 물론 상용발전이 아닌, 실험에 불과했지만 인공태양 이론을 실제로 입증해 보인 예로서 큰 기대를 걸고 있다.

• 관련 키워드: 연료전지, 석탄액화가스, 수소에너지, 태양열, 태양광발전, 바이오매스, 풍력, 소수력, 지열, 해양에너지, 폐기물에너지, 인공태양
• 관련 도서: 「글로벌 기업의 지속가능경영」(김민주, 교보문고, 2007)

자연의 생체물질로부터 원리나 메커니즘을 모방하여 실제 생활에 접목시킨 공학

인간은 자연의 일부이다. 인간은 탁월한 지력으로 기술과 지식을 축적하여 자연을 정복해나가고 있다. 하지만 인간은 아직도 자연에서 많은 자원을 얻고 있으며 많은 아이디어를 얻고 있다.

자연에 존재하는 생체 물질은 오랜 기간 동안 진화하고 발전되어 온 최적화되고 고효율화된 시스템이다. 이들 생체의 원리나 메커니즘을 이용해 공학적 난제를 풀려는 노력을 생체모방공학, 자연모사공학이라 부른다. 영어로는 Biomimicry, Biomimetics, Nature-Inspired Engineering이라고 한다. 배의 유선형 디자인은 물고기의 몸체에서 아이디어를 얻었고, 날카롭게 자른 철사를 감아 만든 철조망은 양치는 목동이 장미 가시에서 아이디어를 얻은 것이다. 활공하는 새가 날개를 비틀어 방향을 전환하는 것을 보고 라이트 형제는 비행기 방향 전환 방법의 아이디어를 얻었다. 이순신 장군이 거북의 등에서 거북선의 아이디어를 얻은 유명한 이야기도 있다.

최근 들어 전자현미경과 나노 기술의 발달로 자연모사를 가능하게 하는 기술이 크게 발달하고 있다. 상어는 바다에서 매우 민첩하게 물

을 가르면서 다닌다. 상어 피부에는 부위에 따라 다른 돌기가 있어 몸의 표면에 생기는 소용돌이를 튕겨내는 역할을 한다. 물이 처음 부딪치는 상어 코 정면에는 거친 돌기가 있고, 코 아래에는 부드러운 돌기가 있어 추진력을 최대한 보존하고 저항을 줄이는 역할을 한다. 상어의 이러한 피부 특성은 수영선수들의 수영복에 활용되고 있다. 2004년 아테네올림픽에서 수영 6관왕에 오른 미국의 대표 수영선수 마이클 펠프스는 특수한 재질로 만든 패스트 스킨이라는 수영복을 입고 좋은 성적을 냈다. 상어의 코 정면처럼 물과 직접 부딪치는 팔, 어깨, 다리 부위는 거친 재질의 옷감을 사용했고, 가슴과 배 부위는 상어의 코 아래처럼 부드러운 재질의 옷감을 사용했다. 박태환 선수도 '패스트 스킨 프로' 수영복을 입고 매우 좋은 성적을 올리고 있다.

딱따구리를 살펴보자. 딱따구리는 하루에 무려 1만 2,000번이나 부리로 나무를 찍는다. 사람으로 치면 시속 25킬로미터로 초당 20회나 얼굴을 벽에 박는 충격과 같다. 하지만 딱따구리는 두통을 겪지 않는다. 딱따구리의 뇌에는 스폰지처럼 탄력 있는 뼈가 거품 스티로폼처럼 뇌를 보호하고 있기 때문이다. 또 나무를 쪼기 1000분의 1초 전에 눈을 감아 눈알이 튀어나오는 것을 방지한다. 이러한 딱따구리의 뇌를 정밀하게 연구하면 인간의 머리에 장착하는 안전한 헬멧을 만드는 데 응용할 수 있을 것이다.

산길이나 들길을 걷다 보면 엉겅퀴 같은 식물의 씨앗이 바지섶에 붙어 따라온다. 엉겅퀴의 한쪽 면은 갈고리처럼 생겨서 털이 있는 다른 물체에 쉽게 붙는다. 자신의 종족을 널리 전파하기 위해 엉겅퀴 씨앗이 동물의 털이나 사람의 옷에 들러붙도록 특별한 구조를 갖춘 것이다. 1948년 프랑스의 조르주 드 메스트랄은 엉겅퀴의 이런 특성을 활용하여 '찍찍이' 라는 별명이 있는 벨크로 테이프를 발명했다. 벨크로 테이프는 의복, 신발, 가방 같은 제품에서 단추를 대체했다. 무중력 상태의 우주선에서 물건을 고정하는 도구로 쓰이기도 한다.

연꽃잎에 물방울이 떨어지면 또르르 흘러내린다. 그러면 연꽃은 물에 젖지 않을까. 연꽃잎의 표면에는 미세한 돌기가 수없이 돋아 있고 왁스 성분도 있다. 연꽃잎에는 마이크로미터 크기의 산봉우리가 수없이 솟아 있고 산봉우리에 나노미터 크기의 돌기가 마치 나무처럼 심어져 있어 물방울은 크고 작은 '골짜기' 와 '숲' 사이를 타고 표면의 먼지와 함께 깔끔하게 흘러내린다. 이러한 효과를 연꽃(Lotus)의 이름을 따서 로터스 효과(Lotus Effect)라고 부른다. 독일에서는 연꽃잎 표면의 자가 세척 특성을 응용한 페인트를 개발하여 활용하고 있다. 자동차에 로터스 효과를 지닌 페인트를 바르거나 필름을 입히면 먼지가 묻어도 비를 맞으면 즉시 흘러내리므로 세차가 필요 없고 와이퍼도 필요 없다. 건물 외벽이나 유리창, 그리고 도로 표지판에 이런 페인트를 바르면 구태여 청소할 이유가 없다. 인공위성의 태양전지판도 언제나 청결하게 유지되므로 전력 생산 효과가 크게 올라간다.

2009 트렌드 키워드
298

게코도마뱀은 수직으로 된 벽도 자유롭게 움직이고 천장에 거꾸로 매달려 움직일 수도 있다. 체중 100~300그램에 불과한 게코도마뱀은 발바닥에 돋아 있는 수억 개의 나노 섬모 덕분에 자기 체중의 10~100배 무게를 발바닥에 붙일 수 있다. 바로 케라틴 재질의 나노 섬모에 의한 반데르발스 힘이 접착력의 비밀이다. 부착력도 강하고 부드럽게 떨어지는 특성도 지닌 게코도마뱀의 발바닥의 특성을 모방하여 나노 섬모가 만들어지고 있다. 스탠퍼드대학 연구팀은 게코도마뱀 발바닥의 부착력을 로봇에 적용한 스티키봇을 만들었다. 스티키봇은 유리벽도 쉽게 타고 올라갈 수 있어 앞으로 스파이 용도로도 얼마든지 활용할 수 있다.

강철보다 10배 강하다고 알려진 거미줄을 모방한 바이오스틸(Bio-steel), 바닷가 바위에 단단하게 붙어 있는 홍합을 모방한 단백질 접착제 등도 만들어지고 있다. 이처럼 나노기술 분야에서 자연모사공학을 이용해 신기능성 소재가 개발되고 있으며 우주산업 및 국방산업 등 다양한 분야에 활발히 응용되고 있다.

• 관련 키워드: 생체모사, 나노기술, 기능성 소재
• 관련 도서: 『Biomimicry: Innovation Inspired by Nature』(Janine M. Benyus, Harper Perennial, 2002)
　　　　　　 『The Gecko's Foot: Bio-inspiration: Engineering New Materials from Nature 』(Peter Forbes, W. W. Norton, 2006)

Science

친환경종이

환경에 해가 없는 원료(우뭇가사리)를 이용해 만든 종이

2000년이 다가오면서 정보화 시대가 오면 세상이 어떻게 변할지 예측을 많이 했다. 이러한 예측 가운데 맞는 것도 있었지만 틀린 것도 많았다. 틀린 것 중의 대표적인 것이 종이 소비량에 대한 예측이었다. 모든 문서가 컴퓨터 작업으로 이루어지고 인터넷으로 전달될 것이기 때문에 종이 소비량이 크게 줄어들 것으로 예측했었다. 하지만 결과는 전혀 달랐다.

지금은 컴퓨터, 인터넷을 이용한 전자 문서로 모든 업무를 처리할 수 있는 시대지만 종이의 사용량은 갈수록 늘고 있다. 사람들이 더 많은 정보를 주고받으면서 오히려 종이 수요가 늘어난 것이다. 여기에 더해 중국의 급속한 경제발전은 수출을 위한 포장재 수요 증가와 함께 위생의식의 제고, 간행물 증가, 광고업 발달을 불러와 중국을 미국에 이은 세계 2대 종이제품 소비대국에 올려놓았고, 세계 종이 수요의 증가를 부추기고 있다.

다국적 종이 기업들은 싼 가격으로 종이를 생산하기 위해 총력을 기울이고 있다. 사람의 발길이 한 번도 닿지 않은 원시림을 마구 베어

내어 펄프를 만들고 있고, 이 때문에 2초마다 축구장 면적만큼의 원시림이 사라지고 있는 실정이다. 이산화탄소를 흡수하고 산소를 생산하는 나무의 역할을 생각해보면 지구의 허파가 야금야금 뜯겨나가고 있는 상황이다.

이러한 상황에서 우리나라 기업이 나무를 이용해 만든 종이를 대체할 수 있는 '해초종이' 개발에 성공해 국제적인 관심을 받고 있다. 나무를 대신해 종이의 재료가 된 것은 식당에 가면 종종 반찬으로 올려지는 우뭇가사리다. 한천으로 불리기도 하는 우뭇가사리는 아무런 맛이 없어서 홀대받기 일쑤였지만 최근 종이로 만들어져 신세가 달라졌다. 우뭇가사리로 종이를 만드는 아이디어는 아주 우연한 계기에서 시작됐다. 우뭇가사리를 이용해 해초 종이를 개발한 ㈜페가서스인터내셔널의 유학철 사장은 우뭇가사리로 만든 젤리에서 떨어져 나온 우무를 긁어내다가 종이처럼 얇게 떨어지는 모습을 보고 종이 개발에 착수했다.

우뭇가사리가 종이로 변신할 수 있었던 것은 김, 해인초, 풀가사리, 우뭇가사리 등 홍조류에 밀집되어 있는 엔도파이버(Endofiber)라는 섬유질 때문이다. 엔도파이버는 목재펄프에 비해 가늘고 섬유의 두께가 균등해서 매우 질이 좋은 고급 종이로 만들 수 있다. 목재 펄프로는 몇 단계의 공정을 더 거쳐야 하지만 엔도파이버는 그 자체로 고급 종이의 조건을 갖추고 있는 것이다. 그렇기 때문에 나무로 만드는 종이에 비해 공정이 간단하고 가격도 저렴하다. 유학철 사장과 충남대 서영범 교수팀은 우뭇가사리에서 엔도파이버를 추출해 종이를 만드는 데 성공했고, 호주, 멕시코, 러시아에서 특허까지 취득했다. 현재 건설중인 생산설비가 2009년 완공되는 대로 대량 생산에 들어갈 예정이다.

우뭇가사리를 이용한 종이의 장점은 저렴한 가격과 좋은 질이 전부가 아니다. 우뭇가사리는 이산화탄소 흡수량이 육지식물의 1.5배에 달하며 생산 공정에서도 화학 약품이 남지 않아 생산된 종이를 먹어도 될 정도로 환경친화적이다. 또한 종이 생산 공정에서 발생하는 부산물로 에탄올을 제조할 수 있어서 미래 친환경 에너지로 활용할 수 있는 가능성까지 가지고 있다.

• 관련 키워드: 엔도파이버, 홍조류 펄프, 우뭇가사리, 해초종이

4G

4G는 'Fourth-Generation'의 약어로 4세대 이동통신 기술을 의미한다. 4세대 이동통신 기술은 3세대에 비해 전송속도가 한층 빨라진 것이 특징이다. 이동중에는 100메가비피에스(Mbps), 정지 시에는 1기가비피에스(Gbps)에 이른다. 이는 3세대 이동통신 기술보다 최대 100배 가까이 빠른 수치로 단순히 빠른 데이터 전송 속도를 제공하는 것일 뿐 아니라 무선과 유선의 경계가 사라지는 것을 의미한다. 앞으로는 걷는 도중에도 영화를 몇 초 만에 다운받아 보는 것은 물론 휴대폰이 냉장고, 에어컨, TV 등 가정의 가전제품을 모두 제어하는 홈 네트워크의 중앙 처리장치 역할을 수행하는 것이 가능하다. 이러한 이동통신 혁명은 4G가 상용화되는 2012년쯤이면 현실이 될 것이다. 한국은 최근 4세대 이동통신 기술 시연에 연이어 성공해 차세대 통신시장 선점에 유리한 고지에 오른 상태다. 만약 우리의 기술이 세계 기술 표준으로 채택된다면 한국은 유비쿼터스 시대의 강자로 군림하며 막대한 이익을 거둘 수 있을 것이다.

나로우주센터
Naro Space Center

나로우주센터는 한국이 자체 기술로 우주 공간에 인공위성을 쏘아 올리기 위해 건설중인 최초의 우주센터로 전라남도 고흥군 봉래면 외나로도에 건설중이다. 나로우주센터가 완공되면 세계에서 13번째로 완공되는 우주센터가 된다. 위성을 발사하기 위해 비싼 외화를 지불하지 않아도 될 뿐만 아니라, 한국도 우주개발 선진국의 대열에 들어선다는 것을 의미하기도 한다. 현재 이곳에서는 발사 통제동, 조립시험동, 제주추적소 등 주요시설이 완공돼 시험운용중에 있으며, 발사체의 추적 및 계측 장비의 구축도 완료되어 장비 간 연계시험이 이루어지고 있다. 우주센터 전체가 완공되면 첫 임무로 100킬로그램급 소형 인공위성인 과학기술위성 2호를 지구 저궤도로 쏘아 올리는 일을 수행하게 된다. 한국 최초의 우주인을 배출하고 우주에 대한 관심이 높아진 지금 나로우주센터는 온 국민의 꿈과 희망을 담고 미래로 향하고 있다.

넷북

불황이 찾아오면 치마의 길이가 짧아진다는 말이 있다. 과학적으로 입증된 사실은 아니지만 패션업계나 소비자들 사이에서 알게 모르게 그런 흐름을 보인 것이 사실이다. 미니스커트, 미니립글로스, 미니도너츠, 미니와인 등 다양한 상품들이 미니 열풍을 주도했었다. IT분야에도 미니 열풍이 불어 휴대용 컴퓨터인 노트북을 더욱 더 작게 만든 넷북(미니노트북)이 인기몰이에 한창이다. 모 케이블TV 패션방송에서는 '잇걸'들이 반드시 갖고 있어야 하는 물건 베스트 10에 포함된 적도 있다. 2009년 IT 핫 키워드에도 당당히 오른 미니노트북의 매력은 무엇이기에 이토록 열광하는 것일까.

시장조사기관인 가트너의 자료에 의하면, 전 세계 PC시장은 2007

년 대비 15퍼센트가량 성장했으며, 그 중 미니노트북의 비중은 47.3
퍼센트로 절반 가까이 차지하고 있다. 한 시간 남짓 되는 출퇴근 시간
에 지하철에서 미니노트북으로 간단한 업무처리를 하거나 이메일을
주고받는 사람이 있는가 하면, 노트북 컴퓨터를 구입하기에는 가격
이 만만치 않아 미니노트북으로 마음을 바꾼 사람까지 뛰어난 휴대
성에 컴퓨터의 기본 기능까지 알차게 갖춘 미니노트북의 매력에 빠
진 사람들이 많다. 대표적 미니노트북 브랜드로는 아수스, 고진샤, 레
노버, HP 등 다양하다. 하지만 미니노트북에 완벽함을 기대하지는 말
자. 웹캠과 무선 인터넷 연결 기능, 대부분의 파일 작업 등을 할 수 있
지만 일반 노트북들과 다른 점들이 있다. CD나 DVD드라이브가 없거
나 대부분의 LCD화면은 실눈을 뜨지 않고는 보기 어려울 정도다. 또
한 성인들이 쓰기에는 너무 작은 키보드나 많은 프로그램과 데이터,
파일들을 저장하기 어려운 용량도 단점이다. 하지만 기존 노트북보
다 '착한' 가격과 휴대성, 그리고 기본 기능은 충분히 할 수 있다는
점에서 앞으로 미니노트북을 향한 소비자들의 설렘은 잠재우기 어려
울 듯하다.

다우너소
Downer cow

한동안 남녀노소 할 것 없이 전 세계를 떠들썩
하게 만들었던 다우너 소는 정육업이나 낙농
업에서 걷지 못하고 주저앉는 소를 일컫는 말

이다. 주로 케톤증, 저마그네슘혈증, 저칼슘혈증 때문에 다우너 증세가 나타날 수가 있고, 혼치 않지만 광우병처럼 신경 관련 병 때문에 다우너 증세가 나타나기도 한다. MBC의 〈PD수첩〉은 다우너 소 동영상 화면을 보여주면서 그런 증상이 모두 광우병 때문인 것처럼 시청자들이 오해하도록 만들어 큰 사회적 이슈가 된 바 있다. 광우병은 다우너 증후군의 59가지 원인 중 하나에 속할 뿐이다. 광우병 소는 병 확산을 막기 위해 도축되는 것이 관례다.

매쉬업* Mashup

2000년대 들어와서 많이 쓰이는 용어 중 매쉬업을 빼놓을 수 없다. 매쉬업이란 음악에서 쓰이던 용어로 가수나 DJ가 서로 다른 노래를 조합하여 새로운 노래를 만들어 내는 것을 의미했다. 웹 2.0 시대로 접어들면서 IT 분야에서 매쉬업 개념이 더욱 주목받고 있다. IT에서 매쉬업이란 서로 다른 별개의 콘텐츠를 조합하여 새로운 콘텐츠를 만들어내는 것으로서, 더 나은 가치를 창출한다는 점에서 컨버전스보다 더 넓은 개념으로 사용되고 있다. 대표적인 예로 나이키와 아이팟의 매쉬업을 들 수 있는데, 아이팟과 연결된 나이키 운동화를 신고 활동을 하면 아이팟을 통해 자신의 운동량을 체크할 수 있다. 즉, MP3플레이어와 운동화라는 서로 전혀 다른 제품이 만나 건강관리라는 새로운 가치를 만들어 낸 것이다. 이러한 매쉬업은 앞으로 더욱 활성화될 것이 틀림없다.

멜라민
Melamine

2008 베이징 올림픽으로 전 세계의 관심을 받은 중국이 또 한 번 집중보도의 대상이 되었다. 바로 멜라민 파동 때문이다. 아기들이 먹는 분유에서부터 과자, 달걀, 수프 등 각종 중국산 먹거리에서 멜라민이 검출되어 전 세계가 떠들썩했다. 멜라민은 유기화학물질로 화학식이 C3H6N6이다. 주로 열에 강한 플라스틱 원료의 생산에 사용되며 바닥 타일, 주방기구 등 플라스틱 제품에도 광범위하게 사용된다. 또 식품제조 및 가공에는 사용할 수 없는 독성 물질로 분류하여 식품으로의 사용을 허용하지 않고 있다. 이러한 멜라민이 중국산 분유에서 검출된 이유는 바로 단백질 함량과 관련이 있다. 멜라민이 실제 단백질의 함량을 훨씬 높게 측정되도록 만든다는 것을 축산업자들이 악용한 것이다. 우유가 주식인 영유아의 경우 멜라민이 함유된 우유를 많이 마시면 신장·방광결석, 방광염 등의 증상이 나타나고 숨질 수도 있다.

바이오인식기술

사람마다 다른 특이한 신체적 특징과 행태가 있다. 생체의 특성을 토대로 하여 그 생체를 인식하는 기술을 바이오인식 기술이라고 한다. 신체적 특징을 이용한 식별방법의 예를 들어 보자. 사람의 손끝에 있는 지문은 모두 다르기 때문에 신분을 증명하는 주민등록증의 뒷면에 지문을 찍고, 형사는 현장 감식을 할 때 문 손잡이나 유리, 물체에 범인 용의자의 지문을 채취한다. 보안이 필요한 건물이나 방에 들어갈 때 들어가려는 사람의 홍채를 확인하고 통과여부를 결정하는 시스템도 있다. 또 손 등에 있는 정맥혈관의 모양, 길이, 꺾인 각도 등이 다르므로 바이오 인식이 가능하다. 또 현장 감식을 할 때 바닥에 남아 있는 족흔을 가지고 범인을 추적하기도 한다. 얼굴인식 방식도 있기는 하지만 요즘처럼 성형이 난무한 시기에는 그 효과가 크게 줄어들고 있다.

사람의 신체적 특징 이외에 사람의 행동적 특성을 가지고 바이오 인식을 하기도 한다. 사람마다 음성, 글씨체, 걸음걸이가 다르기 때문이다. 영국의 사우스샘프턴대학의 마크 닉슨 교수는 사람들의 걸음걸이를 정밀 분석하였는데 근육강도, 힘줄, 뼈의 길이와 밀도, 생리상태, 걷는 스타일 등이 독특한 걸음걸이를 가지고 있어 위장하기가 힘들다고 말한다. 예를 들면 남자는 걸으면서 어깨가 같이 움직이고 여자는 엉덩이가 같이 움직인다. 같은 여자라고 하더라도 임신한 여성은 배가 무거우니 걷기가 힘들어져 보행 속도도 느려지고 뒤뚱뒤뚱 걷게 된다. CCTV에 포착된 범인 용의자가 얼굴을 노출하지 않아 인식하기가 힘들더라도 보행인식기술을 동원하면 범인 색출이 가능하다. 용의자를 경찰에 데려와 특수장치를 한 공간을 걷도록 하면 이 동영상 모습을 보고서 CCTV 영상과 비교하여 범인 식별을 한다. 범죄를 저지르고 적발을 피하기는 앞으로 갈수록 어려워질 것이다.

선저우
神舟

구 소련과 미국에 이어 중국도 유인우주선을 쏘아 올렸다. 최초의 유인우주선은 1961년 구소련의 유리 가가린이 탑승했던 보스토크 1호이다. 중국의 최초 유인우주선의 이름은 선저우호이다. 1999년 선저후 1호가 발사된 이후 선저우 5호는 2003년에, 선저우 6호는 2005년에 발사된 바 있다. 2008년 9월 25일 중국은 중국인 3명이 탑승한 선저우 7호를 간쑤성 주취안 위성발사센터에서 발사하여 세계에서 세 번째로 우주유영에 성공했다. 선저우 7호는 총 68시간 동안 45차례 지구를 돈 뒤 당초 착륙예상 지점인 네이멍구(內蒙古)자치구 쓰쯔왕(四子王)기(旗)에 성공적으로 안착했다. 중국의 중장기 '2020년 우주개발계획'에 의하면 2017년까지 달에 우주인을 보내고 2020년 독자적인 우주정거장을 건설할 계획이다.

셔우지셔우
手機手

2008년 중국 춘지에(春節) 기간 중 휴대전화 문자메시지 발송건수는 152억 건으로 휴대전화 1대당 메시지 발송건수는 33건에 달했다. 이처럼 중국인들이 휴대폰 문자메시지를 많이 이용함에 따라 엄지손가락 근육 주위에 건초염이 많이 생기고 있는데, 이러한 현상을 셔우지셔우(Cell-phone-worn-hand)라고 한다. 건초염은 과로나 국소의 자극으로 손발에 많이 나타나고 피아니스트, 타이피스트 등에게서 볼 수 있는 일종의 직업병이다. 우리나라도 이에 못지않은 엄지족(族)들이 많이 생기고 있다. 중국에는 최근 몇 년간 신조어가 크게 늘고 있어 중국의 트렌드를 알려면 이런 신조어에 주목할 필요가 있다. 버는 대로 쓰는 웨광쭈(月光族), 환경과 웰빙 생활을 하는 러훠쭈(樂活族), 졸업 후 취직에 실패하고 계속 학교에 남아 취업이나 진학을 준비하는 라이샤오쭈(賴校族)가 그런 신조어다.

스마트 더스트*
Smart Dust

스마트 더스트는 먼지 크기의 매우 작은 센서들을 건물, 도로, 의복, 인체 같은 물리적 공간에 뿌려서 주위의 온도, 습도, 압력 등의 통합적인 정보를 무선 네트워크로 감지하고 관리하는 장치를 말한다. 스마트 더스트라는 용어는 1997년 UC 버클리에서 소형 감지기 개발 프로젝트를 이끌었던 크리스 피스터에 의해 처음 사용되었다. 원래는 적진에 투하하여 적의 이동상황과 경로를 탐색하기 위한 군사용으로 개발되었으나 의학, 농업, 환경, 건축 등 거의 모든 분야에 응용될 신기술로 평가받았다. 현재까지 가로세로 1밀리미터의 초소형 센서가 나왔고, 향후 이보다 더 작은 센서들이 나올 것으로 전망된다. 그러나 눈에 보이지 않는 초소형 센서들이 주변의 수많은 자료들을 채집하는 과정에서 개인 프라이버시 침해 등의 부작용을 어떻게 해결할 수 있을지에 대한 우려도 만만치 않다.

스마트몹*
Smart Mob

이제 군중집회를 하더라도 포스터가 필요없다. 정보통신 기기를 항상 휴대하고 있어서 즉각적으로 모이도록 메시지를 쉽게 전달할 수 있기 때문이다. 스마트몹이란 '똑똑한'을 뜻하는 영어 스마트(Smart)와 '군중'을 뜻하는 몹(Mob)이 합성되어 생겨났다. 이 말은 테크놀로지 전문가인 미국의 하워드 라인골드(Howard Rheingold)가 펴낸 『스마트몹스』라는 책에서 유래했다. 스마트몹은 PDA, 휴대폰, 메신저, 이메일 등의 첨단 정보통신기술을 바탕으로 네트워크를 구축해 정치, 사회, 경제 문제에 참여하는 집단을 뜻한다. 쉽게 말해 누군가가 나서서 계획한 것이 아니라 같은 뜻을 지닌 사람들끼리 인터넷 같은 수단을 통해 자발적으로 모인 군중들을 뜻한다. 플래시몹(Flashmob)은 스마트몹과 플래시크라우드(Flash Crowd: 사용자가 갑자기 증가하는 현상)의 합성어로 불특정 다수의 사람들이 인터넷과 이메일 등을 통해서 시간과 장소를 정해 모여서 집단행동을 하고 사라지는 것을 뜻한다.

슬로 메디신
Slow Medicine

한때 전 세계적으로 웰빙 바람이 불더니 죽음에 대한 관심을 반영하는 웰다잉 바람도 불기 시작했다. 병세가 심해져 죽음을 눈앞에 둔 환자에게 수명을 조금이나마 늘리기 위해 공격적인 치료를 하는 경우가 많다. 물론 치료비도 크게 늘어나고 환자 자신에게도 큰 고통을 준다. 실낱같은 회생을 기대하고 공격적으로 치료하지만 사실 무의미한 경우가 많다. 그래서 최근에는 덜 공격적인 치료로 돈을 적게 들이고 품위 있는 죽음을 맞이하도록 하는 치료 방식이 인기를 끌고 있다. 이른바 슬로 메디신이다. 우리나라는 죽기 반 년 전까지 적극적 항암치료를 받는 환자의 비율이 95퍼센트나 되어 미국의 33퍼센트에 비해 매우 높다. 프랑스에서는 '인생의 마지막에 대한 법'이라는 것이 있어 환자가 기계적 호흡이나 심폐소생술을 거부할 수 있다. 우리나라도 이런 슬로 메디신이 정착될 수 있도록 사람들의 의식구조 변화와 의료보험 제도의 변화, 관련 법 조항 개정이 필요한 때다. 이와 함께 자신의 죽음에 대한 선택권을 행사한다는 좋은 의도가 자칫 인명경시 풍조로 흐를 수 있다는 사실도 염두에 두어야 한다.

시맨틱 웹*
Semantic Web

현재의 컴퓨터는 사람이 원하는 정보를 찾아서 눈으로 본 뒤 이해하는 형식이다. 하지만 이제 컴퓨터도 변하고 있다. 바로 시맨틱 웹이라는 형식으로 바뀌고 있는 것이다. 사람으로 치면 '뇌'를 가진 웹이라고 생각하면 된다. 즉, 컴퓨터가 스스로 정보의 뜻을 이해해서 논리적인 추론 과정을 진행하는 것이다. 시맨틱 웹의 세상에서는 인터넷 쇼핑을 할 때 눈으로 보는 상품뿐만 아니라 제품의 거래 조건 등에 대한 데이터도 제공되며 이런 환경에서 컴퓨터가 사람을 대신해 원하는 제품의 검색뿐 아니라 가격 협상까지 해준다.

언색호
堰塞湖

언색호(Damned lake)는 지진, 산사태, 화산폭발 등으로 골짜기에 흐르는 계류나 하천 등이 막혀서 생긴 호수를 말한다. 따라서 물을 막고 있는 둑이 약할 수밖에 없고, 물이 가득 찰 경우 둑이 터져 인근 주민과 취락들이 순식간에 물에 잠길 가능성이 크다. 2008년 일어난 중국 쓰촨성 대지진의 경우 18개의 언색호가 만들어졌는데 이 중 칭촨(青川)현의 초대형 언색호 한 곳이 2008년 5월 붕괴돼 인근 주민 3만 명이 긴급 대피하는 소동도 벌어졌다. 아직도 쓰촨성 대지진으로 인한 언색호가 남아 있는 상태이며 그 중에서도 가장 큰 탕자산 언색호는 최대 높이 124미터, 길이 803미터, 폭 611미터이다. 호수 깊이는 82~124미터로 댐 높이까지 물이 차면 그 부피만 3억 2천만 세제곱미터에 달하는데, 이 규모는 팔당댐 최대 저수량의 1.3배나 된다. 저수량이 엄청나고 붕괴할 경우 위험도 큰 만큼 중국의 언색호에 중국뿐만 아니라 전 세계의 이목이 집중되어 있다.

여유증

한여름, 길거리를 걷다보면 울룩불룩 단단한 몸매를 과시하려 쫄티를 입은 남성들을 심심치 않게 볼 수 있다. 그와 대조적으로 늘어진 가슴을 티셔츠에 드러내고 있는 남자들도 볼 수 있다. 이런 가슴을 가진 남자들이 바로 여성형유방, 즉 여유증 환자들이다. 10~20대 남성들 사이에서 늘고 있는 여유증은 청소년기나 그 이상의 연령대에서 지방축적 또는 유선조직의 발달이 원인이 되어 남성의 가슴이 마치 여성의 가슴처럼 커지는 증상을 말한다. 호르몬 불균형과 서구화된 식습관으로 인한 비만 등이 주요 원인으로 꼽히고 있고 스테로이드제, 이뇨제, 혈압약 등 약물의 장기 복용과도 관련이 있다고 알려져 있다. 근본적인 개선을 위한 치료법으로는 일반적으로 지방흡입수술이 많이 사용되고, 유선조직의 발달 정도에 따라 유선 절제술을 병행하는데, 유선조직은 지방흡입으로 제거할 수 없어 지방흡입 후 남은 유선조직을 외과적으로 제거한다. 그리고 여유증 치료 후에도 꾸준한 운동을 통해 대부분 남성들의 가슴에 발달되어 있는 대흉근을 관리해주는 것이 중요하다.

옵트 아웃
Opt Out

옵트 아웃이란 원래 정보통신 분야에서 시작된 용어로, 전자우편을 보내서 받은 사람이 수신을 거부하면 이후에는 보낼 수 없도록 하는 것을 말한다. 즉, 수신자가 거부하지 않으면 발송자가 전자우편을 계속 보낼 수 있다는 것을 말한다. 그런데 최근 들어서 의료 분야에서 장기 기증을 할 때 옵트 아웃 제도를 도입해야 한다는 의견이 커지고 있다. 현재 장기 시장은 장기 공급이 매우 부족한 상황이다. 현행법상 장기 기증 희망자에게만 뇌사판정심사를 받을 수 있도록 되어 있어 뇌사자의 장기 기증이 부족하기 때문이다. 그래서 전문가들은 뇌사자가 발생했을 때 보호자가 거부의사를 밝히지 않는 한 장기 기증자로 보는 제도가 도입될 필요가 있다고 주장하고 있다. 법 개정이 조속하게 이루어져 장기 기증이 활성화될지 귀추가 주목된다.

와이브로[*]
WiBbro

한국이 세계 최초로 개발한 와이브로 기술이 2007년 10월 국제전기통신연합 전파총회에서 3세대 이동통신(3G)의 6번째 국제표준으로 채택됐다. 와이브로(WiBro; Wireless Broadband)는 삼성전자와 한국전자통신연구원이 개발한 무선 광대역 인터넷 기술이다. 쉽게 말해 이동하면서도 초고속 인터넷을 이용할 수 있는 무선 휴대인터넷을 말한다. 기존의 무선랜 서비스는 일정 액세스 포인트 장치를 중심으로 일정반경 내에서만 인터넷이 가능했으나, 와이브로는 이동통신의 CDMA 기술을 이용하여 이동하면서도 인터넷을 접속할 수 있게 되었다. 2008년 현재 KT와 SK텔레콤이 사업자로 선정되어 서울과 경기도 인천, 부산 등에서 시행중이다. 외국에서는 이탈리아의 TI, 브라질의 TVA, 베네수엘라의 Omnivision, 크로아티아의 PORTUS, 미국 미시간 주의 Arialink가 테스트 서비스를 마치고 상용화에 들어갈 예정이다.

위젯
Widget

위젯(Widget)은 휴대폰, PDA 등 휴대용 디바이스와 PC 등에 이용되는 작은 응용프로그램을 의미하는 말로, 이용자와 디바이스를 이어주는 일종의 인터페이스 기능을 한다. 위젯을 이용하면 사용자는 자신이 자주 사용하는 콘텐츠 위주로 편하게 화면을 구성할 수 있다. 예를 들면 하루에도 몇 번씩 이용하게 되는 날씨정보, 증권정보, 세계시간, 이메일 등의 서비스를 위젯으로 구성하면 일일이 검색하여 해당 페이지로 이동하지 않아도, 한 화면에서 편하게 이용할 수 있다. 기존 포털사이트의 서비스와 달리 원치 않는 정보는 화면에서 제외시킬 수 있으니 사용자 개인에 맞춘 서비스가 가능하다.

위젯은 생김새로 보자면 웹 사이트에 부착되어 다양한 정보를 제공하고 있는 배너와 비슷하지만, 사용자에게 꼭 맞는 맞춤형 정보를 제공하면서도 더 폭넓은 활용이 가능하다는 점에서, 배너보다 한 단계 진보한 웹 2.0 시대의 산물이라고 할 수 있다. 최근에는 PDA형 휴대폰, PDA 등의 보급이 급증하면서 휴대용 디바이스에서도 위젯이 각광을 받고 있으며, 향후 IP-TV 같은 디바이스에서도 사용될 것으로 보여 새로운 웹 패러다임을 여는 것으로 평가 받고 있다.

크래시 증후군
Crash Syndrome

전 세계적으로 건물이 붕괴되는 재난이 계속 발생하고 있다. 1995년 일본의 한신 대지진으로 인한 건물 붕괴, 2008년 중국의 쓰촨성 지진으로 인한 건물 붕괴, 우리나라의 삼풍백화점 붕괴가 대표적이다. 그런데 건물 더미에 깔려 있었음에도 불구하고 오랜 시간 생존해 있다가 가까스로 구출된 사람들이 구조된 지 얼마 되지 않아 죽는 경우가 자주 발생하고 있다. 이런 현상을 크래시 증후군이라고 한다.

우리 몸은 오랜 시간 압박을 받으면 혈류가 정지되어 근육세포가 죽게 된다. 이때 근육 내에 산소를 저장하는 미오글로빈에서 만들어진 독성물질이 체내에 쌓인다. 그런데 구조된 후 압박상태가 갑자기 풀리면 독성물질이 한꺼번에 혈액으로 쏟아져 나와 요세관을 막게 되어 급성신부전증이 생긴다. 또 오랜 기간 압박을 받으면 혈액 중 칼륨이 급속히 증가하면서 심장근육에 이상이 생기고 부정맥이 발생하여 의료 처치가 늦어지면 사망에 이르게 된다. 또 골절로 인해 출혈이 계속되면 체액이 부족하여 혈압이 떨어지는 저체액성 쇼크가 발생하기도 한다. 따라서 이런 경우 구조되기 전이라도 구조현장에서 수액을 투여해야 한다. 건물이 붕괴되면 구조대들은 피해자를 건물더미에서 나올 수 있도록 하는 데만 급급하다. 하지만 구조된 후에 이러한 크래시 증후군으로 사망하는 경우가 많으므로 구조 현장에서 면밀한 의료 처치가 필요하다.

클리코크라시*
Clickocracy

민주주의(Democracy)가 인터넷과 만나서 전자민주주의로 변했다. 전자민주주의란 인터넷을 통해 시민이 직접 정치과정에 참여함으로써 이루어지는 민주주의를 뜻한다. 이는 사이버크라시(Cybercracy), E-데모크라시, 텔레데모크라시(Teledemocracy), 테크노폴리틱스(Techno Politics), 인터넷 민주주의 등의 용어로도 사용되고 있다. 그리고 이와 비슷한 뜻으로 최근 클리코크라시란 단어도 생겨났다. 컴퓨터 마우스로 클릭해 정당이나 후보를 지지한다는 의미에서 생긴 말이다. 머지 않아 인터넷 전자투표가 상용화될 날도 다가올 것이다.

태깅/태그 클라우드*
Tagging/Tag Cloud

태깅은 콘텐츠를 표시하거나 분류하기 위해 사용하는 방식으로 웹 2.0 시대를 대표하는 새로운 검색방법으로 주목받고 있다. 우리말로는 '꼬리표 달기', '주제어 달기'라고 해석할 수 있다. 기존의 웹이 분류를 위해 디렉토리를 사용했다면, 태깅은 사용자들이 직접 정보를 분류하고 재정리한다. 웹상의 모든 정보를 개인의 웹 공간에서 자신이 직접 만든 태그를 달아 저장한다. 이런 태그를 가공하고 재사용하면 좀 더 빠르게 정보를 검색할 수 있게 되는 것이다. 특히, 최근에는 태그들을 한곳에 모아 표시해놓는 태그 클라우드도 함께 주목받고 있다. 존 헤른(John Herren)이 처음 만든 태그 클라우드란 우리가 웹에 글을 쓸 때 하단에 부착하고 있는 태그들이 모여있는 집합체로, 태그가 구름과 같은 모양으로 표시가 되고 있는 것을 빗댄 것이다. 이러한 태그 클라우드를 통해서 사람들의 관심과 중요한 태그들이 무엇인지를 쉽게 확인할 수 있다.

텔레매틱스*
Telematics

최근 몇 년 사이에 차 안에서 지도를 보여주며 안내를 해주는 네비게이션 단말기가 많이 보급되었다. 일단 단말기에 목표 지역을 입력한 후 운행을 시작하면 GPS(위성항법장치)가 차의 위치를 파악하여 어떤 도로로 주행하면 되는지 지도를 바꿔가며 자세히 보여준다. 이러한 편리한 주행 서비스는 지리에 익숙치 못한 운전자에게는 정말 고마운 서비스이다. 유비쿼터스(ubiquitous) 시대에는 이렇게 사람이 차를 타고 어디를 가든 필요한 정보를 제공해준다. 이런 텔레매틱스 서비스 덕분에 집과 회사 같은 고정된 공간이 아닌 움직이는 차도 제3의 공간 역할을 충분히 수행하고 있다. 텔레매틱스의 초기에는 긴급 구난 요청, 도난 감지 및 추적 서비스 등의 안전 관련 서비스와 주행안내 서비스로 시작하였는데, 근래에는 정보 제공과 게임 및 영화 같은 엔터테인먼트 서비스로 확장되었다. 앞으로 차에서 교통 체증 정보를 시시각각 받을 수 있다면 출발지에서 목적지까지 가는 데 걸리는 예상 시간도 제공해줄 수 있을 것이다.

패시브 하우스
Passive House

패시브 하우스란 자연상태의 태양 에너지 외에는 따로 난방이 필요없도록 지은 주택을 말한다. 패시브 하우스 (passive house)의 passive는 '피동, 수동' 의 의미로서 외부에서 액티브하게 열을 공급하지 않아도 된다는 뜻이다.

패시브 하우스는 해가 비칠 때 가능한 한 많은 햇볕을 받아들여 집을 데운 후, 그 열의 유출을 최대한 막음으로써 에너지 소모를 줄인다. 이 과정에서 열효율을 극대화하기 위해 두꺼운 단열재와 3중 유리, 폐열 회수형 환기 시스템 등을 사용하는데, 기존 주택에서 쓰는 난방 에너지의 10~20퍼센트만을 사용하여 대기가 영하 10℃일 때 실내 온도를 영상 17.3℃로 유지할 수 있다. 그야말로 에너지 소모를 줄이는 친환경 건물인 셈이다.

패시브 하우스는 지난 1991년, 건설물리학자인 볼프강 파이스트 (Wolfgang Feist)에 의해 처음으로 건설되었다. 최초의 패시브 하우스가 독일 다름쉬타트에 만들어진 이후, 현재 독일, 오스트리아, 스위스에 총 6,000여 동의 패시브 빌딩이 위치해 있으며, 미국 일리노이 주에서도 패시브 하우스가 시범적으로 건설되고 있다. 그동안 패시브 하우스는 상대적으로 높은 건축비 때문에 확산이 더뎠지만, 에너지 가격의 급등과 관련 기술의 발달로 기존 건축물과의 건설비용 차이가 줄어들고 있다. 이에 따라 우리나라에서도 기초적인 기술을 적용한 패시브 하우스가 확산되고 있는 추세다.

풀브라우징
Full-browsing

풀브라우징은 인터넷을 컴퓨터가 아닌 휴대폰에서도 똑같이 구현하는 것을 말한다. 사실 그동안에도 휴대폰으로 인터넷을 이용하는 것은 가능했다. 하지만 컴퓨터에 비해 느린 속도, 작은 화면, 제한된 입력장치로 인해 제대로 된 인터넷 환경을 휴대폰에서 구현하는 것은 힘들었다. 주로 텍스트 위주의 작은 화면을 보는 것이 전부였다. 하지만 풀브라우징 서비스의 시작으로 상황이 달라졌다. 휴대폰 화면으로도 컴퓨터에서 이용하는 것과 똑같이 인터넷을 이용할 수 있게 된 것이다. 전송속도가 향상됐을 뿐 아니라, 휴대폰에 터치스크린이 탑재되면서 입력 장치의 문제도 상당부분 해결되었다. 이제 지하철에서, 버스에서 휴대폰을 통해 인터넷을 하는 사람들의 모습을 보는 것은 낯선 일이 아니다. 무늬만이 아닌 제대로 된 유비쿼터스 시대는 이제 시작되었다고 할 수 있다.

피싱/비싱*
Phishing/Vishing

인터넷을 이용해 각종 범죄를 일으키는 수법은 갈수록 교묘해지고 있다. 최근 피싱이란 새로운 범죄수법이 등장하더니 얼마 지나지 않아 이를 진화(?)시킨 파밍(Pharming), 비싱 등도 등장했다. 피싱이란 개인정보(Private data)와 낚시(Fishing)의 합성어다. 이용자들에게 유명 회사를 사칭하는 이메일을 보내고 위장된 홈페이지에 접속해 계좌번호, 주민등록번호, 로그인 비밀번호 등의 개인정보를 입력하도록 유도한 다음, 이들의 정보를 이용해 금융사기를 일으키는 신종 사기수법을 말한다. 파밍은 각 회사의 해당 사이트가 공식 운영하는 도메인 자체를 중간에서 탈취하는 방식이며, 비싱은 인터넷 전화(VoIP)를 이용해서 개인정보를 빼내는 수법이다. 이런 범죄에 걸려들지 않기 위해서 각종 사기수법에 대해 미리 알아둬야 할 것이다. 혹시 이런 피해가 의심되면 인터넷 침해사고 지원센터(www.krcert.or.kr 또는 전화 국번 없이 118)로 신고하면 된다.

희토류
稀土類

2008년 중국 정부는 희귀금속의 관세율을 올려 수출을 통제하기로 했다고 발표했다. 이 품목 중에는 한국의 핵심 수출품인 LCD, PDP, 휴대전화 등에 필수원료로 쓰이는 희토와 텅스텐, 니켈 등 세계적 희귀 비철금속 43종이 포함되어 있어 관련 산업에 심각한 타격이 우려되었다. 그런데 그 중에서 '희토(Rare earth)'라는 생소한 이름의 비철금속이 눈에 띈다. 희토류는 말 그대로 희귀한 원소다. 희토류원소(Rare-earth elements)는 원자번호 57에서 71까지 15개 원소에 스칸듐과 이트륨을 더한 17개의 원소를 통틀어 이르는 말이다. 화학적 성질이 비슷하여 보통의 화학 분석 조작으로는 분리하기 어렵고, 천연으로 서로 섞여 산출되며 양이 아주 적다. 희토류 원소들은 채굴, 분리가 힘들기 때문에 다른 금속들보다 비싸다. 한편 희토류가 여느 금속처럼 귀금속이 되지 못하는 이유는 외관이 금처럼 아름답지도 않고, 금에 비해 쉽게 변하기 때문이다. 그래서 희토류 금속들은 '촉매'로 많이 사용되고 있다. 강력한 영구자석을 만들거나 우리가 사용하는 컴퓨터의 하드 드라이브에도 희토류를 이용한 자석이 들어 있으며 레이저와 MRI분야에서도 쓰이고 있다.

ADHD
주의력결핍과잉행동장애

ADHD(Attention Deficit Hyperactivity Disorder: 주의력 결핍 과잉행동 증세)는 학령전기, 학령기 아동들에게 주로 나타나는 소아정신과 질환으로 지속적인 주의력 결핍 및 과잉행동, 충동성 등의 증상을 보인다. ADHD를 앓는 아이들은 친구와 다툼이 많고 학업 성취가 힘들어져 정상적인 학교생활 및 가정생활을 하기 힘든 상태가 된다. 현재 우리나라 초등학교 아동 480만 명 가운데 3~8퍼센트인 약 26만

명 정도가 ADHD 아동으로 추정된다. 학급 당 한두 명은 ADHD로 인해 도움을 받아야 한다는 말이다. 하지만 이 중에서도 ADHD로 소아정신과 진료를 받는 환자의 수는 10퍼센트에도 미치지 못한다. 최근 4년간 ADHD 환자는 3.3배 증가해 문제의 심각성이 커지고 있다. 하지만 베이징 올림픽에서 수영 8관왕을 달성한 미국의 마이클 펠프스도 ADHD를 앓았지만 수영을 통해 이를 극복한 것처럼 ADHD는 불치의 정신병이 아니라 충분히 완치가 가능한 질환 중 하나일 뿐이다. ADHD를 앓고 있는 아이들이 활기찬 모습으로 생활할 수 있도록 주위의 관심과 정부의 지원이 더욱 절실한 때이다.

CCD

〈뉴욕타임즈〉는 2007년 말 올해의 신조어와 전문용어로 24개를 발표했다. 주로 정보통신, 환경, 선거, 경제 이슈에 관련된 것이 많았다. 그런데 환경 관련 신조어 중에 CCD라는 것이 있다. CCD는 Colony Collapse Disorder의 약자로, 전 세계 여러 곳에서 기르고 있던 수백만 마리의 벌떼들이 집으로 돌아오지 못하고 집단적으로 사라지면서 죽는 벌떼 실종 괴현상을 말한다. 이렇게 꿀벌들이 없어지면 양봉업체들의 사업적 손실을 주는 것에 그치는 것이 아니라 농업생산이 큰 폭으로 줄어들게 된다. 꿀벌들이 식물들의 수분 활동을 도와주어 열매를 맺게 하는 매개체 역할을 하기 때문이다. 이러한 벌떼 실종 괴현상의 원인은 아직 제대로 밝혀지지 않았다. 꿀벌에게 해로운 해충인 응애라는 기생병원체도 원인 중 하나로 지목되고 있고, 농약 살포도 원인 중 하나로 볼 수 있다. 또 유전자변형작물, 신종바이러스, 기후변화도 원인으로 지목되고 있다. 사람들이 휴대폰을 급속하게 많이 사용함에 따라 전자기파가 벌떼들의 방향감각을 마비시켜 벌떼가 집에 돌아오지 못한다는 것도 하나의 유력한 원인이다. 이렇게 다양한 원인 중 어떤 것이 진짜 원인인지 빨리 파악하여 농산물 생산에 영향을 미치지 않았으면 한다. 참고로 일찍이 아인슈타인은 벌들이 세상에서 사라지면 농산물 수확이 3분의 1이 줄어든다고 주장한 바 있다.

IP-TV*
Internet Protocol Television

2000년대에 들어서면서 인터넷 인구가 급증하고 멀티미디어 콘텐츠가 증가하면서 인터넷TV가 대중화되고 있다. 노년층으로까지 인터넷 이용층이 확대되고 온라인 주식거래, 인터넷 쇼핑몰, 동영상 서비스 등 인터넷 콘텐츠가 다양해짐에 따라 인터넷TV에 대한 수요도 크게 증가하였다. 여기서 말하는 인터넷TV란 IP-TV를 뜻한다. 초고속 인터넷망을 이용하여 제공되는 양방향 텔레비전 서비스인데 시청자가 자신이 편리한 시간에 보고 싶은 프로그램만 볼 수 있다는 점이 일반 케이블 방송과는 다른 점이다. 간단히 말해 인터넷망을 통한 방송 서비스로 이해하면 될 것이다.

IP 기반의 통신망을 통하여 전달하는 다양한 콘텐츠를 기존의 TV를 이용하여 제공받는 서비스인 IP-TV는 기존 TV에 IP 셋탑박스를 연결하여 인터넷 검색, 영화 감상, 홈뱅킹, 예약 서비스 등 다양한 부가 서비스를 가능하게 한다. KT의 메가TV가 선두주자이다.

MEG
Magnetoencephalogram

MEG는 뇌 속 현상을 실시간 동영상으로 보여주는 최신 뇌기능 영상 장비를 말한다. MEG는 사람이 생각하거나 움직일 때 뇌신경세포에서 나오는 미세한 전기를 잡아내어 이를 영상으로 표현하는 것이다. 1,000분의 1초 단위로 움직임을 포착해 보여주고, 뇌 속 1~5밀리미터 정도의 작은 부위도 영상으로 나타낼 수 있다. MEG는 1970년대 후반 미국에서 연구가 시작됐고, 1990년대 중반 미국과 유럽, 일본 등에서 상용화되기 시작했다. 현재 전 세계에 250대 가량이 보급되어 있다. 우리나라에는 서울대병원이 2005년에 핀란드의 엘렉타 뉴로맥(Elekta Neuromag)사의 MEG 장비를 도입해, 'MEG 센터'를 운영하고 있다. 현재는 주로 의학분야에서 많이 사용하고 있다. MEG를 활용하면 뇌수술의 정확도가 높아지는데, 간질을 일으킬 때 색이 변하는 뇌 부위를 촬영한 뒤 그 부위만 수술하는 것이 가능하다. 충동조절이 잘 안 되는 ADHD(주의력결핍 과잉행동장애), 한 가지 생각에 지나치게 몰두하는 편집증, 자신이 원하지 않는데

도 불구하고 반복해서 불쾌한 생각이 떠오르는 강박증 등 정신이상이 있는 사람들의 뇌 상태도 파악할 수 있다. 기억력, 시각, 청각 이상을 확인할 수도 있고 언어, 운동 능력도 측정할 수 있다. 그리고 의학뿐만 아니라 사랑, 분노 등 감정의 변화도 볼 수 있어서 심리학 연구에도 활용되고 있다.

NBIC

다양한 분야의 기술들이 하루가 다르게 급속도로 발전하고 있다. 각 기술들이 서로 융합되면 삶의 질을 훨씬 높일 수 있는 기술로 다시 태어날 수 있다. 미국 대통령의 과학기술정책 자문기구인 국가과학기술위원회의 미하일 로코 박사는 인간의 수행능력을 향상시키기 위해서는 여러 기술 중에서 첨단 신기술인 나노기술(NT, Nano Technology), 생명기술(BT, Bio Technology), 정보통신기술(IT, Information Technology), 인지과학(CT, Cognitive Science) 등 4개의 과학기술을 융합해야 할 것을 주장하면서 이들의 앞 글자를 딴 NBIC라는 과학기술 신조어를 만들어냈다. NBIC가 성공적으로 이루어지면 일의 효율, 학습능력 향상, 개인의 감각과 지각능력의 강화, 의료에서 혁신적인 변화, 개인뿐 아니라 집단의 창의성과 뇌의 상호작용을 통한 효율 높은 의사소통기술의 향상이 기대되며 SF 소설에서 묘사된 것이 얼마든지 현실에 그 모습을 드러낼 가능성이 커진다.

RFID*
Radio Frequency Identification

RFID는 소형 반도체 칩을 이용해 사물의 정보와 주변 환경 정보를 주파수로 전송·처리하는 비접촉식 무선인식시스템을 말한다. RFID는 바코드(Bar Code)와는 달리 직접 접촉이나 스캐닝이 필요없다는 장점 때문에 바코드를 대체할 기술로 평가받고 있다. 바코드의 인식거리는 최대 50센티미터인데 비해 RFID는 최대 27미터까지 확장이 가능하며, 금속을 제외한 장애물의 투과도 가능하다. 바코드가 20세기의 대표적인 기록방식이었다면 RFID는 21세기 유비쿼터스 시대의 기록방식이라 할 수 있다. 생활 속의 RFID 기술은 할인마트의 계산대에서 볼 가능성이 높다. RFID 기술이 도입되면 고객들이 구입한 물건의 바코드를 일일이 판독하여 계산할 필요가 없어진다. 계산대에 길게 늘어선 줄은 과거의 풍경이 되어버리는 것이다. RFID는 원래 1970년대 탄도미사일 추적을 위해 개발된 기술이다. 1980년대에 들어서 RFID 태그의 크기가 작아지고, 가격이 낮아져 가축을 사육할 때 동물의 자동식별을 위해 사용되었다. 1990년대에는 현재 교통카드로 사용 중인 비접촉식 IC카드로 발전하였으며 전자화폐, 전자여권, 전자운전면허증, 물류관리, 보안시스템, 홈네트워크, 텔레매틱스(Telematics) 등 용도가 매우 다양해지고 있다.

SoIP

SoIP(Service over IP)는 단순 음성통화를 넘어 각종 데이터서비스를 제공하는 IP망 기반의 포괄적인 서비스를 의미한다. 기존의 VoIP(Voice over IP)가 단순한 음성만 전송하는 인터넷 전화였다면 SoIP는 VoIP + 데이터서비스이다. 이에 따라 SoIP를 이용하는 인터넷 전화기에서는 '화면'을 이용한 서비스가 가능해진다. 음성 자동응답 서비스(ARS) 대신 비디오 응답 서비스(VRS)를 이용할 수 있게 된 것이다. 예를 들어 VoIP로는 소리만 듣고 영화표를 예매해야 했지만 SoIP를 이용하면 전화를 거는 사람의 위치를 자동으로 파악, 가장 가까운 영화관을 화면에 보여주고 이용자가 이를 확인, 예매할 수 있다. 은행 업무 등의 금융 서비스도 훨씬 편리해질 것으로 보인다. 현재는 KT에서 이 서비스를 상용화하여 실시하고 있다.

USIM

USIM(Universal Subscriber Identity Module)은 범용(汎用) 가입자 식별 모듈, 쉽게 말해 가입자 인증 카드이다. USIM은 가입자 정보를 탑재한 SIM(Subscriber Identity Module)카드와 UICC(Universal IC Card)가 결합된 형태로 사용자 인증과 글로벌 로밍, 신용카드 서비스, 증권서비스, 뱅킹서비스, 전자상거래 등 다양한 기능이 한 장의 카드에 구현되어 있다. 버스나 전철은 물론 택시 요금 결제까지도 가능하다. USIM이 가진 사용자 인증 기능은 휴대폰 시장의 판도까지 바꿔 놓을 것으로 기대된다. 사용자에 대한 정보를 탑재하고 있는 USIM은 수시로 탈착이 가능하기 때문이다. 따라서 친구의 휴대폰에 자신의 USIM만 끼우면 내 번호로 전화를 이용할 수 있고 요금도 내 번호로 청구된다. 아무 휴대폰이나 사용할 수 있어 발생할 수 있는 전화기 도난, 통신사의 이익을 지키기 위한 여러 가지 제한 등 걸림돌이 많지만 이를 상쇄하고도 남을 이점으로 인해 USIM의 미래가 매우 밝은 것만은 확실하다.

Index

Index

333

R&L ㈜리드앤리더
리드앤리더

저자가 대표이사를 맡고 있는 경영컨설팅회사인 ㈜리드앤리더는 트렌드 분석, 마케팅 및 경영전략, 신규사업모델 개발 등 경영전반에 걸쳐 지식서비스를 제공하고 있다. 주요 컨설팅 고객으로는 롯데그룹, SK텔레콤, 라파즈한라시멘트, 팬택, 삼성전자, 재정경제부, 환경재단, 한국관광공사, KT, SK에너지, 대우건설, 국정홍보처, 크라운베이커리 등이 있다.

emars 이마스(emars.co.kr)

리드앤리더가 운영하는 온라인 지식 사이트 이마스(emars.co.kr)는 200여 명의 사례분석가들이 작성한 국내외 비즈니스 분석사례를 2만여 이마스 회원들에게 매일 한편씩 제공하고 있다. 현재 광고/PR 회사, 대학교, 연구소, 기업체, 대학생 등 다양한 구독층이 연회원으로 가입해 있으며 제일기획, 이노션월드와이드, 오리콤, KB국민은행, 현대모비스, LG전자, 빙그레, 연세대, 삼성경제연구소, 아모레퍼시픽, KTF, KT, 유진기업, SK에너지, 농심, CJ제일제당, 삼성전자, 한국리서치, SK텔레콤, 디자인하우스, 하나투어, LG애드, 오리콤, SK네트웍스, 서울대, 카이스트, 포스코, 대교, 한국인삼공사, 애경산업, 이랜드 등이 이마스의 비즈니스 분석사례를 현업에서 적극 활용하고 있다.

키워드로 읽는 오늘의 세상
2009 트렌드 키워드

초판 1쇄 발행 2008년 12월 22일 **초판 2쇄 발행** 2009년 1월 20일
지은이 | 김민주 **펴낸이** | 성의현 **펴낸곳** | 미래의창

등록 | 제 10-1962 (2000년 5월 3일)
주소 | 서울시 마포구 서교동 395-179 미르빌딩 5층
전화 | 325-7556 (편집), 338-5175 (영업) **팩스** | 338-5140
홈페이지 | http://www.miraebook.co.kr (한글주소: 미래의창)
이메일 | miraebook@miraebook.co.kr/miraebook@chol.com
ISBN 978-89-5989-102-3 03320

＊책값은 뒤 표지에 있습니다. 잘못된 책은 바꿔 드립니다.